魏晋南北朝
地方官等级管理制度研究

张小稳 著

九州出版社
JIUZHOUPRESS
全国百佳图书出版单位

图书在版编目（CIP）数据

魏晋南北朝地方官等级管理制度研究 / 张小稳著.
—北京：九州出版社，2010. 7

ISBN 978-7-5108-0583-7

Ⅰ. ①魏…　Ⅱ. ①张…　Ⅲ. ①地方政府—官制—研究
—中国—魏晋南北朝时代　Ⅳ. ①D691.42

中国版本图书馆 CIP 数据核字（2010）第 125500 号

魏晋南北朝地方官等级管理制度研究

作　　者　张小稳　著
出版发行　九州出版社
出 版 人　徐尚定
地　　址　北京市西城区阜外大街甲 35 号(100037)
发行电话　(010)68992190/2/3/5/6
网　　址　www.jiuzhoupress.com
电子信箱　jiuzhou@jiuzhoupress.com
印　　刷　三河市东方印刷有限公司
开　　本　787 毫米×1092 毫米　　16 开
印　　张　16
字　　数　200 千字
版　　次　2010 年 7 月第 1 版
印　　次　2010 年 7 月第 1 次印刷
书　　号　ISBN 978-7-5108-0583-7
定　　价　36.00 元

目录

绪 论

一、选题意义

周振鹤先生在《中国地方行政制度史·绪言》的开篇写道："地方行政制度的研究应由两方面的内容所组成：一为行政区划，二为地方政府，亦即地方行政组织。"①早年治秦汉魏晋南北朝地方行政制度史的大家严耕望先生也主要是从这两个方面来着眼的。②诚然，这两个方面是研究地方行政制度最基本的两个层面，但地方行政制度的内容远远不止于此。上世纪 80 年代以来，随着制度史研究的深入，地方行政制度史成为学界关注的热点之一，学者们已经不满足于对制度静态的描述，而更注重对行政运作机制的动态揭示。柏桦先生在《明代州县政治体制研究》一书的内容简介中说道："本书对明代州县的建置沿革、行政地位、行政运作机制等进行比较系统地研究，并对州县官施政环境、施政行为及心理等方面进行比较全面的分析，采取动态和静态相结合的方法，以揭示明代州县动态的政治运作和静态的制度条文的内在联系。"③邹水杰对其博士论文（《两汉县行政研究》）题目中"行政"一词的界定是"力求展示当时的运作过程，也就是县行政人员，包括丞、尉等佐吏和诸曹掾史、啬夫亭长等属吏是如何在县令长的领导下完成上级交给的行

---

① 周振鹤：《中国地方行政制度史》，上海人民出版社，2005 年，第 1 页。

② 严耕望：《中国地方行政制度史（甲部）——秦汉地方行政制度史》，中研院历史语言研究所，1997 年；《中国地方行政制度史（乙部）——魏晋南北朝地方行政制度》，中研院历史语言研究所，1997 年。

③ 柏桦：《明代州县政治体制研究》，中国社会科学出版社，2003 年。

政任务之方式与过程。”[①]这种研究模式可以追溯至上世纪60年代旅加拿大学者瞿同祖先生的《清代地方政府》，作者在该书《引言》中开宗明义地讲道：“这本书打算描述、分析和诠释中国清代州县级地方政府的结构与运作”，并“力图超越法律及行政典章来勾画实际运作中的地方政府之轮廓。”[②]

从地方行政制度的角度来揭示中央与地方之间的关系是研究地方行政制度的另一维度，学者们也取得了令人欣喜的成果。陈志坚的《唐代州郡制度研究》[③]“试图从州郡制度的角度来观察唐代的中央和地方关系”，刘伟的《晚清督抚政治》“力图以晚清时期担任封疆大吏的官员这一群体作为对象，研究督抚作为权力角色影响政治体系的过程和现象，研究这种现象对晚清社会和中央集权政治的影响。”[④]李治安及其同仁的研究直接以《唐宋元明清中央与地方关系研究》[⑤]命名。

新的研究视角无疑大大拓展了地方行政制度研究的空间，也大大丰富了人们对地方行政制度的认识。从行政运作机制或中央与地方关系的角度来审视魏晋南北朝时期的地方行政制度仍然不失为一个有意义的话题，但是我们希望做一个更新的尝试，即以魏晋南北朝时期的地方官为研究对象，以地方官的等级安排及品位化为研究内容，进而揭示这一时期地方官等级管理制度的特点、动因及意义。

“地方官”是与“中央官”相对的一个概念，就魏晋南北朝而言，地方官主要包括以下四个方面：一是作为地方行政主体的州郡县的长官，二是作为这一时期特有的地方最高军事机构的长官——都督、行台与总管，三是管理少数民族地区事务的长官，即校尉、中郎将、护军、督护等，四是设于军事要地的镇戍长官镇将、戍主等。作为王朝最基层

① 邹水杰：《两汉县行政研究》，北京大学博士研究生学位论文，2004年，第2页。

② 瞿同祖：《清代地方政府》，法律出版社，2003年，第1、2页。

③ 陈志坚：《唐代州郡制度研究》，上海古籍出版社，2005年，第1页。

④ 刘伟：《晚清督抚政治》，湖北教育出版社，2003年，第8页。

⑤ 李治安主编：《唐宋元明清中央与地方关系研究》，南开大学出版社，1996年。

行政单位乡里组织的首脑乡长、党长、里正等也可以算作广义上的地方官。由于篇幅限制，我们不可能将所有的地方官都列入考察范围之内。管理少数民族地区事务的长官和设于军事要地的镇戍长官由于只设于某些特殊地方而不具普遍性，所以我们不将之作为考察的对象。乡长、党长、里正等由于地位较低，甚至不能在国家的官僚体系中占有一席之地，我们也不将之作为考察对象。

地方官的等级可以从诸多方面来考察，大致说来，主要包括以下几个方面的内容，一为地方官的职位等级，由地方行政层次的纵向等级与每一行政层次的横向等级划分共同构成；二为地方官员个人的品位等级，包括地方官的各种加官、加号的等级；三为由地方官员的职位与品位等级所带来的俸禄及车马、舆服等方面的礼仪待遇；四为地方官的迁转，这涉及到地方官不同等级之间以及地方官与中央官之间的流动；五为以地方官作为赠官的等级安排，这是将地方官职位用作品位的一种管理方式。

当然，以往的研究中也并非完全没有涉及到地方官的等级。周振鹤先生以地方行政层级变化为核心勾勒出中国自秦代实行郡县制至民国初年的三个循环，即“第一阶段是秦汉魏晋南北朝时期，历时800年，地方组织从两级制变成三级制；第二阶段是隋唐五代宋辽金时期，历时约700年，重复了从两级制变成三级制的循环；第三阶段是元明清及民国前期，历时650年，从多级制逐步简化到三级制，以至短时的二级制。”[1]严耕望先生对魏晋南北朝时期州郡县的横向等级也有过简单的勾勒，邹水杰对汉代县的秩等、柏桦对明代州县的等级划分标准、陈志坚对唐代州郡的等级划分都曾专辟章节进行讨论。然而这些对地方官等级制度的讨论仍只局限于职位等级的范围，对于地方官等级制度的其他方面则毫无涉及或着墨不多。相对而言，我们更注重地方官的品位分等及地方官职的品位化问题。因此，我们的研究无论从魏晋南北朝地方行政制度、还是整个中国古代地方行政制度史研究的现实来看，都有着重要

①周振鹤：《中国地方行政制度史》，上海人民出版社，2005年，第58页。

的意义。

新的研究视角展示了广阔的研究空间，也对研究者的能力提出了严峻挑战。由于时间与精力所限，本文对地方官等级制度的揭示主要着眼于职位等级、地方官员各种加官加号的等级以及以地方官作为赠官的等级安排，至于地方官的迁转与俸禄、礼仪待遇等，则只能暂时搁置。另外，魏晋南北朝时期地方官等级管理方面还有许多特殊的制度，如上级地方官兼领下级地方官、地方僚佐或中央官兼领地方官、双州刺史双郡太守、板授地方官、世袭地方官、郡守加秩中二千石等现象，体现出这一时期地方官等级管理制度的复杂性与多样性，由于同样的原因，只能留待来日继续探讨。

二、相关研究成果述评

近百年来魏晋至隋地方行政制度及地方官的研究大致集中在两个时期，第一时期为二十世纪三十年代中期至六十年代中期，第二时期为二十世纪八十年代至今。三十年代中期以前几乎没有什么研究成果，六十年代中期至七十年代末重要的文章只有严耕望先生的《隋代总管府考》①、蔡学海先生的《北朝行台制度》②及唐长孺先生的《从吐鲁番出土文书中所见的高昌郡县行政制度》③三篇文章，根据其内容与特点，我们将把它们归入第二时期进行介绍。

二十世纪三十年代中期至六十年代中期对魏晋至隋地方行政制度及地方官的研究以考证为主。班书阁先生对东晋侨置州郡的种种情况作了举例说明④，并对东晋时期侨置于襄阳的州郡县及其设置年代进行了考证⑤。

---

① 载《中国学志》6，1972年，第23–54页。

② 载《历史学报》（台湾）5，1977年，第71–181页。

③ 载《文物》1978年第6期，第15–21页。

④ 班书阁：《东晋侨置州郡释例》，载《禹贡》第五卷第七期，第1–10页。

⑤ 班书阁：《东晋襄阳郡侨州郡县考》，载《禹贡》第六卷第六期，第27–33页。

劳干先生对北魏州郡县及其所属关系进行了考证[①]，王元崇先生对后周总管府隶州进行了考辨[②]，贝琪先生对三国时期各郡的郡守进行了考辨[③]，岑仲勉先生将隋代三十八载中州郡长官见于隋书者，一一录出，制成隋书州郡牧守编年表。[④]

二十世纪四十年代后期至六十年代中期，严耕望先生发表了一系列有关魏晋南北朝地方制度的论文，对这一时期的地方制度、都督区、郡府组织、随府府佐等进行了认真细致的考证，最后汇成《魏晋南北朝地方行政制度》（上、下）[⑤]一书。这在魏晋南北朝地方行政制度的研究上可称得上是一部里程碑式的著作，上册叙魏晋南朝地方行政制度，下册叙北朝地方行政制度，从州郡县的设置、都督区辖区范围到州、郡、县府的组织及军镇、三长等北朝特有的制度，都进行了详细周密的考证，并尤其凸显此一时代地方行政制度的特色与演变，认为就地方行政制度而言，魏晋南北朝时代之制度为一过渡时代，汉唐地方制度的诸多不同，皆由此三百数十年间逐步自然演变而致之。这本书的宏观构架和详密考证，显示了作者的勤奋和功力，是治这一时代地方行政制度者的必读之书。

此外，还有萨师炯先生对魏晋南北朝及隋代的地方制度及特点进行了研究[⑥]，张觉人对两晋南北朝及隋代的地方自治制度进行了探讨[⑦]。

---

①劳干：《北魏州郡志略》，载《中央研究院历史语言研究所集刊》第32本，第181–238页。

②王元崇：《后周总管府隶州考》，载《制言》60期，1940年，第1–31页。

③贝琪：《三国郡守考》，载《史学年报》第二卷第三期，1936年。

④岑仲勉：《隋书州郡牧守编年表》，载《史学专刊》第一卷第三期，后收于《隋书求是》，商务印书馆，1958年。

⑤严耕望：《中国地方行政制度史（乙部）——魏晋南北朝地方行政制度》，中研院历史语言研究所，1997年。

⑥萨师炯：《魏晋南北朝时代的地方制度》，载《东方杂志》41卷17期，第24–31页，1945年；《隋代的地方制度》载《东方杂志》41卷22期，1945年，第24–29页。

⑦张觉人：《两晋南北朝的地方自治制度》，载《地方自治》（上海）1卷3期，1947年，第11–14页；《隋朝的地方自治制度》，载《地方自治》（上海）1卷4期，1947年，第10–11页。

二十世纪八十年代以来的研究较为深入，选题主要集中在都督、总管、行台、地方行政机构改革等方面。

都督制是魏晋南北朝时期特有的地方政治制度。关于都督制的源起，何兹全先生认为都督制来源于曹魏时期的留屯制，成立于魏黄初年间。①唐长孺先生认为延康元年曹丕称帝前都督职称已经制度化了。②张焯先生认为都督制源于东汉的督军制，魏文帝黄初二年，督军官罢之后，都督职称才正式独立、定型，而一套完整的都督制度的确立则是在265年。其特点有二：一是都督区划分经两度变动方才定制，二是都督屯营治所随战局平稳后逐渐固定下来。③而陈琳国先生则认为，东汉以来的督军之"督"是监督之意，后来的都督之"督"是督率、统领的意思，二者名同实异。并提出都督制确立的标志有三：一是都督职衔已有明确规定，二是都督区已基本固定，三是都督由差遣职向正式职官转化。前两条在黄初元年就具备，第三条则建安末已走完了转化的历程，所以，都督制的确立应在黄初元年。④姚念慈先生认为都督制度产生的原因，一是为控制和利用豪帅，二是为加强对地方的控制。经过魏文帝的措置，大约在明帝时州对郡的统摄已成为定制⑤。薛军力先生认为都督制确立的契机乃是汉魏禅代。曹丕即王位之后，为保证政权转移的顺利进行，必须解决地方形势不稳和防备吴、蜀进犯两大问题，曹丕运用建安时期曹操用留屯军控制地方、对付吴蜀的经验，逐步建立起都督制。⑥

关于魏晋南朝的都督制，陈琳国先生将之分为形成、确立、发展与

---

①何兹全：《魏晋的中军》，收于《读史集》，上海人民出版社，1982年。

②唐长孺：《西晋分封与宗王出镇》，收于《魏晋南北朝史论拾遗》，中华书局，1983年。

③张焯：《北朝都督制溯源》，载《北朝研究》1991年2月，第51-64页。

④陈琳国：《曹魏都督制的渊源和定型——兼论中央和地方的关系》，载《北京师范大学学报》（社科）1996年第5期，第59-65页。

⑤姚念慈：《曹魏地方都督初探》，载《史志文萃》1987年第5期，第81-86页。

⑥薛军力：《魏晋时期都督制的建立与职能转变》，载《天津师大学报》1992年第4期，第43-48页。

走向衰落四个阶段。建安年间为控制地方豪强武装而产生，魏文帝黄初元年正式确立，西晋八王之乱使之畸形发展，由单纯治军的军事统帅转化为既治军又治民、军政合一的凌驾于州之上的地方长官，由中央控制地方大族豪强的工具蜕化为与中央集权相对抗的地方政治势力代表，南朝为其走向衰落阶段。①薛军力先生认为西晋统一后，都督的职能由备边对敌转变为朝廷控制地方的工具，由于全国诸州遍设都督，就从形式上为都督区演变为州之上的行政区做好了准备，使其在西晋末彻底演变为地方割据势力。②姚念慈、邱居里两位先生认为西晋前期，通过调整都督辖区，设置军司、限制都督的人事、财政与发兵权来加强对都督的制约，因而有助于政权的巩固和全国的统一。然而与此同时，都督拥有亲兵和自辟属官的特权，又在侵蚀着都督制度。宗王出镇加速了这一过程，八王之乱使地方都督制度的性质彻底逆转，成为与中央对抗的地方割据势力。③张鹤泉先生认为永嘉、建兴年间，愍怀二帝为挽救岌岌可危的西晋政权，在全国重要地区设置镇戍区，但或由于都督区自身力量的衰弱，或由于都督区之间的内部斗争，或由于都督离心力的增强，此时的都督诸州军事制度不仅无益于挽救西晋政权，反而促使其迅速衰亡。④

北朝的都督制及其变形总管制和行台制。张焯先生认为北魏都督制始行于道武帝拓拔珪，确立于太武帝拓拔焘，完善于孝文帝元宏、宣武帝元恪，失调于孝明帝元诩以降。东魏北齐都督制极其混乱，齐后主武平二年，宰相祖珽试图对其进行调整，却以不果而告终。⑤西魏北周隋代的总管制是对北魏出征入镇的都督制的延续与变通，大约最早出现于

---

① 陈琳国：《论魏晋南朝都督制》，载《北京师范大学学报》（社科）1986 年第 4 期，第 71–79 页。

② 薛军力：《魏晋时期都督制的建立与职能转变》，载《天津师大学报》1992 年第 4 期，第 43–48 页。

③ 姚念慈、邱居里：《西晋都督制度演变述略》，载《北京师范大学学报》（社科）1988 年第 2 期，第 36–45 页。

④ 张鹤泉：《西晋永嘉、建兴年间都督诸州军事制度探讨》，载《史学集刊》2001 年第 1 期，第 22–27 页。

⑤ 张焯：《北朝的都督制》，载《北朝研究》1989 年第 1 期，第 93–97 页。

都督制极其紊乱的西魏时期，北周武成元年春正月总管制度确立。开皇九年，全国统一，隋朝总管府遍布大江南北，总管制达到鼎盛。隋炀帝大业年间，废总管府，废勋级制，魏晋南北朝实行近四百年之久的都督(总管）军区制度宣告结束。[①]盖金伟、王鹏辉两位先生通过对文献的仔细梳理，对北周总管府设置的原因、分布、类型、地位、官员选任、总管府僚属及职掌等问题进行了详细分析，勾勒出北周总管府的结构和特点。[②]严耕望先生在杨守敬《隋书地理志考证》和岑仲勉《隋书求是》的基础上，参辑史料，对隋代六十四总管区的建置、管区、治所今地及历任者进行了详细的考证。[③]牟发松先生认为北朝行台的地方官化滥觞于十六国时期，前燕与后燕在龙城的留台与后燕的蓟行台，标志着行台地方官化的初步进展；北魏初，邺、中山行台的设置，继承和发展了其向地方机构过渡的趋向。从六镇起义到永熙三年魏分东西的十年间，行台制度迅速发展，其地方官化的过程基本完成。北齐之世，行台已完全成熟定型为最高一级地方机构。行台基本上覆盖了全国，辖区比较稳定，长官例兼治州刺史，权限得到法律认可。[④]之后，通过对东魏北齐所设八个行台的形成、布局、地位等的具体考察，进一步论证了北齐行台的制度化与地方化。[⑤]金前文、陈亮两位先生认为北魏委授行台的使命比较单一和专门化，因而内部职官设置比较简单，主要有行台长官、左右丞、郎或郎中。[⑥]

---

①张焯：《北朝的总管制——兼论周隋府兵军府的建置》，载《北朝研究》1990年下半年刊，第93–97页。

②盖金伟、王鹏辉：《北周总管府制度研究》，载《新疆师范大学学报》，2003年第3期，第43–50页。

③严耕望：《隋代总管府考》，载《中国学志》（第六本），第23–54页，1972年。

④牟发松：《北朝行台地方官化考略》，载《文史》第33辑，第75–95页，1990年。

⑤牟发松：《东魏北齐的地方行台》，载《魏晋南北朝隋唐史资料》第9、10辑，第99–108页，1988年。

⑥金前文、陈亮：《关于北魏委授行台机构及其内部主要职官的考察》，载《沧州师范专科学校学报》2002年第1期，第33–35页。

无论是都督制，还是作为其变形出现的总管制和行台制，在确立之初都有助于中央集权的加强和全国的统一，到后来则演变为中央集权的对立物，这一点已成为学界的共识。[①]

地方机构改革。由于魏晋南北朝时代州、郡、县的滥置，使得北齐天保七年的并省州县与隋代文、炀二帝的地方机构改革尤为引人注目。杜俊先生认为北齐天保七年并省的主要是户口稀少之郡、侨置郡、双头郡与正光、孝昌以后新置郡。并省郡县后，裁减了大批官吏、减少了俸禄开支、减轻了人民的徭役负担，也多多少少挫抑了地方豪强势力。[②]张连生先生对隋代文、炀二帝废置州县数目进行了考证，认为隋文帝时期从未有过与裁汰冗官、减轻农民负担、提高行政效率相联系的、堪称改革的并省州县之举，反而存在析置州县之举，并州省县的当是隋炀帝。[③]杨希义先生认为隋文帝在废郡和并省州县的同时，并没有也不可能进行“裁汰冗官”、“节省官禄”的彻底革新。其“存要去闲，并小为大”的机构调整，同后来隋炀帝大业三年的“改州为郡”、唐武德元年的“改郡为州”和天宝元年的“改州为郡”一样，只是“更相为名，其实一也”。[④]而杨际平先生却认为隋文帝开皇初废郡时确曾有过并省州县和裁冗之举。[⑤]陆庆夫先生也认为隋文帝罢郡的同时也裁汰冗官，并提出罢郡的首倡者应是苏威，而不是杨尚希。同时指出隋炀帝在地方机构改革中的主要业绩有两点：一是并省州县，继续精简机构；二是改州

① 另外，艾冲先生的一系列文章也可供参考：《论魏晋的“都督诸州军事制度”》，载《陕西师范大学继教育学报》2002 年第 3 期，第 32–36 页；《论北周总管府制的创立与发展》，载《陕西师范大学继续教育学报》2001 年第 1 期，第 63–66 页；《隋代总管府制的发展与废止》，载《唐都学刊》，1998 年第 4 期，第 1–3 页。

② 杜俊：《北齐天保七年并省郡县略析》，载《河北师院学报》1986 年第 1 期，第 142–146 页。

③ 张连生：《隋文帝并省州县说辩误》，载《扬州师院学报》1984 年第 3 期，第 84–85 页。

④ 杨希义：《隋文帝罢天下诸郡一事质疑》，载《中国史研究》1982 年第 4 期，第 152–153 页。

⑤ 杨际平：《隋文帝罢郡裁冗释疑——兼论隋朝的并省与析置州县》，载《北朝研究》1992 年第 3 期，第 65–74 页。

为郡，进一步削弱地方权限，加强中央集权。①相对而言，台湾学者杨德权先生的研究则深入细致得多。他以隋代河北政区的调整为个案，通过大量的数据分析，认为隋初继承北齐废县后的政区结构，开皇三年的改革以废郡为主；之后，大量增置新县，以开皇十六年为最，增置县多集中在太行山东麓与河北南部，东部、北部较少。增置县的普遍分布配合开皇十五年废州县乡官等措施，强化了国家统御地域社会的能力，削弱了数百年来士族动员地域社会的能力。在州的层级，开皇十年以前着重调节州县统辖关系，但开皇十六年大幅置州，导致州的统辖关系的失衡；开皇十六年析州时的空间参考架构是开皇三年罢废的郡。大业政区的调整，在县的层面着重县治距离的合理规划，罢废距离过近的县，将县治平均距离提高至60–70里左右。同时，大业改革也降低了置县与户数的关联，表明大业调整是基于行政优先性的考量。在州、郡层级，大业"改州为郡"也是基于行政优先性，针对开皇后期州县统辖关系的失调，作出合理的调整。无论是郡县统辖关系或空间结构，大业政区与开皇六年政区的相近，说明"改州为郡"的意义不在创新而有其继承的一面，基于行政的立场，回归开皇中期合理的政区结构。因此，大业"改州为郡"的历史意义，应定位于将开皇十六年逸出行政合理规范的政区结构，重新导回合理政区结构的努力。②严耕望先生则从隋代地方机构改革的角度解释了隋代致富的原因。③

郡县制度。吐鲁番文书的出土，对研究高昌郡的各种制度提供了最直接的资料。唐长孺先生在认真考察了吐鲁番文书中所见高昌郡的郡府僚属、军府僚属、县僚属及乡、里、伍基层组织之后，认为高昌郡行政制度远承汉魏，近同晋宋，从乡里组织直到郡和军府机构完全和内地郡

① 陆庆夫：《关于隋朝改革地方机构问题的几点辨析》，载《兰州大学学报》1989年第3期，第8–13页。

② 王德权：《从"罢郡存州"到"改州为郡"——隋代河北政区调整个案研究》，载《国立台湾师范大学历史学报》第26期，第43–51页。

③ 严耕望：《从南北朝地方政治之积弊论隋之致富》，载《新亚学报》（香港）第4卷第1期，第183–210页。

县相一致。[1]柳洪亮先生通过对高昌郡府公文案卷的整理，再现了十六国时期郡府官僚机构的运行机制。认为在太守与诸曹之间有一个协助太守总领诸曹事的中枢机关，诸曹呈文送中枢机关经主簿等僚属署位签发，再送校曹审议，校曹主簿署位后呈太守画诺，这是上行的过程。太守画诺后，校曹登记公文内容撮要注簿存案，原件有联缝处还要由校曹主簿署缝，然后送诸曹中枢办事机关作为其执行的依据。这一中枢机关，将画诺原件留存为案，另外行文通知有关曹司执行，《通知》拟好后由主簿等官吏签发。主簿等官吏的职权，是通过署位来实现的。[2]薛瑞泽先生认为县级行政机构是北魏中央政府行使对地方有效管辖的重要机构。北魏政府对县令长的选拔非常重视，县令长应具备一定的才能。县令长的职责是负责全县的财政经济事务，督促百姓勤于农耕，维持一县的社会治安，举荐政府所需的人才。县令长受到了朝廷和百姓的双重照顾。[3]夏日新先生对东晋侨州郡县的设置地点、形式、性质及其演变等问题进行了探讨。认为侨州郡县主要集中在江淮地区，多设置在军事重镇建康、京口、广陵、芜湖、襄阳、寻阳、上明、夏口等地。东晋政权设置侨州郡县，一般都是根据流民集团的本来籍贯。侨州郡县实际上是以乡里为纽带组织起来的武装军事集团，东晋主要是利用其作为军事基础，因而对侨州郡县实际进行管理的，不是侨州郡县所属州，而是侨置地区的军府。侨州郡县的守令多由军府僚佐担任。义熙土断对侨置州郡县的整顿，削弱了京口集团以外的侨州郡县的力量，随着京口广陵集团对全国控制的加强，其他侨州郡县在军事上的意义逐渐减少，永初元年，雍州侨郡由属军府向属州的变化，反映了侨州郡县性质的逐渐演变。[4]

---

①唐长孺：《从吐鲁番出土文书中所见的高昌郡县行政制度》，载《文物》1978年第6期，第15–21页。

②柳洪亮：《高昌郡官府文书中所见十六国时期郡府官僚机构的运行机制》，载《文史》第43辑，中华书局，1997年，第73–104页。

③薛瑞泽：《北魏县令长的相关问题》，载《史学集刊》2003年第3期，第13–17页。

④夏日新：《关于东晋侨州郡县的几个问题》，载《魏晋南北朝隋唐史资料》第11辑，第36–49页，1991年4月。

日本学者在研究中国史方面也取得了丰硕的成果，特别是他们选题的角度以及研究的方法会给我们不少启示。关于魏晋南北朝的地方官日本学者关注的一个主要问题是本籍地的任用问题。滨口重国先生认为魏晋南北朝时期州郡县长官、次官和部长级官员由他州、他郡、他县人出任的原则全成具文，毫无效用。从各种各样的事情来看，本州任、本郡任、本县任越来越多，并且出现了世袭地方长官的现象。①小尾孟夫先生在收集整理了整个南朝时期的本籍地任例之后，指出在王朝换代之际及内乱时期，本籍任例较多，进而认为本籍地任用是王朝希望拥有武力的土豪维护局部安定的结果。②关于本籍任出现的原因，越智重明先生认为一方面是因为垄断官界的贵族堵塞了地方豪族任中央官的途径，他们只好向地方官界发展；另一方面，土豪的军事力量借助维持治安、招募军兵的方式进入国家权力机构，这显示了国家权利的衰落和土豪势力的上升。③窪添庆文先生将本籍任分为四种类型，分别讨论了后汉末、三国、西晋、东晋南朝及五胡十六国时期这四种类型的本籍任在时间和地域上的分配，认为本籍任有以下几种情况：暂时任命降服者或款附者、君主的恩遇、因功、王朝期望本籍任者发挥特殊作用等。出现本籍任的根本原因在于王朝想利用地方豪族在本地的影响力、支配力以维持地方治安或招募军队协助王朝作战，无论在战乱时期还是在平稳时期都是这样，从而认为门阀和地方豪族并没有实质性的区别。④

都督这一具有时代特色的地方制度也是大家瞩目的焦点，石井仁先生从发生论、阶段论的角度出发，在都督制的起源中加入了原都督这一因素，认为都督制是原都督与地方军镇化相结合的产物。原都督是后汉

---

① 滨口重国：《所谓隋の乡官废止について》，载《加藤博士历记念东洋史集说》，1941年。

② 小尾孟夫：《南朝における地方支配と豪族——地方官の本籍地任用问题について》，载《东方学》42第32–48页，1971年。

③ 越智重明：《南朝における地方官の本籍地任用に就いて》，载《爱媛大学历史学纪要》第一辑，1953年。

④ 窪添庆文：《魏晋南北朝における地方官の本籍地任用について》（1）（2），载《史学杂志》83–1，第1–40页，1974年，82–2，第26–55页，1974年。

末军阀为维护自身秩序在军队中所设的官职，拥有军事司法权；后汉末由于黄巾起义州牧开始拥有监军使者的权力，从而导致了内地军镇化的倾向；二者结合便形成了都督制，即都督某州诸军事就是拥有原都督的地位而监督某州军事的长官。①竹园卓夫先生论述了后汉时担任地方镇抚的诸官、曹魏所置“四征将军”兼任都督从而统辖地区性军事的过程，以及随之而来的都督诸州军事的制度化。②山口正晃也论述了都督制形成时期的一些情况。③小尾孟夫先生是都督制研究的集大成者，他的专著《六朝都督制研究》④全面论述了魏晋南朝时期的都督制。

荒川正晴先生认为麹氏高昌国时代的郡、县没有统属关系，均由中央直接统治。中央强力贵族被任命为郡守、县令，但遥任的倾向性很显著，实际的责任者是由中央强力贵族以及地方特定强力豪族担任的郡县“司马（主者）”，由此即可向中央诸曹司马晋升，从而使中央和地方打成一片。⑤佐藤佑治先生指出身为地方官的北方豪族具有双重性，他们既可为善政，也可为恶政，既可为豪族，也可为盗贼。他们利用地方官的身份巩固自己的地位，当形势对自己有利时，就构成支持王朝权力的基础；当遭遇战乱，自己的利益无法保障时，就从王朝权利中脱离出来，成为“盗贼”。⑥他还考察了魏晋南北朝时县以下的地方行政制度和地方行政的实际情况，指出向耕战一体制转化是这个时代地方行政的特征。魏晋南北朝时期具有战时色彩的地方行政取代了秦汉时期平常型的地方行政，特别是北朝三长制的实行，在将农民纳入国家行政体制方面取得了很大的成功。在这一过程中中央集权得以加强。⑦

综观以往的研究，表现出如下几个特点：一、重视对州郡县、都督区、行台区、总管区地理上的考证；二、对这一时期特有的都督、行

---

① 石井仁：《都督考》，载《东洋史研究》51-3，第47-71页，1992年。
② 竹园卓夫：《对后汉、魏地方镇抚的一点考察》，载《东洋史论集》2。
③ 山口正晃：《都督制的成立》，载《东洋史研究》60-2。
④ 小尾孟夫：《六朝都督制研究》，溪水社，2001年。
⑤ 荒川正晴：《麹氏高昌国郡县制的性质》，载《史学杂志》95-3。
⑥ 佐藤佑治：《北朝の地方官と豪族》，载《一桥论丛》76-1。
⑦ 佐藤佑治：《魏晋南北朝の地方行政——制度と实体》载《一桥论丛》78-1。

台、总管制度，重视其源起、形成、发展与消亡的过程以及这一过程与政治形势、政治斗争之间的关系；三、对各级地方行政组织，侧重于全面而又是平面式地揭示其构成与职掌，唯有柳洪亮先生通过对高昌郡府公文案卷的整理，再现了十六国时期郡府官僚机构的运行机制。相对而言，对地方官的等级制度及地方官的品位化问题则措意不多。

由秦汉的郡县两级制到魏晋南北朝时期的州郡县三级制，再到隋唐的州（郡）县两级制，周振鹤先生的《中国地方行政制度史》与陈仲安、王素两位先生合著的《汉唐职官制度研究》中都有简单的勾勒。① 严耕望先生在考察魏晋南北朝行政区划时，对这一时期州郡县的等级划分有过简单的叙述，周振鹤在讨论行政区划和地方行政组织的等第变化时也有涉及。②相对于严、周二人的简单勾勒，窪添庆文先生对北魏州的等级的考察则显得深入细致得多。他认为北魏从太武帝到孝文帝太和十年，北魏州分上下两等，随着州数增加，太和十年以后分为三等，镇改州后，地位急剧下降。孝文帝前划分州等要考虑户数和军事地位两个因素，宣武帝以后专以户数定州等，军事因素对决定州的地位不再有那么多的影响。③野田俊昭先生对南朝郡太守的班位进行了考察，认为在宋齐时代，丹阳、吴、吴兴的官位实质上已经同其他郡分化，梁的天监改革以后，前者与后者之间的班位有很大差异，并指出其间还存在着清浊的区别。④地方行政层级与每一行政层级的等级划分是构成地方官职位等级的两个主要因素，以往的研究中，无论是简单的勾勒，还是深入的研究，都没有将这两者结合起来。我们的研究把着眼点放在地方官的

① 周振鹤：《中国地方行政制度史》，上海人民出版社，2005年，第59–67页。陈仲安、王素：《汉唐职官制度研究》，中华书局，1993年，第149–169、213–217页。

② 严耕望：《中国地方行政制度史（乙部）——魏晋南北朝地方行政制度》，中研院历史语言研究所，1997年，第19–22、435–436页；周振鹤：《中国地方行政制度史》，上海人民出版社，2005年，第310–312、321–322、326–327页。

③ 窪添庆文著，邓奕玲译，朱大渭校：《北魏州的等级》，载《北朝研究》1990年下半年刊。

④ 野田俊昭：《南朝の郡太守の班位と清浊》，载《史渊》127，第77–110页，1990年。

职位等级上，将二者有机地结合起来，探讨魏晋南北朝隋唐期间地方官职位分等变化的规律，并进一步分析其动因及意义。

都督与节的等级划分是大家讨论得比较多的话题，《宋书·百官上》与《晋书·职官》对都督与节的等级划分已有明确记载，讨论的焦点集中在都督与节等级划分起于何时。严耕望先生认为魏世有假节，有使持节，而‘持节’甚少，或竟无；都督诸军事为多，亦有监诸军事，而督诸军事则少见，《宋志》所述晋制，实承魏者。[①]陈琳国先生将都督与节的等级划分作为都督制定型的标志之一，认为都督制定型于魏文帝黄初元年，定型的标志有二，其中之一是都督职衔已有明确的规定，有都督、督，有使持节、持节和假节，晋制基本上承袭了魏制。[②]张鹤泉先生则更进一步认为使持节、持节与假节的区分在曹魏实行都督诸州军事制度时便已实行，至迟在魏明帝时，州都督已基本形成了都督、监、督三个不同的等级。[③]这些讨论多是作为论述都督制形成过程的附属品的形式出现。从品位-职位的角度来看，都督、监、督的等级区分是都督的职位等级，而使持节、持节、假节的等级区分则是都督加号的等级，二者的等级区分有着不同的意义，等级区分形成的时间也不尽如以上几位先生所说。在这篇文章中，我们将分别讨论这两个问题。另外，张鹤泉先生认为北魏都督诸州军事的等级通过两种方式来体现，一是承袭晋制，以都督、监、督的不同称号来区别，二是以领州的多少来决定。[④]对我们研究北魏都督的等级提供了帮助。

这些对地方官等级的讨论基本上局限于职位分等的范围，除节之外，对地方官其他加官加号以及地方官作为赠官的等级安排则无专门讨

---

① 严耕望：《中国地方行政制度史——魏晋南北朝地方行政制度（上）》，中研院历史语言研究所，1997年，第91页。

② 陈琳国：《魏晋南朝都督制》，《魏晋南北朝政治制度研究》，文津出版社，1994年，第238页。

③ 张鹤泉：《曹魏都督诸州军事制度试探》，《魏晋南北朝史研究》，湖北人民出版社，1996年，第62-63页。

④ 张鹤泉：《北魏都督诸州军事制度试探》，《社会科学战线》，2001年第6期，第126-127页。

论。尽管学界对散官、将军号、赠官等的研究已经相当深入，由于这些制度本身的复杂性及其应用范围的普遍性，虽然有些研究涉及到了地方官，但由于其关注点不在地方，从而使得对地方官品位问题的研究显得零散而单薄。

阎步克先生在论述魏晋南朝军号散阶化时曾谈到地方军政长官加军号的情况；[①]陶新华在论述魏晋南朝地方政权军事化时，曾以刺史太守县令长加军号为证；[②]陈奕玲进一步指出刺史太守拥有的军号多在三至五品之间。[③]这些讨论时段局限在魏晋南朝，对地方官所加军号品级的变化也缺乏揭示。

刘长旭先生在其博士论文《两晋南朝赠官研究》中曾专辟《地方长官（都督刺史、尹、太守、内史）的赠官》一节专门讨论各级地方长官所获赠官的种类、特点及演变趋势。[④]由于两晋南朝以地方官作为赠官的现象较少，不曾被刘长旭先生所注意。日本学者窪添庆文先生注意到了北魏赠官“以将军号加地方长官号（刺史、太守）为主”的特点，并考察了赠官与卒官之间的距离，指出河阴事变之前，2级之内升级为正常，4级以上升级为超赠，河阴事变之后，升2–4级是通例，但也有许多升幅更大，为6级以上。[⑤]但对于地方官作为赠官的等级安排则没有论及。在我们的研究中，将“以地方官为赠”作为论题，考察地方官赠予的对象、内容与规则。

前人的研究取得了丰硕的成果，这些研究无论是材料的汇集，还是

---

①阎步克：《品位与职位》，中华书局，2002年，第419–422页；《魏晋南北朝的军号散阶化进程（上）》，文史第51辑，2002年，第37–38页。

②陶新华：《魏晋南朝中央对地方军政官的管理制度研究》，巴蜀书社，2003年，第29–32页；《论魏晋南朝地方政权的军事化》，《史学月刊》2002年第4期，第36–37页。

③ 陈奕玲：《魏晋南朝军号散阶化的若干问题》，《燕京学报》新13期，北京大学出版社，2002年，第88页。

④刘长旭：《两晋南朝赠官研究》，北京师范大学博士学位论文，2002年，第109–146页。

⑤窪添庆文：《关于北魏的赠官》，《文史哲》，1993年第3期，第81–83页；《魏晋南北朝官僚制度研究》，汲古书院，2003年，第169–186页。

研究的深度，都为本论题提供了一个很好的平台。然而也有一些研究得不够的领域，这恰恰又为我们提供了研究的空间。本文将综合利用这两方面的研究成果，从两者的交叉地带、研究相对薄弱的地方官入手，对地方官的等级安排及品位化问题进行较为全面的揭示。

三、基本思路与行文结构

鉴于选题意义中对研究对象与内容的界定，我们对地方官等级制度的考察主要从三个方面进行：一为职位等级的安排，包括前三章的内容，即州郡县长官的职位分等、魏晋南朝都督及都督区的等级、北朝都督行台总管的等级。二为各种加官、加号的等级与意义，包括第四、五、六章的内容，即地方官加节、地方官加侍中散骑官、刺史太守县令长加军号。三为地方官作为赠官的等级安排，这是最后一章讨论的主题。结语部分将对魏晋南北朝时期地方官等级管理制度的特点进行总结，并进一步分析其动因与意义。

第一章、州郡县长官的职位分等。魏晋南北朝隋唐时期，州郡县长官的职位分等经历了由简约到繁细再到简略的发展过程。这一过程与州郡县数目的消长之间存在着正比关系，地方官职的品位化是促使州郡县数目快速增长的一个重要动因。隋文帝罢郡是基于北朝特别是北周地方行政的现实。

第二章、魏晋南朝都督及都督区的等级。曹丕称帝后，在全国范围内建立起都督诸州军事制度。监诸州军事出现于魏明帝时期，督诸军事则迟至东晋初年才出现。宋、齐时期为都督、监、督三级区分最为明确、严格之时期。都督诸州军事建立之始，便存在着一级都督区与二级都督区的隶属关系，东晋时在二级都督区之下出现了三级都督区，形成都督区的三级体制。

第三章、北朝都督、行台与总管的等级。北魏都督的职位分等主要采取三种方式，其一为都督、监、督的等级划分，其二为都督区的等级划分，其三依所督州之多少作出品级的规定。前二者效仿魏晋南朝之制，但又有所不同，后者则是北魏的独创。六镇起义导致的内乱外患使北魏都督制受到了极大的冲击，都督由方镇大员逐渐转变为军职，进而冗散化成为勋官。原随皇帝出行的行台由于地位的特殊性与行动的灵活性，在平定叛乱及征讨活动中常常被派出，呈现出地方化的趋势。东魏北齐顺应既成事实，以行台取代都督诸州军事，北周则改都督诸州军事为总管制。行台长官最高为录尚书事，最低为尚书左丞，仆射有时区分左右，自尚书左丞至录尚书事，行台长官至少有六个等级。北周总管的等级区分虽无明文记载，但却是不容置疑的存在，隋总管的四级区分不过是将周时已经存在的等级区分明确化、制度化而已。

第四章、地方官加节。魏晋南北朝时期地方官加节源自于东汉末年的将军假节。曹魏时期并没有使持节、持节、假节的等级区分，只有节与钺的区别。西晋时以权力大小为依据将地方官持节分为使持节、持节、假节三等，而将钺从地方官加节体系中抽出来，专授予全国最高军事统帅都督中外诸军事或一些重大军事活动的军事将领，标志着节钺制度的成熟与完善。陈时节的等级划分进一步反映在节的形制与节史的服饰上。魏晋及宋前期，持节地方官拥有三项重要的权力：发兵权、指挥权与专杀权。宋孝武帝大明年间剥夺了持节者的发兵权与民事专杀权。随着隋的统一，稳定局面的到来，新的信物的出现，地方官加节成为毫无意义的加号，节也为铜鱼符所取代。

第五章、地方官加侍中、散骑官。魏晋南北朝时期，侍中、散骑诸官、给事中既为专任，亦为加官。加官对象由内到外、由上到下逐步扩展。地方官加侍中最早出现在汉末，两晋时期地方官加侍中散骑官开始普遍开来。宋明帝之前，地方官加官只有侍中、散骑常侍、散骑侍郎、给事中四个等级。宋明帝时，通直常侍侍郎、员外常侍侍郎也跻身加官行列，使加官由四个等级升至八个等级。貂禅珥珰是加侍中常侍官的外在标志，侍郎、给事中则没有貂珰之饰。入侍帷幄、影响朝政是加内侍官最为切要的意义，但地方官由于身在地方，不能入侍禁中，加内侍官的意义更多地表现为官资的重要组成部分。这也是加官对象得以广泛扩展的重要原因。

第六章、刺史太守县令长加军号。魏晋南北朝时期刺史太守县令长加军号最初缘于军政一体化体制的需求，以军号作为奖励或笼络人心的手段是对军政一体化既成事实的承认，同时也促进了刺史太守县令长加军号制度的发展。魏明帝青龙年间刺史加军号已成普遍现象，东晋随着都督例领所治州刺史制度的形成，刺史的军事职能进一步突出。太守县令长加军号的普遍程度远不及刺史，其主要职能仍在于民政，而不在于军政。魏晋宋齐时期，刺史太守所加军号的品级呈现出缓慢上升的趋势。梁武帝天监改革打断了这一进程，起自寒门将帅的皇族为巩固和提高自身的社会地位，增多了军号的班位，刺史太守所加军号品级明显下降。与此相反，北朝刺史太守所加军号品级在魏末及东魏北齐、西魏北周时期急剧上升。这体现出南北朝政治传统及统治方式的不同。

第七章、赠官：以地方官为赠。赠官始于西汉。两汉魏晋南朝，赠官对象由高层官僚向中层官僚、由中央官向地方官逐步扩展，以五品为界，享有赠官仍然是尊者的特权。北朝赠官对象则突破尊卑界限，进一步扩展至六、七品官。河阴之变后，生前无官职或官职较低者可以通过生者官阶转让的方式获得赠官，赠官资格变得模糊起来。赠官对象的扩展，使得地方官作为赠官成为可能。两晋南朝，赠地方官在赠官总数中所占比例逐步上升，宋齐时形成高峰。赠予对象由地位较低的死难将士为主发展到以正常死亡者为主，在正常死亡者中，又有一个由地方官向中央官扩展的过程。从一个侧面反映出“内官重、外官轻”观念的转变。地方官作为赠官以都督、刺史、太守为主，鲜有县级官职。都督例赠都督，刺史、太守、五品或五品以上的职事官、四品或四品以上的散官获赠刺史，五品散官、五品以下的低级官僚或无官职而死王事者获赠太守。北朝自赠官出现之始就呈现出以赠地方官为主的鲜明特征，刺史、太守、县令长、都督、行台、总管、镇将都可以作为赠官。河阴事变之前，赠刺史还是赠太守以五品为分水岭，河阴事变之后，赠官与卒官之间的距离拉大，太守仅用于追赠地位极低或无官位者，县令则被挤出赠官行列，都督、行台、总管在赠官中占据主导地位。

结语部分对魏晋南北朝时期地方官等级管理制度的特点进行总结，并进一步分析其动因与意义。

第一章　州郡县长官的职位分等

对于汉唐之间的州郡县制，历来学者多重其两端，即多论及汉末三国时期州制的形成及隋朝的地方制度改革，[①]而鲜少论及州郡县长官的职位等级及其变化。治秦汉魏晋南北朝地方行政制度的大家严耕望先生在其力作《中国地方行政制度史（乙部）——魏晋南北朝地方行政制度》中虽论及州郡县的等级，但过于简略。笔者将此一时期州郡县长官的职位分等变化与政区建置的发展变化及地方官职的品位化特征结合起来，试图揭示此一时期州郡县长官职位分等变化的特点及其内在原因，兼论及隋文帝罢郡的制度渊源。

一、州郡县长官职位分等的变化

为了讨论方便，我们以各书官志为基础，参以《通典·秩品》、《周

① 薛军力：《州的地方化与曹魏时期中央地方关系》，载《中国史研究》1992年第3期；陈仲安、王素《地方行政从二级制到三级制》，《汉唐职官制度研究》，中华书局，1993年，第148–159页；张连生：《隋文帝并省州县说辩误》，载《扬州师院学报》1984年第3期，第84–85页；杨希义：《隋文帝罢天下诸郡一事质疑》，载《中国史研究》1982年第4期，第152–153页；杨际平：《隋文帝罢郡裁冗释疑——兼论隋朝的并省与析置州县》，载《北朝研究》1992年第3期，第65–74页；陆庆夫：《关于隋朝改革地方机构问题的几点辨析》，载《兰州大学学报》1989年第3期，第8–13页；王德权：《从“罢郡存州”到“改州为郡”——隋代河北政区调整个案研究》，载《国立台湾师范大学历史学报》第26期，第43–51页。

书》《北史》中的《卢辩传》及《唐六典》等书，将魏晋南北朝隋唐州郡县地方长官的职位分等列表如下：

表一：魏晋南朝州郡县长官职位等级

	刺史		郡守		县令		备注
魏	司隶校尉	第三品	京兆、河南尹	第三品	诸县署令千石者	第六品	《通典·职官十八》
	州领兵刺史	第四品	郡国太守、相、内史	第五品	诸县令相秩六百石以上者	第七品	
	州单车刺史	第五品			诸县令、长、相①	第九品	
晋	司隶校尉	第三品	河南尹	第三品	诸县置令秩千石者	第六品	《通典·职官十九》
	州刺史领兵者	第四品	郡国太守、相、内史	第五品	诸县置令六百石者	第七品	
	州单车刺史	第五品②			诸县令、长、相	第八品	
宋	州刺史领兵者	第四品	诸尹	第三品	诸县署令千石者	第六品	《宋书·百官下》《通典·职官十九》
	州刺史不领兵者	第五品	郡国太守、相、内史	第五品	诸县令六百石者	第七品	
					诸县署长	第八品	

① 《通典》此处作“诸县长、令、相。”按：县令长的区别源自于秦汉，令高于长。《汉书》卷19上《百官公卿表第七上》：“县令、长，皆秦官，掌治其县。万户以上为令，秩千石至六百石。减万户为长，秩五百石至三百石。”《后汉书》卷28《百官志五》：“每县、邑、道，大者置令一人，千石。其次置长，四百石。小者置长，三百石。”晋时也依户口多少，将县划分为大小县，大县为令，小县为长。《北堂书钞》卷78《设官部三十》注引《晋令》：“县千户以上，州郡治五百户以皆为令，不满此为长也。”从制度的连续性上来看，魏时令也应高于长。从迁转的顺序来看，也是由长迁令，魏舒“除渑池长，迁浚仪令，入为尚书郎。”（《晋书》卷41《魏舒传》，第1186页。）故此处应作“诸县令、长、相”，而不是“县长、令、相”。

② 《通典·晋官品》中无，据魏、宋官品补。

续表

	刺史		郡守		县令		备注
齐	阙		阙		阙		
梁	扬州		郡守及丞，各为十班。		县制七班[1]		《隋书·百官上》《通典·职官十九》
	南徐州						
	荆江雍郢南兖五州						
	湘豫司益广青衡七州						
	北徐北兖梁交南梁五州						
	越桂宁霍四州						
陈	扬州、南徐州、东扬州	第三品	丹阳尹（中二千石）	第五品	建康令（千石）	第七品	《隋书·百官上》《通典·职官二十》
	荆江南兖郢湘雍等州	第四品	会稽太守（二千石）				
	豫益广衡等州、青州领冀州、北兖北徐等州、梁州领南秦州、司南梁、交、越桂霍宁等十五州	第五品	吴郡、吴兴太守（二千石）				
			万户以上郡太守、内史、相	第六品	五千户以上县令、相（一千石）	第八品	
			不满万户太守、内史、相（二千石）	第七品	不满五千户以下县令、相（六百石）	第九品	

① 日本学者中村圭尔先生认为梁郡守为第十班，县令为第七班。（《六朝贵族制研究》，风间书房，1987年，第259、261页。）严耕望先生已有考证：按此云“十班”，意谓十等。《食货志》述梁制云：“丹阳、吴郡、会稽等郡，同太子詹事、尚书班。高凉、晋康等小郡，三班而已。”按太子詹事第十四班，列曹尚书第十三班，是大小郡之地位恰为十等，与《百官志》相应，而悬虚甚巨也。（《中国地方行政制度史（乙部）——魏晋南北朝地方行政制度》，中研院历史语言研究所，1997年，第21页。）从三班到十四班有十二等，而不是“恰为十等”，至于这十等在十二班中如何分布，不得而知，不过分为十等是毫无疑问的。同样“县制七班”也当理解为县令长分为七等，而不是县令均为第七班。

表二：北朝州郡县长官职位等级

	刺史		郡守		县令		备注
北魏	司州牧	从二品	河南尹	第三品	洛阳令	从五品下	《魏书·官氏志》《通典·职官二十》
	上州刺史	第三品	上郡太守、内史、相	第四品下	上县令、相	第六品下	
	中州刺史	从三品	中郡太守、内史、相	第五品下	中县令、相	第七品下	
	下州刺史	第四品下	下郡太守、内史、相	第六品下	下县令、相	第八品下	
北齐	司州牧	从二品	清都尹	第三品	邺、临漳、成安三县令	从五品下	《隋书·百官中》《通典·职官二十》上、中、下又各分上、中、下。
	三等上州刺史	第三品	三等上郡太守	从三品	三等上县令	第六品下	
	三等中州刺史	从三品	三等中郡太守	从四品上	三等中县令	第七品下	
	三等下州刺史	第四品下	三等下郡太守	从五品下	三等下县令	第八品下	
北周	雍州牧	九命	京兆尹	八命	长安、万年令	正五命	《周书·卢辩传》《北史·卢辩传》《通典·职官二十一》
	刺史户三万以上者	正八命	郡守万五千户以上者	七命	县令户七千以上者	五命	
	刺史二万户以上者	八命	郡守万户以上者	正六命	县令户四千以上者	正四命	
	刺史万户以上者	正七命	郡守五千户以上者	六命	县令户三千①以上者	四命	
	刺史五千户以上者	七命	郡守千户以上者	正五命	县令户五百以上者	正三命	
	刺史户不满五千以下者	正六命	郡守户不满一千以下者	五命	县令户不满五百以下者	三命	

①《周书》《北史》中的《卢辩传》均作“两千”。

续表

	刺史		郡守		县令		备注
隋文帝时期	雍州牧	从二品	京兆尹	正三品	大兴、长安县令	从五品下	《隋书·百官下》《通典·职官二十一》
	上州刺史	正三品	上郡太守	从四品上	上县令	从六品上	
	中州刺史	从三品	中郡太守	从五品上	中县令	从七品上	
	下州刺史	正四品上	下郡太守	正六品上	下县令	正八品上	
隋炀帝时期	罢州置郡		京兆、河南尹	正三品	大兴、长安、河南、洛阳四县令，并增为正五品。诸县皆以所管闲剧及冲要以为等级。		《隋书·百官下》
			上郡太守	从三品			
			中郡太守	正四品			
			下郡太守	从四品			
唐	京兆、河南、太原等七府牧	从二品			京县令	正五品上	《唐六典》卷30《旧唐书·职官一》《通典·职官二十二》
					畿县令	正六品上	
	上州（户不满四万以上为上州）刺史	从三品			诸州上县令	从六品上	
					诸州中县令	正七品上	
	中州（户满两万以上为中州）刺史	正四品上			诸州中下县令	从七品上	
	下州（户不满两万为下州）刺史①	正四品下			诸州下县令	从七品下	

从表中我们可以看出，魏晋南北朝隋唐州郡县长官的职位分等经历了一个由简约到精细再到简略的变化过程。

就魏晋南朝而论，魏晋宋齐时期为分等简约的阶段。刺史，除司隶校尉外，只有领兵与单车两等之分；太守，除京尹外，只有一等；县令

① 《旧唐书》卷42《职官一》：《武德令》，中州刺史，正四品下；下州刺史，从四品上。《贞观令》，一切为下州，加入正四品下。

长分为三等。然而，在简约的分等之下，却隐藏着细分的内在需求。三国时，“明帝即位，下诏书使郡县条为剧、中、平者。”[①]西晋时，“郡皆置太守，河南郡京师所在，则曰尹。……郡国户不满五千者，置职吏五十人，散吏十三人。五千户以上，则职吏六十三人，散吏二十一人。万户以上，职吏六十九人，散吏三十九人”[②]，有四等之分。“县大者置令，小者置长。……户不满三百以下，职吏十八人，散吏四人。三百以上，职吏二十八人，散吏六人。五百以上，职吏四十人，散吏八人。千以上，职吏五十三人，散吏十二人。千五百以上，职吏六十八人，散吏一十八人。三千以上，职吏八十八人，散吏二十六人”[③]，有六等之分。东晋时，“晋江左扬州岁举二人，诸州举一人，或三岁一人，随州大小，并对策问。”[④]虽然不明有几个等级，但显然不只是领兵与单车之分。

至梁时，这种内在的区分终于外化，梁天监七年（508年）改九品为十八班制，使得这种区分成为可能。“郡守及丞，各为十班。县制七班。”[⑤]刺史虽无明言几等之分，《隋书·百官志上》却明确地把各等州属佐的班位列了出来，据此我们可知梁天监七年（508年）时的二十三州可分为六个等级，即扬州为一等、南徐州为一等、荆江雍郢南兖五州为一等、湘豫司益广青衡七州为一等、北徐北兖梁交南梁五州为一等、越桂宁霍四州为一等。南朝州郡县长官职位分等的繁细在梁时达到了高峰。陈时又有所回归，州郡县长官均只有三等之分。

就北朝而论，北魏时州郡县长官的分等较为简约，除京牧、京尹、京令外，均有上、中、下三等之分。北齐时州郡县长官的职位分等在官品表中呈现出和北魏相同的区分，但值得关注的是，北齐在上、中、下三等中又各自区分出上、中、下三等。以州为例，“上上州府，州属官

①《三国志》卷24《王观传》，第693页。

②《晋书》卷24《职官志》，第746页。

③《晋书》卷24《职官志》，第746页。

④《宋书》卷40《百官志下》，第1255页。

⑤《隋书》卷26《百官志上》，第736页。

佐史，合三百九十三人。上中州减上上州十人。上下州减上中州十人。中上州减上下州五十一人。中中州减中上州十人。中下州减中中州十人。下上州减中下州五十人。下中州减下上州十人。下下州减下中州十人。"[1]这样的区分还表现为俸禄、白直等方面待遇的不同。这样再加上京牧，北齐的州便有十等之分。郡县亦然。达到了北朝州郡县长官职位等级划分精细化的颠峰，亦是整个魏晋南北朝时期州郡县长官职位等级的高峰。

北周的分等虽不如北齐细致，表现在秩品表中却较北齐精细。除京牧、京尹、京令外，北周根据所领户数的多少分别将州郡县划分为五等。这样北周的州郡县共有六等之分。

相对南朝而言，北朝州郡县长官的职位分等呈现出均衡细致的特点。

隋文帝受禅，革北周九命之制，州郡县长官的职位分等方式一如北齐之制，亦为十等之分。"雍州，置牧。……上上州，置刺史……并佐史，合三百二十三人。上中州，减上州吏属十二人。上下州，减上中州十六人。中上州，减上下州二十九人。中中州，减中上州二十人。中下州，减中中州二十人。下上州，减中下州三十二人。下中州，减下上州十五人。下下州，减下中州十二人。"[2]但很快，开皇三年（583 年），隋文帝便对官制作了大幅度的改革，对地方制度的改革表现为"罢郡，以州统县"[3]，州郡县三级制度变为州县两级制。开皇十四年，又对州县的十等之分作了改革，"改九等州县为上、中、中下、下，凡四等"[4]，这样再加上京牧、京令，州县长官的职位分等均为五等。

隋炀帝即位后，又对官制来了一次大的调整。大业三年（607 年），"罢州置郡，郡置太守。上郡从三品，中郡正四品，下郡从四品。京兆、河南则俱为尹，并正三品"，"大兴、长安、河南、洛阳四县令，并增

---

①《隋书》卷 27《百官志中》，第 761 页。

②《隋书》卷 28《百官志下》，第 783 页。

③《隋书》卷 28《百官志下》，第 792 页。

④《隋书》卷 28《百官志下》，第 793 页。

为正五品。诸县皆以所管闲剧及冲要以为等级。”[①]虽然县的具体分等不得而知，但郡分上、中、下则似乎又开始向北魏的划分方式回归。

隋二世而亡，唐高祖李渊登基后，便于武德元年（618年）“罢郡置州，改太守为刺史，而雍州置牧”[②]。以所领户数多少为准分为上、中、下三等，县则分为京县、畿县、上县、中县、中下县、下县六等。至此，经过隋文帝、炀帝及唐高祖的几次改革，州县两级制及州县长官的职位分等基本定型。

二、州郡县长官职位分等变化的基础与动因

短短四百年间，州郡县长官的职位分等变动不居，其复杂多变的表象背后隐含着哪些规律与特点呢？究竟是何种内在的社会背景与官员管理因素造就了此一耐人寻味的现实图景了呢？

首先，我们注意到州郡县的分等与州郡县数目的多少呈现出正比关系。

据《后汉书·郡国五》记载，东汉孝顺帝时，全国共有郡国105，县、邑、道、侯国1180，郡国上有十三州刺史，只是当时州只是巡察机构，还未成为一级行政机构。东汉一代二百年来基本上维持这个数字。汉末大乱，州逐渐演变成为郡国之上的更高一级行政单位。三国鼎立，由于各种原因，分置郡县，据洪亮吉的《补三国疆域志》统计，三国时期共有州18，郡170，县1206。[③]与东汉相比，州郡分别增加将近二分之一，这是魏晋南北朝时期州郡县数目增长的第一次高峰。西晋时基本维持这个数字，太康元年（280年）灭吴后，全国共有州19，郡172，县1232。[④]

---

①《隋书》卷28《百官志下》，第802页。

②《通典》卷32《职官十四》，第888页。

③洪亮吉：《补三国疆域志》，《丛书集成初编》，上海商务印书馆，1936年。

④《晋书》卷14、15《地理志》。黄席群：《晋初郡县户数表》，《禹贡》，第一卷第六期。

永嘉之乱，晋室南迁，开始了历史上的东晋南朝时期。晋元帝建武元年（317年），共有州10（其中梁益二州各仅占3郡），91郡，县数不详。[①]之后，连年的战乱导致流民的大量出现，侨置州郡县也雨后春笋般的出现在南朝大地上，开始了州郡县增长的第二次高潮。《宋书》卷11《志序》称“魏晋以来，迁徙百计，一郡分为四五，一县割成两三”。宋时虽然有过几次大规模的土断，但依然没有阻挡住州郡县增长的势头。至“梁武帝除暴宁乱，奄有旧吴，天监十年，有州二十三，郡三百五十，县千二十二。”[②]与东晋相比，州增加了一倍多，郡增加了近三倍，县较三国吴时增加了二倍[③]。

天监十年（511年）后，梁武帝“务恢境宇，频事经略，开拓闽、越，克复淮浦，平俚洞，破牛羊柯，又以旧州遐阔，多有析置。大同年中，州一百七，郡县亦称于此。”[④]州郡县的增设几乎到了疯狂的地步，短短二三十时间，州便增加了三倍多。陈时由于战场上的节节败退，“土宇弥蹙，西亡蜀、汉，北丧淮、肥，威力所加，不出荆、扬之域。州有四十二，郡唯一百九，县四百三十八”[⑤]。

与南朝割置州郡的同时，五胡十六国在北方大地上激烈角逐，裂分郡县的现象亦非常严重。《晋书》卷106《苻坚载记上》载苻坚灭前燕时，“入邺宫，阅其名籍，凡郡百五十七，县一千五百七十九”。据谭其骧先生所绘《中国历史地图集》，前燕建熙七年（366年）[⑥]的版图只不过占北方的二分之一，而郡却接近于西晋时全国郡数，县则多于西晋时全国县数。东晋隆安年间，南凉主秃发乌孤欲平凉州，向其部下咨询说：“陇右区区数郡地耳！因其兵乱，分裂遂至十余。乾归擅命河南，段业阻兵张掖，虐氏假息，偷据姑臧。吾藉父兄遗烈，思廓清西夏。兼

①徐文范：《东晋南北朝舆地表》，第15页。《二十五史补编》第五册，中华书局，1955年。

②《隋书》卷29《地理志上·序》，第807页。

③据洪亮吉《补三国疆域志》，吴时有县337。

④《隋书》卷29《地理志上·序》，第807页。

⑤《隋书》卷29《地理志上·序》，第807页。

⑥前燕建熙七年为366年，苻坚入邺宫在太和五年，即370年。

弱攻昧，三者何先?”[①]可见，在偏远的凉州地区割据及裂分郡县的情况亦不亚于中原地区，反因其地旷人稀而有更大的析置空间。北魏统一北方后，虽没有全面采取州郡县制，但五胡十六国时期州郡县的裂分为北魏后期、特别是北齐北周州郡县的滥置打下了基础。

北魏前期实行军镇与郡县制相结合的地方行政制度，孝文帝时期逐渐改革，至太和十八年（494年），除北方军镇外，基本上普及州郡县制。“时有州五十七，郡二百。”[②]二十三年（499年）颁布《后职令》，除京州、京郡、京县外，将州郡县各分为三等，这是北魏首次明确规定州郡县的分等。之后，宣武帝景明三年（502年）时有州60，郡镇248，[③]明帝神龟二年（519年）时有州68，郡镇300余。[④]可见，在六镇起义之前，北魏州郡的增长是缓慢的，六镇起义打破了这种稳定局面。“魏自孝昌之季，数钟浇否，禄去公室，政出多门，衣冠道尽，黔首涂炭。……是使豪家大族，鸠率乡部，托迹勤王，规自署置。或外家公主，女谒内成，昧利纳财，启立州郡。……牧守令长，虚增其数……百室之邑，便立州名，三户之民，空张郡目。”[⑤]东魏武定四年（564年），共有州80，郡387，县1100。[⑥]仅占北魏一半的土地，州郡县数目却多于北魏。四年后，北齐取代东魏，便在原先州郡县三分的基础上又各自分出上中下，形成十等分。在北周禅代前夕的西魏恭帝三年（556年），有州128，郡289，县492，[⑦]亦不亚于东魏末年，采九命之制后，便将州郡县的六等之分列入了官品表。

由此可见，魏晋南北朝时期州郡县长官的职位等级是随着州郡县数目的消长而变化的。导致州郡县数目增长的原因是多方面的。晋末永嘉之乱后人民的迁徙导致侨置州郡县的大量出现；战乱时期为换取豪强的

---

①《晋书》卷126《秃发乌孤载记》，第3143页。

②徐文范：《东晋南北朝舆地表》，第101页。

③徐文范：《东晋南北朝舆地表》，第106页。

④徐文范：《东晋南北朝舆地表》，第113页。

⑤《北齐书》卷4《文宣纪》，第62页。

⑥柳彭龄：《东魏户口统计表》，《禹贡》第三卷第一期。

⑦徐文范：《东晋南北朝舆地表》，第149页。

支持或以地方官职酬奖军功对地方官职造成了巨大的需求压力，因而不得不把州郡县分小分多；安置蛮夷、招纳降附也是州郡县增长的一个因素；这些情况下，地方官职的增设更多地是出于争取王朝支持者的考虑，而不是出于行政管理上的需要。多设一个地方官，对于王朝来说，就等于多了一个拥护者；对于官员个人来说，则意味着相应的荣誉、地位、俸禄及礼仪待遇等。官职的品位化意义大于职位化意义。另外，领土得失之间也会造成州郡县数目的增长，地广人稀也是析置州郡县的原因之一。

魏晋南北朝时期，战乱频仍，人民迁徙，所到之处，以乡里群居，侨立州郡县，希望有朝一日重返故土，成为魏晋南北朝时期州郡县迅速增长的原因之一。西晋末年，五胡乱中华，相对安定的西北、东北及南方地区成为人们迁徙的首选。《晋书》卷86《张轨传》载："(永嘉中)中州避难来者日月相继，分武威置武兴郡以居之。"《晋书》卷108《慕容廆载记》："时二京倾覆，幽冀沦陷，廆刑政修明，虚怀引纳，流亡士庶多襁负归之。廆乃立郡以统流人，冀州人为冀阳郡，豫州人为成周郡，青州人为营丘郡，并州人为唐国郡。"《宋书》的作者沈约在《志序》中写到："自戎狄内侮，有晋东迁，中土遗氓，播徙江外，幽、并、冀、雍、兖、豫、青、徐之境，幽沦寇逆。自扶莫而裹足奉首，免身于荆、越者，百郡千城，流寓比室。人伫鸿雁之歌，士蓄怀本之念，莫不各树邦邑，思复旧井。既而民单户约，不可独建，故魏邦而有韩邑，齐县而有赵民。且省置交加，日回月徙，寄寓迁流，迄无定托，邦名邑号，难或详书。"[①]南北朝时期，亦不时有流民出现。宋元嘉中，刘道产为梁南秦二州都督、刺史，"在州有惠化，关中流民，前后出汉川归之者甚多。六年（429年），道产表置陇西、宋康二郡以领之。"[②]泰始中，王僧虔为湘州刺史，"巴峡流民多在湘土，僧虔表割益阳、罗、湘

①《宋书》卷11《志序》，第205页。谭其骧先生对晋永嘉之后北人南迁的经过、途径、流向及东晋南朝侨立的州郡县有详细的考证，参见《晋永嘉丧乱后之民族迁徙》，《长水集》，人民出版社，1987年，第199–223页。

②《宋书》卷65《刘道产传》，第1719页。

西三县缘江民立湘阴县，从之。”[①]北魏世祖太武帝时，姚泓灭，秦雍人千余家推寇讃为主，归顺，魏拜寇讃为“绥远将军、魏郡太守。其后，秦雍之民来奔河南、荥阳、河内者户至万数，拜讃安远将军、南雍州刺史、轵县侯，治于洛阳，立雍州之郡县以抚之。由是流民襁负自远而至，三倍于前。”[②]孝昌末年，河北流民南渡，以魏兰根“兼尚书，使齐、济、二兖四州安抚，并置郡县。”[③]

战乱之际，豪强崛起，朝廷以官号笼络，其中包括增设地方官职，以地方官职酬奖之。西晋末年，少数民族入侵中原，据坞堡自守的各民间自卫武力，成为胡人入侵的最大阻碍，迫使其君主不得不停止攻击行动，改采妥协政策，或假以将军、都尉的名号，或任命其为郡守、县守，以获取坞主的合作，才能稳定统治的局面。[④]另如上文提到的魏自孝昌之季，“豪家大族，鸠率乡部，托迹勤王，规自署置。或外家公主，女谒内成，昧利纳财，启立州郡。”[⑤]在叛乱此起彼伏的情况下，朝廷为了争取这些豪强的支持，只好承认既成事实。钱穆先生曾言：“州县为豪强私利而分割。”[⑥]除此之外，朝廷还主动以官职来换取豪强的财力、物力、人力以及武力，“北魏末年朝廷或募民组织部曲应征，或输送粮食，或自行携带马匹兵仗从军，或有武艺出征，均可获得官阶乃至实官。”[⑦]王朝的官位有限，而需要酬赏的人却在日益增多，这样就造成了供需之间的矛盾，“为了调和这类矛盾，办法之一就是想方设法增加官缺。以地方官而言，主要就是将州、郡分小分多，以增加刺史、太守以及都督和他们属官的数目。”[⑧]这是北魏后期及北齐北周州郡县大

---

①《南齐》卷33《王僧虔传》，第593页。

②《魏书》卷42《寇讃传》，第946页。

③《北齐书》卷23《魏兰根传》，第330页。

④萨孟武：《中国社会政治史》（2），三民书局，1982年，第236页。

⑤《北齐书》卷4《文宣纪》，第62页。

⑥钱穆：《国史大纲》，商务印书馆，1996年，第400页。

⑦侯旭东：《地方豪右与魏齐政治——从魏末启立州郡到北齐天保七年并省州郡县》，《中国史研究》2004年第4期，第58页。

⑧祝总斌：《关于北魏行台的两个问题》，《周一良先生八十生日纪念论文集》，中国社会科学出版社，1993年，第56页。

量增置的主要原因。然而，这并不是北朝的独创，早在东晋东晋初年，晋元帝司马睿就以义成郡来酬劳三定江南的周玘，“帝以玘频兴义兵，勋诚并茂，乃以阳羡及长城之西乡、丹杨之永世别为义兴郡，以彰其功焉。”[①]南朝陈霸先东征杜龛，陈详“别下安吉、原乡、故鄣三县。龛平，以功授散骑侍郎、假节、雄信将军、青州刺史资，割故鄣、广德置广梁郡，以详为太守。”[②]这种奖励方式有时还可以惠及家人，陈天嘉中，清远郡公侯安都的父亲去世，陈文帝拜安都母亲为清远国太夫人，想把她接到侯安都身边奉养，而侯安都的母亲不愿意离开家乡，陈文帝便下诏：“改桂阳之汝城县为卢阳郡，分衡州之始兴、安远二郡，合三郡为东衡州，以安都从弟晓为刺史，安都第三子秘年九岁，上以为始兴内史，并令在乡侍养。”[③]是典型的因人设官。

安置蛮夷、招纳降附也成为魏晋南北朝时期州郡县数目增长的一个因素。南北对峙，使生活在长江两岸附近的少数民族处于对峙的最前沿，他们与世隔绝的自然生活状态被打破，成为王朝统治下的编户齐民。东晋隆安中，桓玄“移沮漳蛮二千户于江南，立武宁郡。”[④]宋大明元年（457年），“梁州獠求内属，立怀汉郡。”[⑤]宋明帝即位之初，江州刺史晋安王子勋反叛，“西阳蛮田益之、田义之、成邪财、田光兴等起义攻郢州，克之。以益之为辅国将军，都统四山军事，又以蛮户立宋安、光城二郡”[⑥]。北魏高祖初，蛮首桓诞归款，孝文帝以桓诞为东荆州刺史，令尚书南部郎韦珍与桓诞一起往南方招抚蛮左，“珍自悬瓠西入三百余里，至桐栢山，穷淮源，宣扬恩泽……凡所招降七万余户，置郡县而还。”[⑦]“酋帅强奴子等各率户归附，于是置广业、固道二郡以居

① 《晋书》卷58《周处传附子玘传》，第1573页。
② 《陈书》卷15《陈详传》，第218页。
③ 《陈书》卷8《侯安都传》，第146页。
④ 《晋书》卷99《桓玄传》，第2590页。
⑤ 《宋书》卷6《孝武帝纪》，第119页。
⑥ 《宋书》卷97《夷蛮传·豫州蛮传》，第2398页。
⑦ 《魏书》卷45《韦阆传附族弟珍传》，第1013页。

之。”[1]东魏时晋州刺史薛修义“招降胡酋胡垂黎等部落数千口，表置五城郡以安处之。”[2]北周天和元年（566年），“吐谷浑龙涸王莫昌率户内附，以其地为扶州。”[3]

领土得失之间也会造成州郡县数目的增长。在新占领地建立政权，是战乱时期一种通行的做法。东晋永昌初年，前凉张茂“使将军韩璞率众取陇西南安之地，以置秦州。”[4]北周天和五年（570年），“大将军郑恪率师平越嶲，置西宁州。”[5]梁中大通四年（532年），“魏南兖州刺史刘世明以城降，改魏南兖州为谯州，以世明为刺史。”[6]失去领土也不会造成州郡县数目的减少，梁天监中，“南郑没于魏，乃于益州西置南梁州。”[7]领土虽然减少，而州的数目并不减少。梁天监三年（504年），“魏陷司州，诏以南义阳置司州”[8]；大通二年（528年），“魏郢州刺史元愿达以义阳内附，置北司州。”[9]在领土的一得一失之间，便多出了一个司州。

地广人稀也是析置州郡县的一个原因。宋永初三年（422年），武帝刘裕下诏：“豫州南临江浒，北接河、洛，民荒境旷，转输艰远，抚莅之宜，各有其便。淮西诸郡，可立为豫州。自淮以东，为南豫州。”[10]北魏世宗时，“诏以徐豫二境，民稀土旷，令（范绍）绍量度处所，更立一州。绍以谯城形要之所，置州为便，遂立南兖。”[11]肃宗熙平中，平定大乘之乱，以洪超兼黄门侍郎抚慰冀州，洪超还，上书称：“冀土宽广，界去州六七百里，负海险远，宜分置一州，镇遏海曲。”朝议从之，后遂立沧州。[12]

①《魏书》卷51《皮豹子列传附子喜传》，第1132页。
②《北齐书》卷20《薛修义传》，第276页。
③《周书》卷5《武帝纪上》，第72页。
④《晋书》卷86《张轨传附寔弟茂传》，第2232页。
⑤《周书》卷5《武帝纪上》，第78页。
⑥《梁书》卷3《武帝纪下》，第76页。
⑦《梁书》卷17《张齐传》，第282页。
⑧《梁书》卷2《武帝纪中》，第41页。
⑨《梁书》卷3《武帝纪下》，第72页。
⑩《宋书》卷3《武帝纪下》，第58页。
⑪《魏书》卷79《范绍传》，第1756页。
⑫《魏书》卷15《辽西公意烈传附拔干曾孙洪超传》，第384页。

州郡县的大量增置无疑给州郡县的等级划分提供了充分的政区基础，但州郡县等级的增多更多的是出于官员资位管理上的需要。功劳与资历是踏入仕途及官员升迁的重要凭借。陈永定二年十二月诏："梁时旧仕，乱离播越，始还朝廷，多未铨序。又起兵已来，军勋甚众。选曹即条文武簿及节将应九流者，量其所拟。"于是随材擢用者五十余人。[①]而功劳有大小，官员资历有高低深浅之分，酬赏的官位自然不能等同，将官位等级分多分细，可以使功劳大小、资位深浅在官位上得到较为明显、合理的体现，更好地避免同功不同酬现象的发生。北魏品分正从上下阶，梁改九品为十八班制，恐怕都有这样的考虑，地方官等级的增多正是在这样的需求之下出现的。周齐邙山之役，殷州刺史王勇"率敢死之士三百人，并执短兵，大呼直进，出入冲击，杀伤甚多，敌人无敢当者。是役也，大军不利，唯勇及王文达、耿令贵三人力战，皆有殊功……军还，皆拜上州刺史。以雍州、岐州、北雍州拟授勇等，然州颇有优劣，又令探筹取之。勇遂得雍州，文达得岐州，令贵得北雍州。"[②]宇文泰任命刺史，并不考虑州的具体情况，也不考虑所选刺史是否有行政才能，"州颇有优劣，又令探筹取之"的做法也显得滑稽可笑，刺史只是酬赏军功的一种方式。既然有以上州刺史为酬赏，自然就有以中州、下州、上郡、中郡……等作为酬赏，州郡县等级的增多有利于使每个人作出的贡献都得到较为合适的回报，而不至于有什么侥幸或心理不平衡。

州郡县等级的细分还可以增多地方官升迁的环节，拉长地方官升迁的历程，在州郡县总量不增多的情况下，变相地增加职位的数量。相应的也在一定程度上缓解了对地方官职的需求压力，有利于和缓统治阶层的内部矛盾，疏通地方官员向上发展的空间与路径，从而有利于社会的稳定与发展。梁武帝时"著令：小县有能，迁为大县。大县有能，迁为二千石。于是山阴令丘仲孚治有异绩，以为长沙内史。武康令何远清公，以为宣城太守。"[③]《梁书》卷53《何远传》："起为镇南将军、武

---

①《陈书》卷2《高祖下》，第38页。

②《周书》卷29《王勇传》，第491页。

③《梁书》卷53《良吏传·序》，第766页。

康令……高祖闻其能，擢为宣城太守。自县为近畿大郡，近代未之有也。”这两条材料告诉我们，地方官的升迁要由低到高，逐层升迁，小县迁为大县，大县迁为二千石。在二千石之中，也要由等级较低的郡迁为等级较高的郡，何远“自县为近畿大郡，近代未之有也”恰好表明由县迁为大郡是一种特例，逐级升迁才是制度的常态。将州郡县的等级分多分细，地方官在每个等级上都要逗留几年，仕宦的路途拉长，能大大缓解由于官员升迁而带来的对职位的需求压力，在职位供不应求的情况下，不失为解决问题的一个好方法。

唐代类似的做法也可为我们提供有力的佐证。唐初除京兆、河南、太原等七府外，州只有上、中、下三等之分，县有京（赤）、畿、上、中、中下、下六等之分。之后，州又多出辅、雄、望、紧的划分，县又有望、紧、次赤、次畿之分。对此，杜佑的看法是“初州县混同，无等级之差，凡所拜授，或自大而迁小，或始近而后远，无有定制。其后选人既多，叙用不给，遂累增郡县等级之差。”[①]礼部员外郎沈既济看到了这种做法的弊端，提出建议“请准旧令，州为三等，县为五等，其余紧、望、雄、辅之名请废。”原因是“等级繁多，则仕进淹滞，使其周历，即务速迁，官非久安，政亦苟且。请减众级，以惩侥心，则官可达期，群才无壅。”[②]两人看问题的立足点虽然不同，但有一点却是共同的，即州县等级的细分拉长了地方官升迁的路途，缓解了由于官多位少而产生的供需矛盾。虽然这样做不利于有才能者尽快地脱颖而出，但在统治者眼里，大多数官员的利益需求更为重要。

三、隋文帝罢郡

关于隋唐地方制度的渊源，《通典》载：“隋雍州置牧，余州并置

① 《通典》卷15《选举三》，第362页。

② 《通典》卷18《选举六》，第452页。

刺史，亦同北齐九等之制”[①]；“隋郡太守如北齐九等之制”[②]。但我们并不能据此就简单地认为隋的地方等级制度渊源于北齐。因为很快，隋文帝便对地方等级制度作了两次较大的改革。其一是开皇三年（583 年）的罢郡，以州统县；其二是开皇十四年（594 年）的改九等州县为上、中、中下、下四等。这两次改革为隋炀帝及唐高祖的地方制度改革奠定了基础，也基本奠定了隋唐地方等级的框架结构。

对于开皇三年（583 年）罢郡，以州统县改革的原因，历来学者的论述不外乎州郡县的滥置。“周齐之世，每州平均领二郡，郡平均仅领二县，已失地方行政机构节级统领之正轨。”[③]“隋文帝于开皇初之所以决定罢郡，是因为当时州郡设置不合理。当时全国有州 211，比西汉时期的郡还多得多。州多，郡更多。平均每州仅辖 2.4 郡，平均每郡仅辖 2.2 县，大体上是一州五县，中间还置二三郡。可见，当时之郡实属多余，自应罢废。”[④]但此说仅触及了问题的一个方面。下面我们试图从三个方面阐释隋文帝罢郡的制度渊源。

一、从传统来看，北朝的行政重心在州，魏晋南朝的行政重心在郡。州是由监察机构在汉末的战乱中形成一级地方机构的，南朝直接承袭魏晋的社会传统，所以魏晋南朝的州有两个特点。一是仍担负监察的责任，从贾逵的例子可以看出来。魏初，贾逵任豫州刺史，“是时天下初复，州郡多不摄。逵曰：‘州本以御史出监诸郡，以六条诏书察长吏二千石已下，故其状皆言严能鹰扬有督察之才，不言安静宽仁有恺悌之德也。今长吏慢法，盗贼公行，州知而不纠，天下复何取正乎？’兵曹从事受前刺史假，逵到官数月，乃还；考竟其二千石以下阿纵不如法者，皆举奏免之。帝曰：‘逵真刺史矣。’”[⑤]严耕望先生也认为“晋武帝即

---

①《通典》卷 32《职官十四》，第 888 页。

②《通典》卷 33《职官十五》，第 907 页。

③严耕望：《中国地方行政制度史（乙部）——魏晋南北朝地方行政制度》，中研院历史语言研究所，1997 年，第 435 页。

④ 杨际平：《隋文帝罢郡裁冗释疑》，载《北朝研究》1992 年第 3 期。

⑤《三国志》卷 15《贾逵传》，第 482 页。

位，其时虽尚未统一全国，然吴地日促，吴政日弊，统一之势已成。政治渐上轨道，故帝力谋恢复汉代旧制，州刺史以监察为职，而置地方行政重心于郡国守相。"[①]二是军事职能重于民事职能。州的军事化在曹魏明帝青龙年间已经完成，而郡的军事化并没有完成，其主要职能在于行政。[②]

北朝则从实行州郡县制之始，郡便是可有可无的一级机构。"皇始元年（396 年），始建曹省，备置百官，封拜五等，外职则刺史、太守、令长已下有未备者，随而置之。"[③]"（天赐）二年（405 年）正月……又制诸州置三刺史，刺史用品第六者，宗室一人，异姓二人，比古之上中下三大夫也。郡置三太守，用七品者，县置三令长，八品者。刺史、令长各之州县，以太守上有刺史，下有令长，虽置而未临民。"[④]皇始元年为公元 396 年，天赐二年为公元 405 年，二者相隔不到十年时间。就此看来，隋文帝废郡是基于北朝的地方行政传统。

二、从近期郡守的地位来看，隋文帝废郡是基于北齐北周的地方行政现实。由于梁州郡县长官的具体班位不明，我们就拿陈、北齐、北周这所谓的后三国来比较一下。陈的州郡县长官各分三等，刺史分别为第三、四、五品，郡守分别为第五、六、七品，县令分别为第七、八、九品。第五品的刺史在第五品的郡守之上，第七品的郡守在第七品的县令之上。这样刺史、郡守、县令上下有别，互不交叉，各得其所。北齐的州郡县分别为十等，表现在官品表中则为四等。司州牧为从二品，上中下刺史分别为第三品、从三品、第四品下；清都尹为第三品，上中下郡守分别为从三品、从四品上、从五品下；邺、临漳、成安三县令为从五品下，上中下县令分别为第六品下、第七品下、第八品下。清都尹与上州刺史同为第三品，上郡太守与中州刺史同为从三品，邺、临漳、成安三县令与下郡太守同为第五品下，且前者在后者之上，这样刺史、郡

① 严耕望：《中国地方行政制度史（乙部）——魏晋南北朝地方行政制度》，中研院历史语言研究所，1997 年，第 229 页。

② 详见第六章。

③《魏书》卷 113《官氏志》，第 2972 页。

④《魏书》卷 113《官氏志》，第 2974 页。

守、县令在秩品上就出现了交叉，考虑到京尹、京令的特殊地位，这种交叉亦不算太严重。北周刺史、太守、县令三者地位的交叉则甚为严重。北周州郡县长官各分六等，雍州牧为九命，其余五等州分别为正八命、八命、正七命、七命、正六命；京兆尹为八命，其余五等郡太守分别为七命、正六命、六命、正五命五命；长安、万年令为正五命，其余五等县令分别为五命、正四命、四命、正三命、三命。刺史与郡守地位的交叉表现为刺史二万户以上者与京兆尹同为八命，刺史五千户以上者与郡守万五千户以上者同为七命，刺史户不满五千以下者与郡守万户以上者同为正六命。县令与郡守地位的交叉表现为长安、万年令与郡守千户以上者同为正五命，县令户七千以上者与郡守户不满一千以下者同为五命。唯六命太守与刺史、县令无交叉。刺史地位的下侵与县令地位的上侵使得各个等级的郡守已经可以被刺史或县令所涵盖。废除郡守，使地方官的地位上下有别，能够使地方官的等级安排更趋合理。

三、从政区上看，隋文帝废郡则是基于北周的州郡县建置。我们就徐文范所辑《东晋南北朝舆地表》所提供的几组数据作一比较，以明北齐北周在政区建置上发展路径的不同。公元546年，即东魏武定四年，西魏大统十二年，“东魏时有州五十九，郡二百三十”[①]，“西魏时有州五十七，郡一百八十三”[②]，二者州郡大致相当。之后西魏于魏废帝三年即公元553年，北齐于天保七年即公元556年分别进行了一次调整。西魏调整的思路是承认既成事实，将原先由一州裂分出的冠以“东”、“南”、“西”、“北”的州重新命名，“改东雍为华州，北雍为宜州，南雍为蔡州……凡改州四十六，置州一，改郡一百六，改县二百三十。”[③] 北齐调整的思路是并省。天保七年十一月，齐文宣帝下令并省郡县，“于是并省三州、一百五十三郡、五百八十九县、二镇二十六戍。”[④]思

① 徐文范：《东晋南北朝舆地表》，第133页。

② 徐文范：《东晋南北朝舆地表》，第131页。

③ 《周书》卷2《文帝纪下》，第34页。

④ 《北齐书》卷4《文宣纪》，第62页。关于并省的意义详见侯旭东先生的文章：《地方豪右与魏齐政治——从魏末启立州郡到北齐天保七年并省州郡县》，《中国史研究》2004年第4期。

路的不同导致州郡县尤其州的增长速度的不同。公元556年即西魏恭帝三年、北齐天保七年，西魏“时有州一百二十八，郡二百八十九，县四百九十二”[①]，北齐“时有州九十二，郡二百六十一，县五百七十九”[②]，西魏的州十年间增加了一倍，州郡总数超过北齐。十七年后，公元573年即北齐武平四年、北周建德二年，“齐时有州六十五，郡一百六十有二”[③]，“周时有州百三十五，郡二百六十一”[④]。周已远远超过北齐。在周的135州中，已有50州只统一郡，31州只统二郡，二者所占比例已近三分之二。在北齐的六十五州中，有8州只统一郡，15州统二郡，所占比例为三分之一，远逊于北周。“及于东夏削平，多有省废。大象二年，通计州二百一十一，郡五百八，县一千一百二十四。”[⑤]大象二年的211州中，名字可考的据徐文范统计有207州[⑥]，其中有67州只统一郡，67州只统二郡，4州不统郡而直接统县，三者恰好为207州的三分之二。如此大的比例表明了郡一级机构的存在实在没有必要了。

因此，无论是从传统还是现实来看，隋文帝的改革都是源自北朝，就是此后改九等州县为四等的改革灵感恐怕也是源于北朝。北魏显祖时，高允建议“‘……请制大郡立博士二人、助教四人、学生一百人，次郡立博士二人、助教二人、学生八十人，中郡立博士一人、助教二人、学生六十人，下郡立博士一人、助教一人、学生四十人。……’显祖从之。郡国立学，自此始也。”[⑦]大郡、次郡、中郡、下郡虽然与上、中、中下、下的区分不完全一致，也只有一步之遥了。当然，我们在探讨制度渊源的同时并不能忽视隋文改革的魄力，他毕竟没有停留在之前常用的并省方法上，而是大刀阔斧地砍去一级，从根本上革除了四百年来地方行政的弊病，创一代之新制。

---

① 徐文范：《东晋南北朝舆地表》，第149页。
② 徐文范：《东晋南北朝舆地表》，第154页。
③ 徐文范：《东晋南北朝舆地表》，第160页。
④ 徐文范：《东晋南北朝舆地表》，第160页。
⑤《隋书》卷29《地理志上·序》，第807页。
⑥ 徐文范：《东晋南北朝舆地表》，第180页。
⑦《魏书》卷48《高允传》，第1078页。

第二章　魏晋南朝都督及都督区的等级

魏晋南朝都督的职位等级主要由两个因素构成，一为都督、监、督的等级，二为都督区的等级。关于都督、监、督的等级区分，最早见于《宋书》卷39《百官上》：“晋世则都督诸军为上，监诸军次之，督诸军为下。”《晋书》卷24《职官》所载与之基本相同。学界对都督、监、督三级制形成的时间讨论得较多，严耕望先生认为“魏世任职者……‘都督诸军事’为多，亦有‘监诸军事’，而‘督诸军事’则少见……《宋志》所述晋制，实亦承魏者。”①陈琳国先生认为都督制定型于魏文帝黄初元年，定型的标志有二，其中之一是“都督职衔已有明确的规定，有‘都督’、‘督’……晋制基本上承袭了魏制。”②张鹤泉先生认为“至迟在魏明帝时，州都督已基本形成了‘都督’、‘监’、‘督’三个不同的等级。晋朝对州都督的等级划分，显然是对魏都督诸州军事制度的承袭。”③这样的论断受制于文字表述的影响，而未去究其实际。事实上，督这一级在东晋初才出现。对于都督区，以往的研究多是对都督

---

①严耕望：《中国地方行政制度史（乙部）——魏晋南北朝地方行政制度》，中研院历史语言研究所，1997年，第91页。

②《魏晋南朝都督制》，《魏晋南北朝政治制度研究》，文津出版社，1994年，第238页。

③《魏晋南朝都督制》，《魏晋南北朝政治制度研究》，文津出版社，1994年，第62页。

区的数目、辖区及任职者与任职时间进行考证罗列，[1]很少涉及都督区的等级。本章从等级的角度着眼，探讨都督、监、督三级制形成的时间、意义以及魏晋南朝都督区等级分布的概貌。

一、都督、监、督三级制的形成与意义

都督是汉末三国时期各政权中普遍设置的各级军官，随着都督区的形成，都督逐渐成为都督区的最高军事长官。都督区的实质是大军区，曹魏都督区最早出现在与吴蜀接境的南方地区。建安末，在与吴蜀接境的地方有三个重要的驻屯地——汉中、樊城与居巢，分别由曹氏或夏侯氏领重兵把守。

太祖还邺，留渊守汉中，即拜渊征西将军。二十三年（218年），刘备军阳平关，渊率诸将拒之，相守连年。二十四年（219年）正月……为备所袭，渊遂战死。（《三国志》卷9《夏侯渊传》，272）

（太祖）复以仁行征南将军，假节，屯樊，镇荆州。（《三国志》卷9《曹仁传》，275）

（建安）二十一年（216年），从征孙权还，使惇都督二十六军，留居巢。（《三国志》卷9《夏侯惇传》，268）

---

①严耕望：《中国地方行政制度史（乙部）——魏晋南北朝地方行政制度》，中研院历史语言研究所，1997年，第23–85页。陈仲安，王素：《汉唐职官制度研究》，中华书局，1993年，第173–181页。万斯同：《三国汉季方镇年表》，《后汉书三国志补表三十种》，中华书局，1984年，第881–926页；《魏方镇年表》，《二十五史补编》，中华书局，1955年，第2617–2623页；《晋方镇年表》，《二十五史补编》，中华书局，1955年，第3385–3397页。秦锡圭：《补晋方镇年表》，《二十五史补编》，中华书局，1955年，第3399–3413页。吴廷燮：《晋方镇年表》，《二十五史补编》，中华书局，1955年，第3415–3451页。万斯同：《东晋方镇年表》，《二十五史补编》，中华书局，1955年，第3453–3466页。吴廷燮：《东晋方镇年表》，《二十五史补编》，中华书局，1955年，第3467–3515页。万斯同：《宋方镇年表》，《二十五史补编》，中华书局，1955年，第4255–4270页。万斯同：《齐方镇年表》，《二十五史补编》，中华书局，1955年，第4317–4322页。

这三个驻屯地分别是雍凉都督区、荆扬益都督区、扬州都督区的前身。还有一个比较特殊的地区——青徐地区。该地区原为地方势力臧霸所有：

黄巾起，霸从陶谦击破之，拜骑都尉。遂收兵于徐州，与孙观、吴敦、尹礼等并聚众，霸为帅，屯于开阳。太祖之讨吕布也，霸等将兵助布。既禽布，霸自匿。太祖募索得霸，见而悦之，使霸招吴敦、尹礼、孙观、观兄康等，皆诣太祖。太祖以霸为琅邪相，敦利城、礼东莞、观北海、康城阳太守，割青、徐二州，委之于霸。（《三国志》卷18《臧霸传》，537）

文帝即王位后，为巩固统治，立即将之地方化：

夏侯渊没于阳平，太祖忧之。以（曹）真为征蜀护军，督徐晃等破刘备别将高详于阳平。太祖自至汉中，拔出诸军，使真至武都迎曹洪等还屯陈仓。文帝即王位，以真为镇西将军，假节都督雍、凉州诸军事。（《三国志》卷9《曹真传》，281）

及（文帝）即王位，拜（曹）仁车骑将军，都督荆、扬、益州诸军事……（《三国志》卷9《曹仁传》，276）

夏侯惇薨，以（曹）休为镇南将军，假节都督诸军事……迁征东将军，领扬州刺史，进封安阳乡侯。（《三国志》卷9《曹休传》，279）

文帝即王位，迁（藏霸）镇东将军，进爵武安乡侯，都督青州诸军事。（《三国志》卷18《臧霸传》，538）

此外，文帝又设河北、南方、关中三个都督区：

及魏有天下，文帝徵（吴）质，与车驾会洛阳。到，拜北中郎将，封列侯，使持节督幽、并诸军事，治信都。（《三国志》卷21《王粲传附吴质传》臣松之注，609）

文帝践阼，（夏侯尚）更封平陵乡侯，迁征南将军，领荆州刺史，假节都督南方诸军事。（《三国志》卷9《夏侯尚传》，294）

文帝少与（夏侯）楙亲，及即位，以为安西将军、持节，承夏侯渊处都督关中。（《三国志》卷9《夏侯惇传》注引《魏略》，269）

这七个都督区形成魏王朝初期的军事进攻与防御体系，魏文帝也创制了魏晋南北朝时期特有的都督诸州军事制度。

“监”出现于魏明帝时，首任监诸州军事的是赵俨。“明帝即位，进封都乡侯，邑六百户，监荆州诸军事，假节。会疾，不行，复为尚书，出监豫州诸军事，转大司马军师，入为大司农。齐王即位，以俨监雍、凉诸军事，假节，转征蜀将军，又迁征西将军，都督雍、凉。”[①]赵俨的三任监州军事，明显带有临时性，由其出任时未带将军号可以看出。齐王即位，以俨监雍凉诸军事，之后很快便加军号、迁都督，可见监的权力和地位不如全权负责方面军事的都督高。但正是这临时性的监之后固定为都督诸州军事的一个等级。嘉平四年（252年）春正月，司马师迁大将军、都督中外诸军、录尚书事。以“诸葛诞、毌丘俭、王昶、陈泰、胡遵都督四方，王基、州泰、邓艾、石苞典州郡”[②]。时诸葛诞都督扬州、王昶都督荆豫、陈泰都督雍凉、胡遵都督青徐、毌丘俭监豫州，可见“监”也是被视为方镇都督的。

张鹤泉先生以太和末汝南太守田豫督青州诸军讨公孙渊为例来证明魏明帝时已有“督”这一等级的都督。

魏明帝时，在州都督中，还有“督”的称谓。《三国志·田豫传》说：“太和末，公孙渊以辽东叛，帝欲征之而难其人，中领军杨暨举豫应选。乃使豫以本官督青州诸军，假节，往讨之。”这里提到田豫所任的本官，据同传载，即是汝南太守。以太守身份任州都督，其地位自然低下，以致出现青州刺史内怀不服的情况。可见，“督”的称谓不仅代表都督者本官官位很低，实际上，也是州都督中最低等级的代称。

以此为例显然不妥。公孙渊以辽东叛，在朝中找不出合适的统帅来讨伐，中领军杨暨推荐田豫。田豫以汝南太守的身份率领青州诸军讨伐公孙渊。所任的只是临时的征讨都督，事毕即罢，与统领一方军事的都督显然不是一回事。况且，汝南属豫州，怎么能为青州都督呢？与此相同的例子还有，太和二年（228年）伐吴，“帝使（贾）逵督前将军满

---

①《三国志》卷23《赵俨传》，第671页。

②《晋书》卷2《世宗景帝纪》，第26页。

宠、东莞太守胡质等四军，从西阳直向东关，曹休从皖，司马宣王从江陵。”[①]贾逵时为豫州刺史，而东莞属徐州，满宠所率当为中央军，贾逵只是临时为统帅。这都不能认为是都督诸州军事中的一个等级。故曹魏时并没有“督”这一级的都督。

“督”在西晋是以“邺城督”的面貌出现的。官渡之战后，曹操以司空领冀州牧，邺成为全国的政治中心，曹操在那里发号施令，完成统一北方的大业。曹丕在邺即皇帝位。邺城以“王业之本基”[②]与许昌、谯、长安、洛阳并列为五都。曹操、曹丕死后都葬于此。曹氏子孙多在邺。晋代魏后，司马炎亦囚陈留王于此，咸熙二年（265年）“十二月壬戌，天禄永终，历数在晋。诏群公卿士具仪设坛于南郊，使使者奉皇帝玺绶册，禅位于晋嗣王，如汉魏故事。甲子，使使者奉策。遂改次于金墉城，而终馆于邺，时年二十。”[③]

所以司马氏非常重视对邺城的监管。《晋书》卷43《山涛传》载：“迁大将军从事中郎。钟会作乱于蜀，而文帝将西征。时魏氏诸王公并在邺，帝谓涛曰：‘西偏吾自了之，后事深以委卿。’以本官行军司马，给亲兵五百人，镇邺。”[④]禅魏之后，设邺城督一职，对此地严加防范。自武帝践祚到惠帝之前任邺城督的有6人，司马珪、司马肜、司马权、司马泰、司马伦、山涛，除司马权一人为“都督邺城守诸军事”外，其余5人均为“督邺城守军事”。但从严格意义上说，这与都督诸州军事的性质并不相同。都督诸州军事所督区域为一州或几州，出于军事上协同作战的需要，而邺城督所督仅为一城，并且是出于监管的目的。咸宁中，武帝向朝臣咨询政之损益，傅咸上言曰：“……泰始开元以暨于今，十有五年矣。……旧都督有四，今并监军，乃盈于十。……”[⑤]并

①《三国志》卷15《贾逵传》，第483页。

②郦道元注，杨守敬、熊会贞疏：《水经注疏》卷10《浊漳水》，江苏古籍出版社，1989年，第941页。

③《三国志》卷4《三少帝纪·陈留王奂纪》，第154页。

④《晋书》卷43《山涛传》，第1224页。

⑤《晋书》卷47《傅玄传附子咸传》，第1324页。

没有提到督。

作为都督诸州军事的一个等级、真正意义上的督出现于东晋初。建武中“访以功迁南中郎将、督梁州诸军、梁州刺史，屯襄阳”[①]，太兴三年（320年）八月，周访卒，“卓寻迁安南将军、梁州刺史、假节、督沔北诸军，镇襄阳。”[②]当为督诸州军事之始。由于所督区域较小，又在大都督的统辖之下，故地位要比都督、监低。之后，较小、较次要的都督区都督多称“督”。都督、监、督三级制最终形成。

都督、监、督的三级划分可以用来区别都督区的等级。魏晋时期只有都督与监两个等级，魏时除赵俨外，为监的共6人。毋丘俭、王沈、司马亮先后监豫州。石苞、宋均、鲁芝先后监青州，豫州为荆豫都督区的二级督区，青州为青徐都督区的二级督区。这也从一个侧面反映出监的地位。[③]西晋时从扬州都督区分离出来的淮北都督区，两任都督王琛、王浑皆为监；巴东督区四任都督罗宪、徐胤、唐彬、毋丘奥皆为监军。东晋时开始有三级区分。如任二级督区沔北都督的有4人次，其中1人次为都督、2人次为监、1人次为督；任二级都督区江夏义阳随三郡都督者有5人次，其中2人次为监、3人次为督；任三级督区宁州都督者2人次皆为督。

宋齐时期为三级区分最为明确、严格之时期。宋时任一级都督南兖徐兖青冀幽六州豫州之梁郡都督者12人次，除萧思话外11人次皆为都督；任荆州都督者19人次皆为都督；任扬南徐都督者6人次皆为都督。任二级都督区青冀都督者8人次，1人次为监、7人次为督；任益州都督者6人次皆为督；任三级都督区梁南北秦都督者皆为督。齐时荆扬都督区皆为都督，二级都督区司州督区除1人为都督外，其余皆为督。

都督、监、督的三级划分除了区别都督区的等级，亦用来显示任职者身份的高低。宋时任二级都督区雍梁南北秦都督者共23人次，刘氏宗室9人次。文帝子6人次，1人次为监、5人次为都督；武帝子2人

①《晋书》卷58《周访传》，第1581页。

②《晋书》卷70《甘卓传》，第1863页。

③关于都督区的等级，详见下文论述。

次，1人次为监、1人次为都督；还有高祖族弟刘遵考为督；共计为都督者6人次、为监者2人次、为督者1人次。其余14人次庶姓任职者中，都督2人次、监6人次、督6人次。

都督、监、督的三级划分，也为王朝赏功罚过提供了便利手段。西晋时，唐彬原为监巴东诸军事，上征吴之策，甚合帝意。平吴后，晋武帝下诏："广武将军唐彬受任方隅，东御吴寇，南监蛮越，抚宁疆场，有绥御之绩。……勋效显著。其以彬为右将军、都督巴东诸军事。"①同时在伐吴战争中受惠的还有监梁益诸军事王濬，"太康元年（280年）正月，濬发自成都，率巴东监军、广武将军唐彬攻吴丹杨，克之……乙亥，诏进濬为平东将军、假节、都督益梁诸军事。"②宋泰始二年（466年），刘休若为都督雍梁南北秦四州郢州之竟陵随二郡诸军事、宁蛮校尉、雍州刺史，因过"降号左将军，贬使持节都督为监，行雍州刺史，使宁蛮校尉，削封五百户。"③这样，在原统辖地区与统属关系不变的情况下，官员的身份与待遇有所提高或降低，既保证了行政的稳定性，也达到了奖功罚过、警示他人的目的。

二、曹魏西晋都督区的等级

学者在论及曹魏都督区时，多讨论其都督区的个数，④却甚少涉及都督区的等级。只有陈仲安、王素两位先生认为"关中为小都督区"，"在关中之上还有更大的都督区"，⑤但未有具体的论述，也未提及其他

---

①《晋书》卷42《唐彬传》，第1218页。

②《晋书》卷42《王濬传》，第1208页。

③《宋书》卷72《巴陵哀王休若传》，第1882页。

④严耕望先生认为曹魏有五大都督区，分别为雍凉、荆豫、扬州、青徐、河北。（《中国地方行政制度史（乙部）——魏晋南北朝地方行政制度》，中研院历史语言研究所，1997年，第27页。）陈仲安、王素两位先生认为五大都督区分别为关中、扬州、荆襄、青徐、河北。（《汉唐职官制度研究》，中华书局，1993年。第173–174页。）

⑤陈仲安，王素著：《汉唐职官制度研究》，中华书局，1993年。第173页。

都督区的等级。笔者认为，曹魏时期的都督区有两个等级，即一级督区与二级督区。

先论及陈王两位先生提到的关中都督区。

文帝即王位，以（曹）真为镇西将军，假节都督雍、凉州诸军事。……黄初三年（222年）还京都，以真为上军大将军，都督中外诸军事，假节钺。（《三国志》卷9《曹真传》，281）

文帝少与（夏侯）楙亲，及即位，以为安西将军、持节，承夏侯渊处都督关中。……至太和二年（228年），明帝西征，人有白楙者，遂召还为尚书。（《三国志》卷9《夏侯惇传》注引《魏略》，269）

曹真在文帝即王位至黄初三年（222年）这段时间内为雍凉都督，夏侯楙从文帝即王位至太和二年（228年）为关中都督，可见二者是同时存在的，且关中都督区隶属于雍凉都督。从其军号上来说，曹真为镇西将军，夏侯楙为安西将军，高下之别也是很明显的。

最能反映曹魏时期都督区等级之别的莫过于荆扬益都督区、荆豫都督区及其所辖的二级都督区。先看荆扬益都督区：

及即王位，拜（曹）仁车骑将军，都督荆、扬、益州诸军事……文帝遣使即拜仁大将军。又诏仁移屯临颍，迁大司马……黄初四年薨……（《三国志》卷9《曹仁传》，276）

文帝践阼……（夏侯尚）迁征南将军，领荆州刺史，假节都督南方诸军事。……迁征南大将军。……（黄初）六年（225年），尚疾笃，还京都……（《三国志》卷9《夏侯尚传》，294）

夏侯惇薨，以（曹）休为镇南将军，假节都督诸军事……迁征东将军，领扬州刺史……帝征孙权，以休为征东大将军，假黄钺，督张辽等及诸州郡二十馀军，击权大将吕范等於洞浦，破之。拜扬州牧。明帝即位……迁大司马，都督扬州如故。太和二年（228年），帝为二道征吴，遣司马宣王从汉水下，督休诸军向寻阳。贼将伪降，休深入，战不利，退还宿石亭。军夜惊，士卒乱，弃甲兵辎重甚多。休上书谢罪，帝遣屯骑校尉杨暨慰谕，礼赐益隆。休因此痈发背薨，谥曰壮侯。（《三国志》卷9《曹休传》，279）

曹仁从文帝即王位至黄初四年（223年）任荆扬益都督，由于当时益州属蜀汉地盘，故其督区主要在荆扬。与此同时，夏侯尚从文帝践祚至黄初六年（225年）都督南方（即荆州）诸军事，曹休从黄初元年(220年）至太和三年（229年）任扬州都督①。可见荆扬都督区下辖荆州与扬州两个二级都督区。从军号上来看，曹仁刚上任时为车骑将军，位至大司马；而夏侯尚刚上任时为征南将军，曹休刚上任时为镇南将军，显然，荆、扬二分区都督的军号要比其上的荆扬都督的军号要低。②

由于地理位置和战略上的需要，从明帝太和元年（227年）起，荆州不再和东边的扬州组合，而开始和豫州组合，形成曹魏南方的防御和进攻重镇，扬州则独立成为东方重镇。最先担任荆豫都督的是司马懿，其次是夏侯儒，继之是王昶，任期从太和元年（227年）至甘露四年(259年)。

太和元年（227年）六月，天子诏帝屯于宛，加督荆、豫二州诸军事。……四年（230年），迁大将军，加大都督、假黄钺，与曹真伐蜀。(《晋书》卷1《宣帝纪》，5)

（夏侯儒）初为鄢陵侯彰骁骑司马，（宣王）〔口口〕为征南将军、都督荆、豫州。正始二年（241年）……儒犹以此召还，为太仆。（《三国志》卷15《张既传》注引《魏略》，477)

---

①曹休是继夏侯惇都督诸军事的，夏侯惇在建安二十一年（216年），都督二十六军，留居巢，虽未明确说扬州都督区，但其活动范围主要在扬州。从曹休后领扬州刺史及“迁大司马，都督扬州如故”来看，其为扬州都督无疑。

②《三国志》卷18《臧霸传》注引《魏略》曰：“文帝即位，以曹休都督青、徐……”，而此时臧霸为青州（或徐州）都督。“曹丕即王位后，以臧霸为镇东将军，都督青州诸军事，却要他隶属于曹休的扬州都督”（《汉唐职官制度研究》，中华书局，1993年。第175页），“曹休因而得以把臧霸及其它青徐豪霸置于自己的监督之下”（田余庆：《汉魏之际的青徐豪霸问题》，载《历史研究》1983年第3期），让人觉得在曹休的扬州督区之下似乎还有三级督区——青州（或徐州）督区。事实上，这种隶属只是处于政治斗争的需要而做的特殊安排（这一点田余庆先生已论述得非常清楚，此不赘述），而非制度上的规定。从军号上来讲，曹休为镇南将军，臧霸为镇东将军，二者平起平坐，并无高下之分。之后的青徐都督都无隶属扬州都督的记载。所以曹魏时期并无三级督区。

正始中……（王昶）迁征南将军，假节都督荆、豫诸军事。……（嘉平二年<250 年>）於是迁昶征南大将军、仪同三司……进位骠骑将军。……迁司空，持节、都督如故。甘露四年（259 年）薨……（《三国志》卷 27《王昶传》，748）

与此同时，从正始六年（245 年）至景元二年（261 年），毌丘俭、诸葛诞、王基、陈骞依次任豫州都督，未有间断。

（正始六年<261 年>，毌丘俭）迁左将军，假节监豫州诸军事，领豫州刺史，转为镇南将军。诸葛诞战于东关，不利，乃令诞、俭对换。诞为镇南，都督豫州。俭为镇东，都督扬州。（《三国志》卷 28《毌丘俭传》，763）

诸葛恪兴东关，遣（诸葛）诞督诸军讨之，与战，不利。还，徙为镇南将军。……俭、钦之破也……以诞久在淮南，乃复以为镇东大将军、仪同三司、都督扬州。（《三国志》卷 28《诸葛诞传》，769）

钦等已平，（王基）迁镇南将军，都督豫州诸军事，领豫州刺史，进封安乐乡侯。……以淮南初定，转基为征东将军，都督扬州诸军事，进封东武侯。（《三国志》卷 27《王基传》，754）

（甘露）四年（259 年）夏六月……使石苞都督扬州，陈骞都督豫州……（《晋书》卷 2《文帝纪》，36）

荆豫都督区与豫州都督区并存的现象表明豫州都督区无疑是荆豫都督区下辖的二级都督区。从军号上来看，司马懿刚任时为骠骑将军，位至大将军，夏侯儒、王昶刚任时为征南将军，王昶最后位至司空，而毌丘俭刚任时为左将军，诸葛诞、王基刚任时为镇南将军，陈骞为安南将军，高下差别是很明显的。

高平陵事变之后，政权转归司马氏手里，这立即引起了忠于曹氏者的反抗，淮南三叛便是明显的例证。司马氏为了加强对地方的控制，分割地方都督的权力是其采取的举措之一。关于都督区的裂分，除荆州都督区于甘露四年（259 年）六月分为荆州与江南二都督区[①]有明确记载

① 《晋书》卷 2《文帝纪》，第 36 页。

外，雍凉、扬州、青徐的裂分都无明确记载，只能根据都督的设置来判断。《魏方镇年表》将雍凉都督区分为关中与陇右系于甘露元年(256年)，扬州都督区分为扬州与淮北系于甘露三年（258年）六月。[①]严耕望与姚念慈、邱居里根据《晋书·文帝纪》中“(甘露）四年（259年）六月……钟毓都督徐州，宋钧监青州诸军事”的记载，将青徐都督区分为青州与徐州系于甘露四年（259年)。[②]

扬州、荆州、青徐都督区在分裂后，原大督区已不存在。雍凉督区却不然，在分裂为两个小的督区之后，大都督区仍然存在，与小督区形成两级督区。

时景文相继辅政，未尝朝觐，权归晋室。（司马）望虽见宠待，每不自安，由是求出，为征西将军、持节、都督雍凉二州诸军事。在任八年，威化明肃。（《晋书》卷37《义阳成王望传》，1086)

甘露元年（256年）诏曰：“……今以（邓）艾为镇西将军、都督陇右诸军事……”二年（257年)，拒姜维于长城，维退还……景元三年(262年)，又破维于侯和，维卻保沓中。四年（263年）秋，诏诸军征蜀……（平蜀后）锺会、胡烈、师纂等皆白艾所作悖逆，变衅以结。诏书槛车徵艾。（《三国志》卷28《邓艾传》，778)

---

①熊方等：《后汉书三国志补表三十种》，中华书局，1984年，第1001、1002页。

②严耕望：《中国地方行政制度史（乙部）——魏晋南北朝地方行政制度》，中研院历史语言研究所，1997年，第26页。姚念慈、邱居里：《西晋都督制度演变述略》，载《北京师范大学学报》，1988年第2期。青徐都督区的裂分是否始于甘露四年（259年)，还值得商榷。胡遵自嘉平二年（250年）至甘露元年（256年）都督青徐二州，（《魏方镇年表》，第998-1001页。）石苞则于嘉平五年（253年）至甘露四年（259年）间监青州，“文帝之败于东关也，苞独全军而退。帝指所持节谓苞曰：“恨不以此授卿，以究大事。”乃迁苞为奋武将军、假节、监青州诸军事。及诸葛诞举兵淮南，苞统青州诸军，督兖州刺史州泰、徐州刺史胡质，简锐卒为游军，以备外寇。……寿春平。拜苞镇东将军，封东光侯、假节。顷之，代王基都督扬州诸军事。”（《晋书》卷33《石苞传》，第1001页。）文帝败于东关在嘉平三年（251年)，之后不久迁石苞监青州诸军事，《魏方镇年表》将之系于嘉平五年（253年)；王基由扬州都督转为荆州都督在甘露四年，则石苞代王基都督扬州亦在甘露四年（259年)。这表明从嘉平五年（253年）起，青徐都督区便开始分置青州督区。

景元三年（262年）冬，以（钟）会为镇西将军、假节都督关中诸军事。……（景元四年（263年）十二月，平蜀后，谋反被杀。）（《三国志》卷28《钟会传》，787）

司马望任雍凉都督八年，《魏方镇年表》系于甘露元年（256年）至景元四年（263年），邓艾自甘露元年（256年）至景元四年（263年）为陇右都督，钟会于景元三年（262年）至景元四年（263年）为关中都督。雍凉都督区在分为陇右与关中两个小督区之后，形成一个大都督区下辖两个小督区的局面。

西晋亦然。司马骏自泰始六年（270年）七月至太康三年（282年）末为雍凉都督。《晋书·世祖武帝纪》载"（泰始六年七月）丁未，以汝阴王（司马）骏为镇西大将军、都督雍凉二州诸军事。"[①]本传载"迁镇西大将军、使持节、都督雍凉等州诸军事，代汝南王亮镇关中……咸宁初，羌虏树机能等叛，遣众讨之，斩三千余级。进位征西大将军，开府辟召，仪同三司，持节、都督如故。……太康初，进拜骠骑将军，开府、持节、都督如故。……及齐王攸出镇，骏表谏恳切，以帝不从，遂发病薨。"[②]齐王攸出镇青州在太康三年（282年）十二月。值得我们关注的是，帝纪中称"都督雍凉二州"，本传中称"都督雍凉等州"，这是因为"泰始五年（269年），又以雍州陇右五郡及凉州之金城、梁州之阴平，合七郡置秦州"[③]，原来的雍凉二州都督现督雍、凉、秦三州。

与之同时，咸宁中至太康初，司马泰都督关中。本传载"转安北将军，代兄权督邺城守事。迁安西将军、都督关中事。太康初，入为散骑常侍、前将军，领邺城门校尉"[④]。邺城都督司马权薨于咸宁元年（275年），司马泰为邺城都督亦在咸宁元年（275年），之后迁关中都督，故其为关中都督的时间当为咸宁中至太康初。泰始七年（271年），武帝下诏曰："……其以充为使持节、都督秦凉二州诸军事，侍中、车骑将军

① 《晋书》卷3《世祖武帝纪》，第60页。
② 《晋书》卷38《扶风王骏传》，第1125页。
③ 《晋书》卷14《地理志上》，第435页。
④ 《晋书》卷37《高密文献王泰传》，第1094页。

如故……”①虽然最后因其女婚于太子而没有之任，但秦凉即陇右督区的存在却是勿庸置疑的。

曹魏初年，雍凉都督区与荆扬益都督区是两个大的都督区，在雍凉都督区下有关中都督区，荆扬益都督区下有荆州与扬州两个二级都督区。明帝太和元年（227 年）之后，扬州都督区独立称为东方重镇，荆州与豫州组合成一个大督区，豫州督区为其范围内一小督区。高平陵事变之后，权归司马氏，为分割地方都督的权力，将大督区裂分为小督区，原大督区不复存在，唯有雍凉都督区仍下辖关中与陇右两个二级都督区，直至西晋亦然。

三、东晋都督区的等级

曹魏时期，扬州都督区为东方重镇，甘露三年（258 年）被分为扬州与淮北两个都督区。西晋太康元年（280 年）灭吴之后，扬州都督区的范围大大扩大。永嘉之后，又被分为扬州之江南与扬州之江西两个部分：

（永嘉元年<307 年>年七月）以平东将军、琅邪王（司马）睿为安东将军、都督扬州江南诸军事、假节，镇建邺。（《晋书》卷 5《孝怀帝纪》，117）

晋国既建，以（王）导为丞相军咨祭酒。……俄拜右将军、扬州刺史、监江南诸军事……（《晋书》卷 65《王导传》，1747）

元帝为安东将军，以（裴）邵为长史，王导为司马，二人相与为深交。征为太子中庶子，复转散骑常侍，使持节、都督扬州江西淮北诸军事、东中郎将，随越出项，而卒于军中。（《晋书》卷 35《裴秀传附楷子宪传》，1052）

江南部分成为东晋时期的扬州都督区，之后的继任者有庾冰、何

① 《晋书》卷 40《贾充传》，第 1168 页。

充、王述等人。“永嘉之乱，豫州沦没石氏。……成帝乃侨立豫州于江淮之间，居芜湖。”[①]咸康四年（338年）二月，“以护军将军庾亮为平西将军、都督扬州之宣城江西诸军事、假节，领豫州刺史，镇芜湖。”[②]庾亮本传载“亮乃求外镇自效，出为持节、都督豫州扬州之江西宣城诸军事、平西将军、假节、豫州刺史，领宣城内史。”[③]自此，扬州之江西部分正式成为豫州扬州之江西都督区，所督区域为西晋时期扬州的淮南、庐江、宣城三郡。此后的历任者有王允之、毛宝、谢尚、庾怿、谢奕、谢万、袁真、朱序、桓伊、桓石虔、王愉、何无忌、诸葛长民、刘毅等人。虽督区名称因郡县的置废不断发生变化，但其所督区域基本不变。

自永嘉丧乱，青州沦没石氏。[④]元帝渡江之后，徐州所得惟半。[⑤]原青徐都督区仅剩徐州淮南部分。兖、青、幽、平等州及冀、豫所属郡县纷纷侨立于此或扬州之晋陵郡。这样，徐州之淮南及扬州之晋陵就形成了东晋时期的徐州都督区。都督区因侨立的置废而有“青徐兖三州”、“青徐幽平四州”、“徐青兖三州扬州之晋陵豫州之沛郡”、“徐兖青冀四州扬州之晋陵”等诸多名称，但督区基本不变。

徐州督区与豫州督区是拱卫京师的东西两大重镇。严耕望先生认为徐、豫二督区“通常皆独立，亦偶统隶于扬州都督”[⑥]。虽然偶隶，但并不构成固定的一级督区与二级督区的关系。常属扬州督区的是浙东五郡都督区，亦称会稽都督区，与扬州督区形成一级与二级督区的统属关系。

浙东五郡指的是会稽、临海、永嘉、东阳、新安五郡。这五郡因其居扬州之东南、与海相临、又以浙江与他郡相隔的特殊地理位置而具有

---

①《晋书》卷14《地理志上·豫州》，第422页。

②《晋书》卷7《显宗成帝纪》，第174页。

③《晋书》卷73《庾亮传》，第1921页。

④《晋书》卷15《地理志下·青州》，第450页。

⑤《晋书》卷15《地理志下·徐州》，第452页。

⑥严耕望：《中国地方行政制度史（乙部）——魏晋南北朝地方行政制度》，中研院历史语言研究所，1997年，第45页。

重要的战略地位。成帝咸和中，“时将征苏峻，司徒王导欲出（王）舒为外援，乃授抚军将军、会稽内史……在郡二年而苏峻作逆……及侃立行台，上舒监浙江东五郡军事”[①]。永和中，王羲之为会稽内史，因耻居扬州刺史王述之下，乃“遣使诣朝廷，求分会稽为越州。”[②]虽然王羲之此举有些意气用事，但也表明了浙东五郡成为一督区的可能性。直到郗愔“转冠军将军、会稽内史。及（简文）帝践阼，就加镇军、都督浙江东五郡军事”[③]，浙东五郡正式成为一督区，并隶于扬州都督区。之后的继任者有王蕴、王荟、司马休之、何无忌等。

以永和为界，荆州都督区的下属督区可分为前后两个阶段。永和之前，荆州都督区的常属督区有三：沔北督区、巴东督区、江夏义阳随三郡督区，时或兼督江州与交广。永和之后，荆州都督区常属督区有二：沔北督区和益宁督区。

永和之前，任荆州都督的有四人：王敦、陶侃、庾亮、庾翼。王敦于建兴二年（315年）至太宁二年（324年）都督江扬荆湘交广；陶侃于太宁三年（325年）都督荆雍益梁，之后加督交广宁，又加督江州；庾亮于咸和九年（334年）至咸康六年（340年）都督江荆豫益梁雍六州；庾冀于咸康六年（340年）至永和元年（345年）任江荆司雍梁益六州都督。我们以庾亮任荆州都督时为例。

咸和九年（334年）六月，“加平西将军庾亮都督江荆豫益梁雍六州诸军事。”[④]咸康六年（340年）正月，“使持节、都督江豫[⑤]益梁雍交广七州诸军事、司空、都亭侯庾亮薨。”[⑥]在此期间毛宝、陶称先后为江夏义阳随三郡都督：

---

①《晋书》卷76《王舒传》，第2000页。

②《晋书》卷80《王羲之传》，第2100页。

③《晋书》卷67《郗鉴传附子愔传》，第1802页。

④《晋书》卷7《显宗成帝纪》，第178页。

⑤此处的“豫”当为“荆”，因为庾亮北伐之时，已经解豫州，以毛宝“监扬州之江西诸军事”（《晋书》卷81《毛宝传》，第2124页。），却不曾有解荆州的记载。荆州为上流重镇的重心，庾亮也不会解荆州。

⑥《晋书》卷7《显宗成帝纪》，第182页。

毛宝：庾亮西镇，请为辅国将军、江夏相、督随义阳二郡，镇上明。（《晋书》卷81《毛宝传》，2124）

陶称：咸康五年（339年），庾亮以称为监江夏随义阳三郡军事、南中郎将、江夏相……（《晋书》卷66《陶侃传附子称传》，1780）

毋丘奥、周抚先后为巴东监军：

（咸和五年<330年>十月）李雄将李寿寇巴东、建平，监军毋丘奥、太守杨谦退归宜都。（《晋书》卷7《显宗成帝纪》，175）

（周抚）后代毋丘奥监巴东诸军事、益州刺史、假节，将军如故。寻进征虏将军，加督宁州诸军事。永和初，桓温征蜀，进抚督梁州之汉中巴西梓潼阴平四郡军事，镇彭模。……在州三十余年，兴宁三年（365年）卒……（《晋书》卷58《周访传附子抚传》，1582）

西晋末，益州为李成所据，便移益州于巴东，故巴东监军与益州刺史多由一人兼任，应詹太守中"迁益州刺史，领巴东监军。"[①]

桓宣为沔北都督：

后庾亮为荆州，将谋北伐，以（桓）宣为都督沔北前锋征讨军事、平北将军、司州刺史、假节，镇襄阳。……庾翼代亮，欲倾国北讨，更以宣为都督司梁雍三州荆州之南阳襄阳新野南乡四郡军事、梁州刺史、持节，将军如故。（《晋书》卷81《桓宣传》，2117）

此一督区原为西晋的江北督区，亦称沔北督区，镇宛。永嘉之后，北方相继沦陷，此督区退至襄阳，原镇襄阳的荆州都督区退至武昌或江陵。元帝渡江之后，于此侨立梁州，司、雍州所属郡，"李氏据梁、益，江左于襄阳侨立梁州"[②]，"又以河东人南寓者，于汉武陵郡孱陵县界上明地侨立河东郡"[③]，"初以魏该为雍州刺史，镇酇城，寻省，侨立始平郡，寄居武当城"[④]，此督区的名称亦由沔北变为"襄阳"、"梁州"或"梁雍"等，都督多带梁州刺史。元帝时，周访"以功迁南

①《晋书》卷70《应詹传》，第1858页。

②《宋书》卷37《州郡志三·梁州》，第1144页。

③《晋书》卷14《地理志上·司州》，第418页。

④《晋书》卷14《地理志上·雍州》，第432页。

中郎将、督梁州诸军、梁州刺史，屯襄阳”[1]；“襄阳都督周访卒，敦遣（郭）舒监襄阳军。甘卓至，乃还”[2]；“卓寻迁安南将军、梁州刺史、假节、督沔北诸军，镇襄阳”[3]；庾怿“历监梁雍二州军事”[4]。其实际督区则为荆州之南阳襄阳新野南乡四郡，故其常称“都督司梁雍三州荆州之南阳襄阳新野南乡四郡军事”。成帝时陶侃又以桓宣之淮南部曲于襄阳侨立义成郡[5]，有时亦将之带上，如桓冲“迁督荆州之南阳襄阳新野义阳顺阳雍州之京兆扬州之义成七郡军事”[6]。孝武帝时又于襄阳侨立雍州、秦州，此督区都督便多带雍州刺史。

江州都督区并不隶属于荆州都督。王敦、陶侃、庾亮、庾翼皆兼督江州，并领江州刺史。在他们兼江州都督时，并无人专任江州都督。应詹于太宁二年（324年）至咸和元年（326年）、温峤于咸和元年（326年）至三年（328年）、刘胤于咸和三年（328年）至四年（329年）分别任江州都督，在此期间陶侃并未督江州，在刘胤为郭默所害之后，陶侃才加督江州。永和之后，只有桓冲由江州都督迁任荆州都督并兼任江州都督之外，荆州都督皆不督江州。故终东晋之世，江州督区与荆州督区并不构成一级与二级督区的关系。

康穆之际，江州督区与益州督区所督区域发生了变化。江夏义阳随三郡、豫州西南四郡与江州组合形成了新的江州督区。

（谢尚）转督江夏义阳随三郡军事、江夏相，将军如故。……建元二年（344年），诏曰：“尚往以戎戍事要，故辍黄散，以授军旅。所处险要，宜崇其威望。今以为南中郎将，余官如故。”会庾冰薨，复以本号督豫州四郡，领江州刺史。（《晋书》卷79《谢尚传》，2070）

①《晋书》卷58《周访传》，第1581页。

②《晋书》卷43《王戎传附郭舒传》，第1242页。

③《晋书》卷70《甘卓传》，第1863页。

④《晋书》卷73《庾亮传附弟怿传》，第1926页。

⑤（咸和五年）石勒荆州刺史郭敬戍襄阳，陶侃使其子平西参军斌与宣俱攻樊城，拔之。竟陵太守李阳又破新野。敬惧，遁走。宣与阳遂平襄阳。侃使宣镇之，以其淮南部曲立义成郡。（《晋书》卷81《桓宣传》，第2116页。）

⑥《晋书》卷74《桓彝传附祕弟冲》，第1948页。

之后任江州都督者多兼督荆州三郡、与豫州四郡。如桓嗣，“冲既代豁西镇，诏以嗣督荆州之三郡豫州之四郡军事、建威将军、江州刺史”[①]；何无忌“义熙二年（406年），迁都督江荆二州江夏随义阳绥安豫州西阳新蔡汝南颍川八郡军事、江州刺史”[②]。

前引《晋书》卷58《周访传附子抚传》中周抚先代毋丘奥为巴东监军，后进督宁州，永和后，又进督梁州之汉中巴西梓潼阴平四郡，形成了东晋时期的益宁都督区。

这样，荆州督区下属的二级督区就变成了益宁督区与沔北督区。

这里还值得一提的是，在周抚为益宁都督的同时，毛穆之“升平初，迁督宁州诸军事、扬威将军、宁州刺史”[③]，宁州督区成为二级督区益宁督区下属的三级督区。

交广都督区在东晋前期下属荆州都督区。如邓岳，“默平，迁督交广二州军事、建武将军、领平越中郎将、广州刺史、假节”[④]，而此时陶侃正都督荆雍益梁交广宁诸州。此后则只有桓豁、桓冲为荆州都督时加督交广，其余都督荆州者皆不及交广。正如严耕望先生所说：“至于交广，远悬南鄙，蛮夷杂处，故别置都督，以广州刺史兼任，督二州，镇番愚；先统属于荆州都督，后独立为职，直隶中央。”[⑤]

永嘉之后，原西晋的扬州都督区被分为扬州之江南与扬州之江西两个部分，江南部分即是东晋时期的扬州都督区。东晋时，扬州都督区下有浙东五郡小都督区。荆州都督区是东晋时期的上游重镇。永和之前，荆州都督区有三个二级督区：沔北督区、巴东督区、江夏义阳随三郡督区。康穆之际，江夏义阳随三郡督区划入江州督区，巴东督区范围扩大至益宁二州及梁州四郡。荆州都督区的二级督区变为沔北督区与益宁督区。

---

①《晋书》卷74《桓彝传附冲子嗣传》，第1953页。

②《晋书》卷85《何无忌传》，第2215页。

③《晋书》卷81《毛宝传附子穆之传》，第2125页。

④《晋书》卷81《邓岳传》，第2131页。

⑤《中国地方行政制度史（乙部）——魏晋南北朝地方行政制度》，中研院历史语言研究所，1997年，第45页。

四、宋齐都督区的等级

义熙中，刘裕北伐，拓地甚广，南朝疆域整个向北推进了许多。东边收复青徐二州及兖州豫州大部，西边收复荆州北部及梁州，秦岭以南全部及黄河以南大部分土地归南所有。宋为南朝疆域最广的时期。此一时期，因疆域的变化及土断的实行，都督区也发生了一些变化。

随着青徐兖等地的收复，“安帝义熙七年（411年），始分淮北为北徐，淮南犹为徐州”[①]，收复地成了一个新的都督区，即“淮北”或“北徐兖青淮北”都督区。元兴中，刘道规“进号辅国将军、督淮北诸军事、并州刺史，义昌太守如故”[②]；“高祖迁都寿春，留（刘）怀慎督北徐兖青淮北诸军事、中军将军、徐州刺史。”[③]原徐州都督区已不能再称为“徐青兖”等州，而更名为“江北淮南”，檀祗“(义熙）八年（412年），迁右卫将军，出为辅国将军、宣城内史，即本号督江北淮南军郡事、青州刺史、广陵相”[④]；永初二年（421年），刘粹“寻督江北淮南郡事、征虏将军、广陵太守。”[⑤]永初二年（421年），宋武帝将淮北的北徐州更名为徐州，淮南的徐州改为南徐州，则“江北淮南”督区又改为“南徐兖二州扬州之晋陵”。刘义康于永初“三年（422年），迁使持节、都督南徐兖二州扬州之晋陵诸军事、南徐州刺史”[⑥]；刘义恭于元嘉“三年（426年），监南徐兖二州扬州之晋陵诸军事、徐州刺史”[⑦]。

“文帝元嘉八年（431年），更以江北为南兖州，江南为南徐州，治

---

①《宋书》卷35《州郡一》，第1038页。
②《宋书》卷51《宗室传·临川烈武王道规传》，第1472页。
③《宋书》卷45《刘怀慎传》，第1375页。
④《宋书》卷47《檀祗传》，第1416页。
⑤《宋书》卷45《刘粹传》，第1379页。
⑥《宋书》卷68《彭城王义康传》，第1789页。
⑦《宋书》卷61《江夏文献王义恭传》，第1640页。

京口，割扬州之晋陵、兖州之九郡侨在江南者属焉”[1]。至此，南徐州又分成两个部分，江北部分为南兖州，江南部分为南徐州，以扬州之晋陵为实土，南徐州成为有实土的侨州。元嘉九年（432 年）之后，南兖州与收复的徐兖青冀等州构成一个大的都督区——“南兖徐兖青冀幽六州豫州之梁郡”都督区，该都督区下辖两个二级督区——“徐兖二州豫州之梁郡”督区与“青冀二州徐州之东莞东安二郡”督区。南徐州则成为一个独立的都督区。

我们以刘义恭、刘义庆为南兖州都督区时为例。刘义恭于元嘉九年（432 年）至十七年（440 年）为南兖州都督，刘义庆继之：

（元嘉）九年（432 年），征（义恭）为都督南兖徐兖青冀幽六州豫州之梁郡诸军事、征北将军、开府仪同三司、南兖州刺史，镇广陵。十六年（439 年），进位司空。明年，大将军彭城王义康有罪出藩，征义恭为侍中、都督扬南徐兖三州诸军事、司徒、录尚书，领太子太傅，持节如故……（《宋书》卷 61《江夏文献王义恭传》，1640）

（元嘉）十七年（440 年），（义庆）即本号都督南兖徐兖青冀幽六州诸军事、南兖州刺史。（《宋书》卷 51《宗室传·临川烈武王道规传附子义庆传》，1475）

与之同时，刘遵考与元嘉十五年（438 年）被命为监徐兖二州豫州之梁郡诸军事，元嘉十七年（440 年）杜骥被任为督青冀二州徐州之东莞东安二郡诸军事：

（元嘉十五年（438 年），刘遵考）监徐兖二州豫州之梁郡诸军事、前将军、徐兖二州刺史。（《宋书》卷 51《宗室传·营浦侯遵考传》，1480）

（元嘉）十七年（440 年），出（杜骥）督青冀二州徐州之东莞东安二郡诸军事、宁远将军、青冀二州刺史。在任八年，惠化著于齐土。（《宋书》卷 65《杜骥传》，1722）

刘义季于元嘉“九年（432 年），迁使持节、都督南徐州诸军事、右

---

① 《宋书》卷 35《州郡一》，第 1038 页。

将军、南徐州刺史。十六年（439年），代临川王义庆都督荆湘雍益梁宁南北秦八州诸军事”[①]，“以义宣代义季为南徐州刺史、都督南徐州军事……二十一年（444年），乃以义宣都督荆雍益梁宁南北秦七州诸军事”[②]。

元嘉后期至泰始初，南徐州或与扬州组成扬南徐都督区，或与南兖组成南徐兖都督区，有时又游离于外，独立为一都督区，并不固定。

(元嘉）二十九年（452年）冬……改授大将军、都督扬南徐二州诸军事、南徐州刺史……（《宋书·江夏文献王义恭传》，1640）

孝建二年（455年），乃出为使持节、都督南徐兖二州诸军事、太子太傅、南徐州刺史，侍中如故。（《宋书》卷79《竟陵王诞传》，2025）

孝建三年（456年），为秘书监，领步兵校尉。寻都督南兖徐二州诸军事、冠军将军、南兖州刺史。大明元年（457年），入为侍中，领右军将军。……（太宗殒废帝）太宗令书以为使持节、侍中、都督扬南徐二州诸军事、司徒、尚书令、扬州刺史，加班剑二十人，给三望十五乘。(《宋书》卷72《始安王休仁传》，1871)

(大明）五年（461年），迁北中郎将、南徐州刺史，领南琅邪太守。……又加都督南徐州诸军事。（《宋书》卷80《始平孝敬王子鸾传》，2065)

“太宗初，索虏南侵，青、冀、徐、兖及豫州淮西，并皆不守；自淮以北，化成虏庭。于是于钟离置徐州，淮阴为北兖，而青、冀二州治赣榆之县。”[③]泰始年间，随着土地的丧失，北徐、北兖、青、冀的重新侨立，南徐、南兖和刚刚侨立的北徐北兖青冀结合形成了新的都督区——“南徐南兖徐兖青冀六州”都督区。刘休祐“泰始六年（470年），征为都督南徐南兖徐兖青冀六州诸军事、南徐州刺史”[④]；刘景素于泰豫元年（472年）闰七月被“授使持节、都督南徐南兖兖徐青冀六州诸

①《宋书》卷61《衡阳文王义季传》，第1653页。
②《宋书》卷68《南郡王义宣传》，第1798页。
③《宋书》卷35《州郡一》，第1028页。
④《宋书》卷72《晋平刺王休祐传》，第1879页。

军事、镇军将军、南徐州刺史。”[1]升明之后，南徐州又退出，这个督区又剩南兖徐兖青冀五州，虽然名称与前相同，但所督区域大大减小。沈攸之事平，萧映“仍为假节、督南兖兖徐青冀五州诸军事，行南兖州刺史”[2]。齐时，这一督区下有三个二级督区——青冀督区、徐州督区、兖州缘淮督区。

我们以永明年间为例。永明六年（488年）至十年（492年），萧子明都督南兖兖徐青冀五州：

（永明）六年（488年），为持节、都督南兖兖徐青冀五州军事、冠军将军、南兖州刺史。八年（490年），进号征虏将军。十年（492年），进左将军，仍为督会稽东阳临海永嘉新安五郡军事、会稽太守，将军如故。（《南齐书》卷40《武十七王传·西阳王子明传》，711）

张冲永明八年（490年）至明帝即位监青冀二州：

（永明）八年（490年），为假节、监青冀二州刺史事，将军如故。（《南齐书》卷49《张冲传》，853）

王玄邈永明八年（490年）监徐州：

（永明）八年（490年）……出为持节、监徐州军事、平北将军、徐州刺史。……玄邈坐免官。（《南齐书》卷27《王玄载传附弟玄邈传》，510）

垣荣祖永明九年（491年）前督兖州缘淮：

迁持节、督缘淮诸军事、冠军将军、兖州刺史，领东平太守、兖州大中正。……（永明）九年（491年），卒……（《南齐书》卷28《垣荣祖传》，530）

即在永明八、九年（490、491年）间，萧子明为一级督区南兖兖徐青冀督区都督，张冲、王玄邈、垣荣祖分别为二级督区青冀、徐州、兖州缘淮督区都督。

南兖州有时和南徐州组成南徐州都督区。如萧子良于“世祖即位……

---

① 《宋书》卷9《后废帝纪》，第178页；《宋书》卷72《建平宣简王宏传附子景素传》，第1861页。

② 《南齐书》卷35《高祖十二王传·临川献王映传》，第622页。

为使持节、都督南徐兖二州诸军事、镇北将军、南徐州刺史”[1]；萧宝嵩于“永元二年（500年）……迁持节、都督南徐兖二州军事、南徐州刺史”[2]。但更多的时候，南徐州是和扬州组成扬州都督区。

（建元中，萧嶷）入为都督扬南徐二州诸军事、中书监、司空、扬州刺史……世祖即位，进位太尉……永明元年（483年），领太子太傅，解中书监，余如故。…………五年（487年），进位大司马。八年（490年）……薨，时年四十九。（《南齐书》卷22《豫章文献王传》，405）

隆昌元年（494年），（昭文）为使持节、都督扬南徐二州诸军事、扬州刺史，将军如故。其年，郁林王废，尚书令西昌侯鸾议立昭文为帝。（《南齐书》卷5《海陵王》，77）

建武元年（494年），（萧宝义）为持节、都督扬南徐州军事、前将军、扬州刺史。（《南齐书》卷50《明七王传·巴陵隐王宝义传》，863）

此时，扬州已不再和豫州组成都督区，扬州与南徐州组合为扬南徐都督区已趋向固定化。

义熙中，刘裕收复了豫州淮北的大部分土地，所收复土地临时称为“马头淮西”督区。义熙五年（409年），刘敬宣“迁使持节、督马头淮西诸军郡事、镇蛮护军、淮南安丰二郡太守、梁国内史”[3]；向靖，义熙“八年（412年），转游击将军，寻督马头淮西诸郡军事、龙骧将军、镇蛮护军、安丰汝阴二郡太守、梁国内史，戍寿阳。”[4]义熙九年（413年）“宋武帝欲开拓河南，绥定豫土……割扬州大江以西、大雷以北，悉属豫州，豫基址因此而立。”[5]豫州都督区也因此而定，此督区是在东晋豫州扬州之江西督区的基础上加上新收复的马头淮西部分。义熙末，宋台除刘义康“督豫司雍并四州诸军事、冠军将军、豫州刺史。”[6]永初

① 《南齐书》卷40《武十七王传·竟陵文宣王子良传》，第692页。

② 《南齐书》卷50《明七王传·晋熙王宝嵩传》，第866页。

③ 《宋书》卷47《刘敬宣传》，第1414页。

④ 《宋书》卷45《向靖传》，第1374页。

⑤ 《宋书》卷36《州郡志二·南豫州》，第1071页。

⑥ 《宋书》卷68《彭城王义康传》，第1789页。

三年（422年），武帝又分豫州淮东部分为南豫州，淮西部分为豫州，此督区正式定名为“南豫豫雍司秦并六州”督区。高祖不豫，以庐陵王义真“为使持节、侍中、都督南豫豫雍司秦并六州诸军事、车骑将军、开府仪同三司、南豫州刺史，出镇历阳”；[①]景平二年（424年），刘义恭“监南豫豫司雍秦并六州诸军事、冠军将军、南豫州刺史，代庐陵王义真镇历阳”[②]。元嘉之后，南豫州与豫州屡有分合，“文帝元嘉七年（430年），合二豫州为一，十六年又分，二十二年又合，孝武大明三年（459年），又分。……明帝泰始二年（466年）又合……九月又分……三年（467年）五月，又合。”[③]合时称“都督豫司雍秦并五州”，元嘉三十年（453年），平元凶，孝武帝以鲁爽“为使持节、督豫司雍秦并五州诸军事、左将军、豫州刺史”[④]，所督区域不变。

此督区有时与江州督区组成一个大的都督区，刘彧“永光元年（465年），又出为使持节、散骑常侍、都督南豫豫司江四州扬州之宣城诸军事、卫将军、南豫州刺史，镇姑孰。”[⑤]泰始三年（467年），又下诏曰：“故使持节、侍中、都督南豫江豫三州军事、太尉、南豫州刺史巴东郡开国忠烈公元景……”[⑥]

泰始五年（469年）之后，自淮以西，悉没寇矣。明帝又重立南豫州与豫州，泰始七年（471年），“分历阳、淮阴、南谯、南兖州之临江立南豫州。泰豫元年（472年），以南汝阴度属豫州，豫州之庐江度属南豫州。”[⑦]之前，又于“南豫州之义阳郡立司州，渐成实土”[⑧]。这三州便组成了新的南豫州都督区。刘友“升明二年（478年），徙都督南豫豫

---

①《宋书》卷61《庐陵孝献王义真传》，第1633页。
②《宋书》卷61《江夏文献王义恭传》，第1640页。
③《宋书》卷36《州郡志二·南豫州》，第1072页。
④《宋书》卷74《鲁爽传附弟秀传》，第1924页。
⑤《宋书》卷6《明帝纪》，第151页。
⑥《宋书》卷61《江夏文献王义恭传》，第1652页。
⑦《宋书》卷32《州郡志二·南豫州》，第1072页。
⑧《宋书》卷36《州郡志二·司州》，第1104页。

司三州诸军事、安南将军、南豫州刺史、历阳太守。”[①]

入齐之后，此督区分为南豫州与豫州两个督区，南豫州又领司州督区。

太祖践阼，起（柳世隆）为使持节、都督南豫司二州诸军事、平南将军、南豫州刺史……（《南齐书》卷24《柳世隆传》，450）

（建元元年<479年>四月）徙（垣崇祖）为使持节、监豫司二州诸军事、豫州刺史，将军如故。（《南齐书》卷25《垣崇祖传》，461）

（升明）二年（478年），沈攸之平，司州刺史姚道和怀贰被征，以盘龙督司州军事、司州刺史、假节，将军如故。（《南齐书》卷29《周盘龙传》，543）

齐高帝萧道成践祚之后，以柳世隆为南豫司二州都督，垣崇祖监豫司二州，姚道和督司州。从以后督区所督区域来看，垣崇祖并非监司州全部，而只是监司州之汝南郡而已。司州自有实土之后，便成为一个小督区。泰始“四年（468年）……虏陷汝南，司州失守，以安国为督司州诸军事、宁朔将军、司州刺史。六年（470年），义阳立州治，仍领义阳太守。”[②]之后督司州者还有李安民、姚道和。由于司州是侨于南豫州之义阳郡而渐为实土，故隶属于南豫州督区无疑。

建元二年（480年），“太祖以西豫吏民寡刻，分置两州，损费甚多，省南豫”[③]，仍以垣崇祖监豫司二州。永明二年（484年），世祖又“割扬州宣城、淮南，豫州历阳、谯、庐江、临江六郡，复置南豫州。”[④]永明三年（485年），以晋安王子懋“为持节、都督南豫豫司三州、南中郎将、南豫州刺史。鱼复侯子响为豫州，子懋解督。”[⑤]此督区又一分为二。不过，此时各督区所督区域及隶属关系更加明晰。

以永明中期为例，萧子真永明四年（486年）至七年（489年）督

---

①《宋书》卷90《明四王传·序邵陵殇王友传》，第2238页。

②《南齐书》卷29《吕安国传》，第537页。

③《南齐书》卷14《州郡志上》，第254页。

④《南齐书》卷14《州郡志上》，第254页。

⑤《南齐书》卷40《武十七王传·晋安王子懋传》，第708页。

南豫司二州：

永明四年（486年）……迁持节、督南豫司二州军事、冠军将军、南豫州刺史，领宣城太守。……七年（489年），进号右将军，迁丹阳尹……（《南齐书》卷40《武十七王传·建安王子真传》，711）

萧鸾永明五年（487年）至七年（489年）监豫州郢州之西阳司州之汝南二郡：

（永明）五年（487年），为持节、监豫州郢州之西阳司州之汝南二郡军事、右将军、豫州刺史。七年（489年），为尚书右仆射。（《南齐书》卷6《明帝》，83）

崔慧景永明四年（486年）至九年（491年）督司州：

（永明四年<486年>）……出为持节、督司州军事、冠军将军、司州刺史。……九年（491年），以本号征还……（《南齐书》卷51《崔慧景传》，872）

随着对秦岭以南土地的全面收复，晋孝武中侨立于襄阳的秦州亦移治汉中南郑，安帝义熙八年又复立湘州，原荆州都督区所督区域有所扩大。义熙中，关中平定，高祖还彭城，授刘义隆"都督荆益宁雍梁秦六州豫州之河南广平扬州之义成松滋四郡诸军事、西中郎将、荆州刺史，持节如故。永初元年（420年）……进督北秦，并前七州。……又进督湘州。"[①]至此，原督六州的东晋荆州督区演变为宋的督八州的荆州督区，并终宋世一直如此。所辖二级督区由两个增加为三个——雍梁南北秦督区、益宁督区、湘州督区，且雍梁南北秦二级督区还下辖一个三级督区——梁南北秦督区。与东晋相比，宋时荆州都督区所统区域固定，且与下属二级及三级督区的关系稳定。

我们刘义康为荆州都督时为例，来看看荆州的所辖督区。元嘉三年（426年）至八年（431年）刘义康为荆州都督：

元嘉三年（426年），改授都督荆湘雍梁益宁南北秦八州诸军事、荆州刺史……义康少而聪察，及居方任，职事修理。六年（429年），司徒

①《宋书》卷5《文帝纪》，第71页。

王弘表义康宜还入辅，征侍中、都督扬南徐兖三州诸军事……（《宋书》卷68《彭城王义康传》，1789）

吉翰于元嘉元年（424年）至六年（429年）为益宁都督：

太祖元嘉元年（424年）……徙督益宁二州梁州之巴西梓潼宕渠南汉中秦州之安固怀宁六郡诸军事、益州刺史，将军如故。……六年（429年），以老疾征还……（《宋书》卷65《吉翰传》，1717）

刘遵考于元嘉三年（426年）至五年（428年）为雍梁南北秦都督：

（元嘉三年＜426年＞）出为使持节、督雍梁南北秦四州荆州之南阳竟陵顺阳襄阳新野随六郡诸军事、征虏将军、宁蛮校尉、雍州刺史，襄阳新野二郡太守。遵考为政严暴，聚敛无节。五年（428年），为有司所纠，上不问，赦还都。（《宋书》卷51《宗室传·营浦侯遵考传》，1480）

刘道产于元嘉三年（426年）至七年（430年）为梁南秦都督①：

元嘉三年（426年），督梁南秦二州诸军事、宁远将军、西戎校尉、梁南秦二州刺史。在州有惠化，关中流民，前后出汉川归之者甚多。六年（429年），道产表置陇西、宋康二郡以领之。七年（430年），征为后军将军。（《宋书》卷65《刘道产传》，1719）

由此，我们可以看出，元嘉三年（426年）至五年（428年）间，刘义康为一级督区荆州都督区的都督，吉翰与刘遵考分别为二级督区——益宁督区与雍梁南北秦督区的都督，刘道产则为三级督区梁南秦督区的都督。

为什么没有湘州都督呢？因为此时湘州还没有设都督。湘州于义熙八年（412年）复立，十二年（416年）又省。宋武帝永初三年（422年），“分荆州立湘州，以邵为刺史。将署府，邵以为长沙内地，非用

---

①为什么荆州督区与雍州督区都有北秦，而梁州督区没有北秦呢？因为此时北秦在略阳清水氐杨氏的控制之下。杨氏世居仇池，虽称藩于晋宋，然又时常入蜀为寇，始终为晋宋的异己力量。朝廷为了笼络这股势力，便授予其刺史都督之号。义熙三年（407年），以杨盛为北秦州刺史，元嘉中宋太祖又以杨玄为北秦州刺史。杨玄死后，杨难当继任北秦州刺史，元嘉九年（432年），又加都督。之后的继任者杨文德、杨僧嗣、杨文度、杨文弘皆为北秦州刺史，并督北秦。

武之国，置署妨人，乖为政要。帝从之。"[①]元嘉八年（431年），文帝又省湘州，十六年（439年）又立，并置都督。首任者为始兴王刘濬，元嘉"十六年（439年），都督湘州诸军事、后将军、湘州刺史。"[②]此时刘义季为荆州都督，元嘉"十六年（439年），代临川王义庆都督荆湘雍益梁宁南北秦八州诸军事、安西将军、荆州刺史"[③]。刘休若泰始"四年（468年），迁使持节、都督湘州诸军事、行湘州刺史，将军如故。六年（470年），荆州刺史晋平王休祐入，以休若监荆州事"[④]；刘休祐于泰始中"复徙都督荆湘雍益梁宁南北秦八州诸军事、荆州刺史，……泰始六年（470年），征为都督南徐南兖徐兖青冀六州诸军事、南徐州刺史"[⑤]。休若在泰始六年（470年）前为湘州都督，休祐于泰始六年（470年）前为荆州都督，二者当为同时，则湘州督区无疑为荆州都督区的二级督区。

入齐之后，荆州所督区域及下辖二级与三级督区仍不变，并且史料为我们提供了更好的例证。萧嶷、萧映于建元元年（479年）至永明元年（483年）先后都督荆湘雍益梁宁南北秦八州：

（萧嶷）徙都督荆湘雍益梁宁南北秦八州诸军事、镇西将军、荆州刺史……（建元元年＜479年＞）迁侍中、尚书令、都督扬南徐二州诸军事、骠骑大将军、开府仪同三司、扬州刺史……会北虏动，上思为经略。……复以为都督荆湘雍益梁宁南北秦八州诸军事、南蛮校尉、荆湘二州刺史……入为都督扬南徐二州诸军事、中书监、司空、扬州刺史……（《南齐书》卷22《豫章文献王传》，405）

（太祖践阼）以映为使持节、都督荆湘雍益梁宁南北秦八州诸军事、平西将军、荆州刺史。……又领湘州刺史。豫章王嶷既留镇陕西，映亦不行。改授散骑常侍、都督扬南徐二州诸军事、前将军、扬州刺史，持

①《宋书》卷46《张邵传》，第1394页。
②《宋书》卷99《二凶传·始兴王濬传》，第2435页。
③《宋书》卷61《衡阳文王义季传》，第1653页。
④《宋书》卷72《巴陵哀王休若传》，第1882页。
⑤《宋书》卷72《晋平剌王休祐传》，第1879页。

节如故。……出为都督荆湘雍益梁巴宁南北秦九州诸军事、镇西将军、荆州刺史……永明元年（483 年），入为侍中、骠骑将军。（《南齐书》卷 35《临川献王映传》，622）

太祖受禅之后，以萧嶷都督扬南徐二州，萧映都督荆湘雍益梁宁南北秦八州，适逢北魏入侵，便以萧嶷继续为荆州都督，萧映暂时为扬南徐都督。之后，二人互换，萧嶷入督扬南徐，萧映出督荆州，至永明元年（483 年）入为侍中。

在此期间，王僧虔于建元二年（480 年）至世祖即位为湘州都督：

（建元二年 <480 年>）其年冬，迁持节、都督湘州诸军事、征南将军、湘州刺史，侍中如故。世祖即位，僧虔以风疾欲陈解……（《南齐书》卷 33《王僧虔传》，593）

傅琰于升明二年（478 年）至建元四年（482 年）督益宁二州：

昇明二年（478 年），太祖擢为假节、督益宁二州军事、建威将军、益州刺史、宋宁太守。建元元年（479 年），进号宁朔将军。四年（482 年），征骁骑将军，黄门郎。（《南齐书》卷 53《良政传·傅琰传》，915）

萧赤斧督雍梁南北秦四州郢州之竟陵司州之随郡：

（建元二年 <480 年> 二月）①……出为持节、督雍梁南北秦四州郢州之竟陵司州之随郡军事、雍州刺史，本官如故。……迁散骑常侍、左卫将军。（《南齐书》卷 38《萧赤斧传》，665）

崔慧景于建元二年（480 年）至永明三年（485 年）都督梁南北秦沙四州：

（建元二年 <480 年> 二月）②以慧景为持节、都督梁南北秦沙四州军事、西戎校尉、梁南秦二州刺史……世祖即位，进号冠军将军。……永明三年（485 年），以本号还。（《南齐书》卷 51《崔慧景传》，872）

这里我们还应该注意的是萧映督的不是八州，而是“荆湘雍益梁巴宁南北秦九州”。因为建元二年（480 年），太祖“分荆州巴东、建平、

① 《南齐书》卷 2《高帝纪下》，第 36 页。

② 《南齐书》卷 2《高帝纪下》，第 36 页。

益州巴郡为州，立刺史，而领巴东太守，又割涪陵郡属。永明元（483年）年省，各还本属焉。”苏烈为巴州都督：

建元中，（苏烈）为假节、督巴州军事、巴州刺史、巴东太守，宁朔将军如故。永明中，至平西司马、陈留太守，卒官。（《南齐书》卷28《苏侃传附弟烈传》，529）

巴州督区亦为荆州的二级督区，只不过这个督区只是昙花一现而已。

永明八年（490年）之后，湘州脱离荆州督区，成为一个独立的督区，此后的荆州督区仅督“荆雍益宁梁南北秦七州”。

与东晋时期偶尔隶属荆州都督区不同，宋齐时期江州、交广都督区则成为完全独立的都督区。泰始七年（471年）二月，明帝于合浦北界“置百梁、陇苏、永宁、安昌、富昌、南流郡，又分广、交州三郡，合九郡，立越州。”①交广都督区由督二州变为督三州，但由于越州分交广而立，所督区域并不变。“孝武孝建元年（454年），分荆州之江夏、竟陵、随、武陵、天门，湘州之巴陵，江州之武昌，豫州之西阳，又以南郡之州陵、监利二县度属巴陵，立郢州。”②郢州自成立之日起，便是一个独立的都督区，所督区域为郢州及司州之义阳。只有首任萧思话兼督湘州，孝建元年（454年）“分荆、江、豫三州置郢州，复都督郢湘二州诸军事、镇西将军、郢州刺史……镇夏口。”③萧思话卒于孝建二年（455年），之后的郢州都督便不再兼督湘州。孝建二年（455年），刘秀之“迁监郢州诸军事、郢州刺史，”④刘赞“顺帝升明元年（478年），迁持节、督郢州司州之义阳诸军事、前将军、郢州刺史。”⑤

刘裕北伐，南朝疆域向北推移，都督区也随之发生了一些变化。东部，原东晋徐州督区的江北部分与新收复地合成一个大督区——南兖徐兖青冀幽六州豫州之梁郡督区，该督区下有两个二级督区：徐兖二州豫

①《宋书》卷8《明帝纪》，第167页。
②《宋书》卷37《州郡志三·郢州》，第1124页。
③《宋书》卷78《萧思话传》，第2011页。
④《宋书》卷81《刘秀之传》，第2074页。
⑤《宋书》卷80《武陵王赞传》，第2070页。

州之梁郡督区与青冀二州徐州之东莞东安二郡督区。泰始年间尽失淮北之地，北徐、北兖、青、冀等州侨立淮南，与南兖、南徐结合成一都督区——南徐南兖徐兖青冀六州都督区，之后，南徐州又推出，该区下有三个二级督区：青冀督区、徐州督区和兖州缘淮督区。中部，原东晋豫州扬州之江西督区与新收复的豫州淮北之地形成一新督区——南豫豫雍司秦并六州督区。泰始年间，淮西之地尽失，此督区仅剩淮东部分，督区又屡有分合，直至齐永明年间，各督区所督区域与隶属关系才较为明晰。此督区分成南豫司二州督区与豫州郢州之西阳司州之汝南二郡督区，南豫司二州督区下有司州小督区。西部，随着对秦岭以南土地的收复及湘州的复立，荆州督区所督区域有所扩大，由东晋时督六州扩大至八州，下有三个二级督区：雍梁南北秦督区、益宁督区、湘州督区，雍梁南北秦督区下还有一个三级督区：梁南北秦督区。这种关系在宋齐时期比较稳定。

五、梁陈都督区的等级

梁陈时期，由于州郡的迅速增置及土地的即得即失，都督区的名称及所督区域亦变化不居，两个大督区同督一小督区，两个督区同督一州或几州的现象非常多，很难将其理的非常清楚，这里只能举其大概。

梁时有七大都督区：南北兖徐青冀督区、扬州督区、豫州督区、郢州督区、江州督区、荆州督区、广州督区。

天监初期的几次北伐，收复了淮北一些土地，南北兖徐青冀督区所督区域比齐时有所扩大。该督区仍下辖三个二级督区：青冀督区、北徐州督区、北兖州督区。以天监末普通初为例。

萧绩于天监十七年（518 年）至普通四年（523 年）都督南北兖徐青冀五州：

（天监）十七年（518 年），出为使持节、都督南北兖徐青冀五州诸军事、南兖州刺史，在州著称。……普通四年（523 年），征为侍中、云麾

将军，领石头戍军事。（《梁书》卷29《高祖三王传·南康王绩传》，427）

在此期间，王神念都督青冀二州：

出为持节、都督青冀二州诸军事、信武将军、青冀二州刺史。……普通中，大举北伐，征为右卫将军。（《梁书》卷39《王神念传》，556）

昌义之于天监十五年（516年）至普通三年（522年）都督北徐州：

（天监）十五年（516年）……授都督北徐州缘淮诸军事、平北将军、北徐州刺史。……普通三年（522年），征为护军将军……（《梁书》卷18《昌义之传》，293）

明山宾于天监十五年（516年）至普通二年（521年）督北兖州：

天监十五年（516年），出为持节、督（北兖州）缘淮诸军事、征远将军、北兖州刺史。普通二年（521年），征为太子右卫率，加给事中，迁御史中丞。（《梁书》卷27《明山宾传》，406）

随着州的增置，督区名称也随着发生变化。如南北兖徐青冀督区变成“都督南北兖北徐青冀东徐谯七州”[①]，北徐州督区变成“都督北徐仁睢三州”[②]，但所督区域基本不变。

扬南徐二州固定为一都督区。下辖南徐州与浙东五郡两个二级督区。以天监初为例。

萧宏天监元年（502年）至四年（505年）都督扬南徐二州：

天监元年（502年）……为使持节、散骑常侍、都督扬南徐州诸军事、后将军、扬州刺史……四年（505年），高祖诏北伐，以宏为都督南北兖北徐青冀豫司霍八州北讨诸军事。（《梁书》卷22《太祖五王传·临川王宏传》，340）

萧恢天监二年（502年）至四年（505年）都督南徐州：

（天监）二年（503年），出为使持节、都督南徐州诸军事、征虏将军、南徐州刺史。四年（年505），改授都督郢司二州诸军事……（《梁书》卷22《太祖五王传·鄱阳王恢传》，350）

---

①《梁书》卷29《高祖三王传·南康王绩传附子会理传》，第428页。

②《梁书》卷28《裴邃传附子之礼传》，第416页。

萧伯游天监元年（502年）至五年（506年）都督浙东五郡：

天监元年（502年）四月，诏曰："兄子伯游，虽年识未弘，意尚粗可。浙东奥区，宜须抚莅，可督会稽东阳新安永嘉临海五郡诸军事、辅国将军、会稽太守。"二年（503年），袭封永阳郡王。五年（506年），薨，时年二十三。（《梁书》卷23《永阳嗣王伯游传》，363）

普通五年（524年）"三月甲戌，分扬州、江州置东扬州。"[①]扬南徐督区成为扬南徐东扬督区。承圣三年（554年）三月甲辰，诏曰："……使持节、侍中、司徒、尚书令、都督扬南徐东扬三州诸军事、镇卫将军、扬州刺史、永宁郡开国公僧辩，……加太尉、车骑大将军，余悉如故。"[②]再次显示了浙东五郡与扬州的统属关系。

齐永元二年（500年）二月"裴叔业病死，兄子植以寿春降虏"[③]，天监三年（504年）八月，"魏陷司州"[④]，原豫州督区仅剩南豫州一州，遂改为豫州，原豫州为北豫州。天监六年（507年）十二月"分豫州置霍州"[⑤]，此督区成为豫北豫霍三州。马仙琕天监"十一年（512年），迁持节、督豫北豫霍三州诸军事、信武将军、豫州刺史，领南汝阴太守。"[⑥]普通四年（523年），"分霍州置义州"[⑦]。六年北伐又收复寿阳，"诏以寿阳依前代置豫州，合肥镇改为南豫州，以亶为使持节、都督豫州缘淮南豫霍义定五州诸军事、云麾将军、豫南豫二州刺史。"此督区又变为豫州缘淮南豫霍义定五州。

大通二年（528年）"夏四月辛丑，魏郢州刺史元愿达以义阳内附，置北司州。"[⑧]中大通之后，南豫州又自成一督区，夏侯夔督之；豫州与南北司西豫成一督区，陈庆之督之。

---

① 《梁书》卷3《武帝纪下》，第68页。
② 《梁书》卷45《王僧辩传》，第626页。
③ 《南齐书》卷7《东昏侯》，第99页。
④ 《梁书》卷2《武帝纪中》，第40页。
⑤ 《梁书》卷2《武帝纪中》，第46页。
⑥ 《梁书》卷17《马仙琕传》，第280页。
⑦ 《梁书》卷3《武帝纪下》，第67页。
⑧ 《梁书》卷3《武帝纪下》，第72页。

中大通二年（530年），征为右卫将军，丁所生母忧去职。时魏南兖州刺史刘明以谯城入附，诏遣镇北将军元树帅军应接，起夔为云麾将军，随机北讨，寻授使持节、督南豫州诸军事、南豫州刺史。（《梁书》卷28《夏侯亶传附弟夔传》，420）

中大通二年（530年），除都督南北司西豫豫四州诸军事、南北司二州刺史，余并如故。（《梁书》卷32《陈庆之传》，461）

之后，随着州的分置及对北魏土地的收复，豫州督区的名称亦不断发生变化，如夏侯夔于中大通六年（534年）“督豫淮陈颍建霍义七州”①，羊鸦仁太清中“都督豫司淮冀殷应西豫等七州”②。

原郢州督区所督区域为郢州及司州之义阳，司州有南北两义阳，司州治北义阳，此义阳当为南义阳。天监三年（504年），魏陷司州，“诏以南义阳置司州”③，郢州自然就督郢司二州。天监四年（505年），授萧恢“都督郢司二州诸军事、后将军、郢州刺史，持节如故。……七年（508年）……进督霍州。”④此后，郢司霍成为相对固定的都督区。之后的继任者有萧综、萧秀、萧元简、萧景、元树、萧象等。唯有萧大心“都督郢南北司定新五州”⑤、萧伦“都督郢定霍司四州”⑥。

司州仍为一小督区，隶属郢州都督区。夏侯亶天监八年（509年）至十二年（513年）都督司州：

（天监）八年（509年），起为持节、督司州诸军事、信武将军、司州刺史，领安陆太守。……居州甚有威惠，为边人所悦服。十二年（513年），以本号还朝……（《梁书》卷28《夏侯亶传》，418）

萧综天监十年（511年）至十三年（514年）都督郢司霍三州：

（天监）十年（511年），迁都督郢司霍三州诸军事、云麾将军、郢

①《梁书》卷28《夏侯亶传附弟夔传》，第421页。
②《梁书》卷39《羊鸦仁传》，第563页。
③《梁书》卷2《武帝纪中》，第41页。
④《梁书》卷22《太祖五王传·鄱阳王恢传》，第350页。
⑤《梁书》卷44《太宗十一王传·寻阳王大心传》，第613页。
⑥《梁书》卷29《高祖三王传·邵陵王纶传》，第432页。

州刺史。十三年（514年），迁安右将军、领石头戍军事。（《梁书》卷55《豫章王综传》，823）

齐永泰元年（498年），“沔北诸郡为虏所侵，相继败没”[1]；梁天监三年（504年），魏陷梁州[2]，原荆州督区剩荆湘益宁南北秦六州。“明年春，和帝将发江陵，诏以憺为使持节、都督荆湘益宁南北秦六州诸军事、平西将军、荆州刺史，未拜。天监元年（502年），加安西将军，都督、刺史如故。……（七年<508年>冬）诏征以本号还朝。”[3]天监八年（509年）“夏四月，以北巴西郡置南梁州”[4]，北伐又收复了雍梁等地，荆州督区由督八州变为督九州，即荆湘雍益宁南北梁南北秦九州。此督区仍下辖三个二级督区：雍州督区、益宁督区、湘州督区。

以天监中期为例。萧恢天监十一年（512年）至十三年（514年）为荆州都督：

（天监）十一年（513年），出为使持节、都督荆湘雍益宁南北梁南北秦九州诸军事、平西将军、荆州刺史，给鼓吹一部。十三年，迁散骑常侍、都督益宁南北秦沙七州诸军事……（《梁书》卷22《太祖五王传·鄱阳王恢传》，350）

柳庆远天监十二年（513年）至十三年（514年）都督雍州：

（天监）十二年（513年），迁安北将军、宁蛮校尉、雍州刺史。庆远重为本州，颇厉清节，士庶怀之。明年春，卒，时年五十七。诏曰：“……使持节、都督雍梁南北秦四州郢州之竟陵司州之随郡诸军事、安北将军、宁蛮校尉、雍州刺史、云杜县开国侯柳庆远，……可赠侍中、中军将军、开府仪同三司，鼓吹、侯如故。……”（《梁书》卷9《柳庆远传》，182）

萧憺天监九年（510年）至十四年（515年）为益宁都督：

（天监）九年（510年）春，迁都督益宁南梁南北秦沙六州诸军事、

---

①《南齐书》卷6《明帝纪》，第90页。

②《梁书》卷2《武帝纪中》，第40页。

③《梁书》卷22《太祖五王传·始兴王憺传》，第353页。

④《梁书》卷2《武帝纪中》，第48页。

镇西将军、益州刺史。……十四年（515年），迁都督荆湘雍宁南梁南北秦七州诸军事、镇右将军、荆州刺史。（《梁书》卷22《太祖五王传·始兴王憺传》，355）

我们注意到雍州与益州都督同时督梁南北秦督区，雍州督梁州由来有旧，益州督梁州乃是由于“初，南郑没于魏，乃于益州西置南梁州。州镇草创，皆仰益州取足。”[①]梁州督区自然仍为荆州的三级督区。

王珍国天监九年（510年）至十三年（514年）都督湘州：

（天监）九年（510年），出为使持节、都督湘州诸军事、信武将军、湘州刺史。视事四年，征还为护军将军，（《梁书》卷17《王珍国传》，279）

湘州基本仍督本州，梁后期偶尔加督衡州、桂州而从荆州督区中脱离出来。萧象“寻迁湘衡二州诸军事、轻车将军、湘州刺史”；[②]萧机普通“三年（522年），迁持节、督湘衡桂三州诸军事、宁远将军、湘州刺史。大通二年（528年），薨于州，时年三十”[③]；张缵大同九年（543年），“为使持节、都督湘桂东宁三州诸军事、湘州刺史……在政四年，流人自归，户口增益十余万，州境大安。”[④]与此同时的荆州都督萧纲、萧续则不督湘州。

天监十八年（519年）之后，由于州数成倍的增加，各督区所督州数亦相应增加。如雍州督区，萧范“都督雍梁东益南北秦五州”[⑤]；梁州督区，徐文盛“督梁南秦沙东益巴北巴六州”[⑥]；益州督区，萧纪“都督益梁等十三州”[⑦]。

广州督区仍为一独立都督区。天监六年（507年）“分广州置桂

① 《梁书》卷17《张齐传》，第282页。
② 《梁书》卷23《桂阳嗣王象传》，第364页。
③ 《梁书》卷22《太祖五王传·安成王秀传附子机传》，第345页。
④ 《梁书》卷34《张缅传付弟缵传》，第494页。
⑤ 《梁书》22《太祖五王传·鄱阳王恢传附子范传》，第352页。
⑥ 《梁书》卷46《徐文盛传》，第640页。
⑦ 《梁书》卷55《武陵王纪传》，第826页。

州。”[①]此督区由督广交越三州变为督广交越桂四州。萧昌天监“六年(507年)，迁持节、督广交越桂四州诸军事、辅国将军、平越中郎将、广州刺史。”[②]普通四年（523年），“分交州置爱州，分广州置成州、南定州、合州、建州”[③]等，此督区又督十三州。元景隆“出为持节、都督广越交桂等十三州诸军事、平南将军、平越中郎将、广州刺史。中大通三年（531年），征侍中、安右将军。”[④]然实际所督区域不变。

梁末，“侯景之乱，州郡太半入魏，自巴陵以下至建康，以长江为限，荆州界北尽武宁，西拒硖口，岭南复为萧勃所据，诏令所行，千里而近，民户著籍者，不盈三万而已。”[⑤]及陈霸先禅位，仅据江南一隅，辖地不及孙吴之广，梁时的104州仅剩54州。太建五年（573年），吴明彻曾一度收复淮南之地，但很快，太建十一年（579年）十二月，淮南之地尽没于周。

陈时有六大都督区：扬州都督区、江州都督区、郢州都督区、湘州都督区、荆州都督区、广州都督区。

扬州都督区即原扬南徐都督区，现督扬、南徐、东扬、南豫、北江五州。下辖三个二级督区：南徐州督区、南豫北江督区、东扬州督区。以天嘉中为例：

陈顼于天嘉三年（562年）至废帝即位都督扬南徐东扬南豫北江五州：

天嘉三年（562年）……授使持节、都督扬南徐东扬南豫北江五州诸军事、扬州刺史，进号骠骑将军，余如故。四年（563年），加开府仪同三司。六年（565年），迁司空。天康元年（566年），授尚书令，余并如故。废帝即位，拜司徒，进号骠骑大将军，录尚书，都督中外诸军事，给班剑三十人。（《陈书》卷5《宣帝》，75）

---

①《梁书》卷2《武帝纪中》，第45页。
②《梁书》卷24《萧景传附弟昌传》，第370页。
③《梁书》卷3《武帝纪下》，第67页。
④《梁书》卷39《元法僧传附子景隆传》，第554页。
⑤《资治通鉴》卷164《梁纪二十》，第5094页。

周宝安于天嘉四年（563年）都督南徐州：

（天嘉）四年（563年），授持节、都督南徐州诸军事、贞毅将军、南徐州刺史。征为左卫将军，加信武将军。（《陈书》卷8《周文育传附子宝安传》，142）

周敷天嘉中都督南豫北江：

（天嘉中）寻征为使持节、都督南豫北江二州诸军事、镇南将军、南豫州刺史……（征周迪，为周迪所害。）（《陈书》卷13《周敷传》，201）

北江州很可能在光大或太建初被废，扬州都督区所督剩四州，南豫北江督区也仅剩南豫一州。

在此期间，谁任东扬州都督，史料虽没有记载，但东扬州由浙东五郡而来，应属扬州都督区无疑。天嘉三年（562年）六月“以会稽、东阳、临海、永嘉、新安、新宁、晋安、建安八郡置东扬州。”[①]陈叔英于太建元年（569年）至五年（573年）为东扬州都督，“太建元年（569年）……为宣惠将军、都督东扬州诸军事、东扬州刺史。五年（573年），进号平北将军、南豫州刺史。”[②]光大二年（568年）四月，“割东扬州晋安郡为丰州”[③]此督区成为“东扬丰”督区。陈伯山“至德四年（586年），出为持节、都督东扬丰二州诸军事、东扬州刺史。”[④]

江州都督区督江吴二州。关于吴州的置废，《陈书》有两条记载：一、光大二年（568年）正月“甲子，罢吴州，以鄱阳郡还属江州。”[⑤]二、太建十三年（581年）十月，“改鄱阳郡为吴州。”[⑥]第一次置不知在何时。但“元帝承制，以质为右长史，带河东太守。俄迁侍中。寻出为持节、都督吴州诸军事、宁远将军、吴州刺史，领鄱阳内史”[⑦]，说明至迟在梁末已置吴州。吴州为一小督区，是江州的二级督区。

---

①《陈书》卷3《世祖纪》，第55页。
②《陈书》卷28《豫章王叔英传》，第365页。
③《陈书》卷4《废帝纪》，第68页。
④《陈书》卷28《鄱阳王伯山传》，第360页。
⑤《陈书》卷4《废帝纪》，第68页。
⑥《陈书》卷5《宣帝纪》，第99页。
⑦《陈书》卷18《王质传》，第248页。

《陈书》卷9《吴明彻传》载："天嘉三年（562年）……及周迪反临川，诏以明彻为安南将军、江州刺史，领导成员豫章太守，总督众军，以讨迪。……废帝即位，授领军将军"。同书卷35《周迪传》载："(天嘉三年＜562年＞）又遣……持节、都督江吴二州诸军事、安南将军、江州刺史安吴县侯吴明彻，楼舰马步，直指临川。"这两条材料表明吴明彻于天嘉三年（562年）至废帝即位任江吴都督。

王琳平，授（赵知礼）持节、督吴州诸军事、明威将军、吴州刺史。……秩满，为明威将军、太子右卫率。（《陈书》卷16《赵知礼传》，223）

王琳奔于萧齐在天嘉元年（560年），如果一届任期为四年的话，那么赵知礼于天嘉元年（561年）至五年（564年）任吴州都督，受督于江州都督。

郢州都督区督郢巴武沅四州。下辖两个二级督区：武沅督区与巴州督区。天嘉元年（560年）三月"甲子，分荆州之天门、义阳、南平，郢州之武陵四郡，置武州。其刺史督沅州，领武陵太守，治武陵郡。其都尉所部六县为沅州。别置通宁郡，以刺史领太守，治都尉城，省旧都尉。"[①]巴州治巴陵郡，巴陵郡原属郢州。史料没有为我们提供完美的例子，我们只好分别来说明。

章昭达于天嘉二年（561年）至天嘉四年（563年）都督郢巴武沅四州：

(天嘉）二年（561年），除使持节、散骑常侍、都督郢巴武沅四州诸军事、智武将军、郢州刺史，增邑并前千五百户。……及迪败走，征为护军将军……（《陈书》卷11《章昭达传》，182）

周迪败走在天嘉四年（563年）正月。吴明彻于天嘉元年（560年）至天嘉三年（562年）都督武沅二州：

王琳败，授（吴明彻）都督武沅二州诸军事、安西将军、武州刺史，余并如故。……天嘉三年（562年）……诏以明彻为安南将军、江

①《陈书》卷3《世祖纪》，第50页。

州刺史……（《陈书》卷9《吴明彻传》，161）

王琳败走在天嘉元年（560年）二月。也就是说，在章昭达任郢巴武沅四州都督时，吴明彻都督武沅二州。

程灵洗与天嘉六年（565年）至光大二年（568年）为郢州都督，在此期间，徐敬成为巴州都督：

（天嘉六年<565年>十二月）[①]出为使持节、都督郢巴武三州诸军事、宣毅将军、郢州刺史。废帝即位，进号云麾将军。……光大二年（568年），卒于州……（《陈书》卷10《程灵洗传》，171）

光大元年（567年），华皎谋反，以敬成为假节、都督巴州诸军事、云旗将军、巴州刺史。（《陈书》卷12《徐度传附子敬成传》，190）

荆州都督区督荆信二州。此荆州与以前的荆州不同，乃是陈所立的南荆州。天嘉二年（561年）“夏四月，分荆州之南平、宜都、罗、河东四郡，置南荆州，镇河东郡。”[②]信州是梁普通年间分益州所立。[③]该督区原督荆信祐三州，陆子隆“寻迁都督荆信祐三州诸军事、宣毅将军、荆州刺史，持节、常侍如故。是时荆州新置，治于公安，城池未固，子隆修建城郭，绥集夷夏，甚得民和，当时号为称职。”[④]不知何时废祐州，或为西魏所占，太建四年（572年）后仅剩荆信二州。樊猛、孙玚、陈慧纪相继为之。

湘州都督区督湘衡桂武四州。该督区所督区域并不固定，如徐度于天嘉二年（561年）“都督湘沅武巴郢桂六州”[⑤]，华皎于天嘉六年（565年）“都督湘巴等四州”[⑥]，吴明彻于光大元年（567年）“都督湘桂武三州”[⑦]。直到太建四年（572年）才固定为湘衡武桂四州，陈叔

---

①《陈书》卷3《世祖纪》，第60页。

②《陈书》卷3《世祖纪》，第53页。

③（普通四年）六月乙丑，分益州置信州……（《梁书》卷3《武帝纪下》，第67页。）

④《陈书》卷22《陆子隆传》，第294页。

⑤《陈书》卷12《徐度传》，第189页。

⑥《陈书》卷20《华皎传》，第271页。

⑦《陈书》卷9《吴明彻传》，第161页。

陵、陈叔文、陈叔慎相继为之。广州都督区实际所督区域基本不变，只是由于州的分置由十三州变成了十九州。

梁时主要有七大都督区，其中四个都督区下有二级或三级督区。南北兖徐青冀督区下有三个二级督区：青冀督区、北徐州督区、北兖州督区；扬州督区下有南徐州与浙东五郡两个二级督区；郢州督区下有司州小督区；荆州督区下也有三个二级督区：雍州督区、益宁督区与湘州督区，梁州督区是雍州与益宁督区下的三级督区。陈时主要有六个大都督区，其中三个都督区下有二级督区。扬州都督区下有南徐州督区、南豫北江督区和东扬州督区三个二级督区；江州督区下有吴州督区；郢州督区下有武沅督区与巴州督区。

第三章　北朝都督行台总管的等级

北魏统治者来自北方少数民族，在征服中原的过程中，逐步建立起了都督诸州军事制度。在都督职位分等的方式上，既采晋南朝之制，又有所创新。正光孝昌之际六镇起义导致的内乱外患使北魏都督制受到了极大的冲击，都督由方镇大员逐渐转变为军职，进而冗散化成为勋官。原随皇帝出行的行台由于地位的特殊性与行动的灵活性，在平定叛乱及征讨活动中常常被派出，呈现出地方化的趋势。东魏北齐顺应既成事实，以行台取代都督诸州军事，北周则改都督诸州军事为总管制。本章将对这一过程及都督、行台、总管的等级进行探讨。

一、北魏都督的职位分等

与实行都督诸州军事制的十六国政权一样，北魏的都督诸州军事制度也是在拓疆辟土的过程中逐步建立起来的。史料所见，北魏最先任地方都督的是莫题，《魏书》卷28《莫题传》：

莫题，代人也，多智有才用。……以功拜平远将军，赐爵扶柳公，进号左将军，改为高邑公。出除中山太守，督司州之山东七郡事。车驾征姚兴，次于晋阳。而上党群盗秦颇、丁零翟都等聚众于壶关，诏题帅众三千以讨之。上党太守捕颇，斩之。

道武帝平中山之后设置中山行台，中山行台罢于天兴三年（400

年）[1]。莫题当是罢行台后出任中山太守并督司州之山东七郡事，负责司州南部的军事安全，所以天兴五年（402年），上党群盗聚众乱于壶关，道武帝诏莫题而不是诏上党太守讨伐。从“上党太守捕颇”来看，上党太守也参与了这次军事行动，可见莫题是司州山东七郡的最高军事统帅。

太武帝世，军国强盛，东平冯燕，西平赫连夏、沮渠凉，南逼黄淮与刘宋对峙。在所征服地区，逐步设立都督区。由于地方上普遍置镇，所以此时的都督制带有鲜明的军镇色彩。几个都督区皆以要镇镇将统领，长安镇都大将都督雍秦梁益等州、虎牢镇都大将都督豫洛等州、枋头镇都大将都督兖相等州、平原镇都大将都督冀青徐济等州、凉州镇都大将都督凉沙河等州军事。

孝文帝即位后，锐意改革，逐渐废除军镇制，实行州郡县制，都督制也由部分地区推行到全国，以都督区为主体形成完备的军事防御体系。据严耕望先生考证，主要有十一个都督区：关右都督区、统万夏州都督区、河西凉州都督区、豫州都督区、青齐都督区、徐州都督区、荆州都督区、淮南都督区、冀定都督区、恒州都督区、北边诸镇都督区。北边诸镇都督区大抵就六镇又分为东西两区，东区以柔玄、怀荒、御夷三镇为主，西区以抚冥、武川、怀朔三镇为主，各置都督。[2]

北魏都督的职位分等主要采用三种方式，[3]一为都督、监、督的等级划分，二为都督区的等级划分，三依所督州之多少作出品级上的规定。

都督、监、督的等级划分。此为效仿晋南朝之制，但又与晋南朝有所不同。《魏书》卷4《世祖太武帝纪》：延和二年（433年）“以乐安王范为假节、加侍中、都督秦雍泾梁益五州诸军事、卫大将军、仪同三司，镇长安。”同书卷17《乐安王范传》：“世祖以长安形胜之地，非范

---

①牟发松：《北朝行台地方官化考略》，载《文史》第33辑，1990年。

②严耕望著：《中国地方行政制度史（乙部）——魏晋南北朝地方行政制度》，中研院历史语言研究所，1997年，第439-448页。

③关于都督的职位分等，部分参考了张鹤泉先生的研究成果。参见《北魏都督诸州军事制度试探》，《社会科学战线》，2001年第6期。

莫可任者，乃拜范都督五州诸军事、卫大将军、开府仪同三司、长安镇都大将，高选才能，以为僚佐。”二者所载当为同一次任命。《魏书》卷24《崔徽传》：“乐安王范镇长安，世祖以范年少，而三秦民夷，恃险多变，乃选忠清旧德之士，与范俱镇。以徽为散骑常侍、督雍泾梁秦四州诸军事、平西将军、副将，行乐安王傅，进爵济南公。”由这三条材料可知，在乐安王范被任命为都督秦雍泾梁益五州诸军事、长安镇都大将的同时，崔徽被任命为督雍泾梁秦四州诸军事、长安镇都副将，为乐安王范辅佐，二人所督区域基本相同，且同镇长安，正职为都督，副职为督。晋南朝则无论是都督，还是监、督，都有独立的都督区，与北魏明显不同。北魏监所督区域大多为一州之地。《魏书》卷61《沈陵传》：“太和十八年（494年），高祖南伐，陵携族孙智度归降，引见于行宫。……后监南徐州诸军事、中垒将军、南徐州刺史，寻假节、龙骧将军。”同书卷46《许宗之传》：许康“拜冠军将军、长安镇副将。迁监河州诸军事、河州刺史，将军如故。”

都督区的等级。北魏都督区所督区域较不稳定，我们很难探究都督区固定的统属关系。唯一可以确定的是梁州都督区是雍州都督区的二级都督区。太和中，元平原“迁都督雍秦梁益四州诸军事、征南大将军、开府、雍州刺史，镇长安。太和十一年（497年）薨。”[①]同时，穆亮为“除都督秦梁益三州诸军事、征南大将军、领护西戎校尉、仇池镇将。”[②]后此督区多兼梁州刺史。上文提到的单州都督——南徐州、河州都督很可能是徐州都督区与凉州都督区的二级地区。

品级上的等级规定。上述两种等级区分方式是承晋南朝之制，根据都督所督区域的大小对都督品级做出规定，则是北魏的独创。太和《前职令》：都督府州诸军事，从一品上；都督三州诸军事，第二品上；都督一州诸军事，从二品下。[③]

①《魏书》卷16《河南王曜传附提子平原传》，第396页。

②《魏书》卷27《穆崇传附黑弟亮传》，第667页。

③《魏书》卷113《官氏志》，第2978–2979页。

二、北朝都督制的变异

肃宗正光孝昌之际，以六镇起义为首的反叛遍布全国，南朝萧梁也趁机入侵，在频繁的对内对外战争中，本不成熟与稳定的都督制受到极大的冲击，都督逐步由领兵元帅、方镇大员演变为军职。

当州都督、当郡都督及防城都督的大量涌现，为都督的军职化与序列化准备了条件。为平定地方叛乱，朝廷不得不给予地方官员更多的军事权力，在任命刺史或郡守的同时任命其为当州都督与当郡都督。《魏书》卷69《裴庆孙传》："肃宗末，遂立邵郡，因以庆孙为太守、假节、辅国将军、当郡都督。民经贼乱之后，率多逃窜，庆孙务安缉之，咸来归业。"《北齐书》卷21《封隆之传》："魏朝以河内要冲，除隆之龙骧将军、河内太守，寻加持节、后将军、假平北将军、当郡都督。"《魏书》卷58《杨津传》："永安初，诏除津本将军、荆州刺史，加散骑常侍、当州都督。"《魏书》卷56《郑先护传》："寻除前将军、广州刺史、假平南将军、当州都督。时妖贼刘举于濮阳起逆，诏先护以本官为东道都督讨举平之，还镇。……寻转征西将军、东雍州刺史、假车骑将军、当州都督，常侍如故。"郑先护先后两任刺史都兼当州都督，并在平定地方叛乱中表现出较强的灵活性。在战时发挥过重要作用的制度，和平时期则成为弊端。东魏时尚书右仆射高隆之试图对这一战时之制进行改革，《北齐书》卷18《高隆之传》载："魏自孝昌已后，天下多难，刺史太守皆为当部都督，虽无兵事，皆立佐僚，所在颇为烦扰。隆之表请自非实在边要，见有兵马者、悉皆断之。"从一个侧面反映出孝昌之后，当州都督、当郡都督设置的普遍性。

当州都督、当郡都督之下还设有防城都督。《魏书》卷36《李裔传》："孝昌中，为定州镇军长史，加辅国将军，带博陵太守。于时逆贼杜洛周侵乱州界，寻假平北将军，防城都督。"《魏书》卷49《李瑾传》："葛荣反于河北，所在残害，诏瑾持节兼吏部郎中、东北道吊慰大使。至冀州，值葛荣围逼，敕授瑾防城都督。”《魏书》卷72《潘永基传》：“出为持节、平北将军、冀州防城都督、长乐太守。于时葛荣攻信都，长围遏水以灌州城。永基与刺史元孚同心戮力，昼夜防拒。”《周书》卷46《柳桧传》：“起家奉朝请。居父丧，毁瘠骨立。服阕，除阳城郡丞、防城都督。”防城都督因平乱所设，并在平定叛乱中起了很大作用。对于当州都督、当郡都督与防城都督之间的关系，陶新华先生已有论述，“当州都督既对州政府所在地的兵有指挥权，也就是对州防城都督有指挥权”，“当郡都督是较郡防城都督地位更高、职权更大的一种都督。”①

都督诸州军事之下有当州都督，当州都督之下有当郡都督，当州、当郡都督之下又有防城都督，统属关系十分明确，这就为都督的军职化与序列化准备了良好的条件。

行台对征讨都督的取代使都督军职化成为现实。北魏前期，大的军事行动皇帝往往要亲临指挥，数道并出，每道任命一都督。太平真君三年（442年）闰月，刘义隆龙骧将军裴方明、梁州刺史刘康祖寇南秦，南秦王杨难当败，奔于上邽。太武帝建宫殿于阴山之北，作为这次军事行动的总指挥部，“诏安西将军、建兴公古弼督陇右诸军及殿中虎贲与武都王杨保宗等从祁山南入，征西将军、淮阳公皮豹子与琅邪王司马楚之等督关中诸军从散关西入，俱会仇池。郁林公司马文思为征南大将军，进爵谯王，督洛豫诸军事南趣襄阳。征南将军、东安公刁雍东趣广陵，邀方明归路。”②四道并发，分别由四位都督统领。

显祖献文帝天安元年（466年），宋徐州刺史薛安都以彭城来降，宋明帝派青州都督张永、中领军沈攸之讨伐。献文帝派出两路大军，前往救援，“北部尚书尉元为镇南大将军、都督诸军事，镇东将军、城阳公孔伯恭为副，出东道救彭城。殿中尚书、镇西大将军、西河公元石

① 陶新华：《北魏地方都督制补论》，《求索》，2004年第2期；《地方军与地方都督》，《北魏孝文帝以后北朝官僚管理制度研究》，巴蜀书社，2004年，第281、282页。

②《魏书》卷4下《世祖太武帝纪》，第95页。

都督荆、豫、南雍州诸军事，给事中、京兆侯张穷奇为副，出西道救悬瓠。”①大败张永、沈攸之，尽有宋淮北四州及豫州淮西地，取得了巨大的胜利。

不由皇帝亲临或中央总体节度的军事行动，则往往命一将为都督作为最高军事统帅，节度各方军事力量进行征讨。《魏书》卷3《太宗纪》：泰常七年（422年）“刘裕卒，子义符僭立。秋九月，诏假司空奚斤节，都督前锋诸军事，为晋兵大将军、行扬州刺史，交址侯周几为宋兵将军、交州刺史，安固子公孙表为吴兵将军、广州刺史，前锋伐刘义符。”奚斤、公孙表本传对此事都有记载。《魏书》卷29《奚斤传》：“刘义符立，其大臣不附，国内离阻。乃遣斤收刘裕前侵河南地，假斤节，都督前锋诸军事、司空公、晋兵大将军、行扬州刺史，率吴兵将军公孙表等南征。”《魏书》卷33《公孙表传》：“刘裕死，议取河南侵地。……于是以奚斤为都督，以表为吴兵将军、广州刺史。”在这次军事行动中，奚斤为都督，率领宋兵将军周几、吴兵将军公孙表讨伐刘宋。

宋元嘉七年（430年），民和年丰，文帝刘义隆分兵两路，试图收复河南失地。右将军到彦之自清水入河、骁骑将军段宏直指虎牢，并遣使告北。道武帝“乃诏冀、定、相三州造船三千艘，简幽州以南戍兵集于河上以备之。”②并诏：“大鸿胪卿杜超假节、都督冀定相三州诸军事、行征南大将军、太宰，进爵为王，镇邺，为诸军节度。”③在这次军事防御中，杜超对冀、定、相三州及幽州以南戍兵具有全部指挥权，负责后方的军资供应及军事调遣。

同样的记载还有很多，《魏书》卷4上《世祖纪》：“(太延二年 < 436年 > ）赫连定之西也，杨难当窃据上邽。秋七月庚戌，诏骠骑大将军、乐平王丕等督河西、高平诸军讨之。”《魏书》卷16《江阳王继传》：“(太和二十二年 < 498年 > ）高车酋帅树者拥部民反叛，诏继都督北讨诸军事，自怀朔已东悉禀继节度。”《魏书》卷8《世宗纪》：

---

①《魏书》卷6《显祖献文帝纪》，第127页。

②《魏书》卷4上《世祖太武帝纪世祖纪》，第75页。

③《魏书》卷4上《世祖太武帝纪世祖纪》，第76页。

“(永平）二年（509年）春正月，萧衍遣王神念寇南兖。诏辅国将军长孙稚假平南将军为都督，率统军邴虬等五军以讨之。”皆是以都督节度诸军的军事行动。

世宗之后，由于汉化程度的加深，尚武精神的消退，疆域的扩大与稳定使皇帝不愿也不必常年在外东征西讨。原来随皇帝出征的行台由于地位的特殊性与行动的灵活性逐渐取代皇帝与征讨都督成为军事征讨活动的最高指挥机构。[①]永平五年（512年），梁巴西梓潼二郡太守张齐寇晋寿，世宗诏通直散骑常侍薛和“兼尚书左丞，为西道行台，节度都督傅竖眼诸军，大破齐军。”[②]熙平元年（516年），梁左游击将军赵祖悦偷据西硖石，肃宗派“镇南崔亮攻之，未克，又与李崇乖贰。诏（李）平以本官使持节、镇军大将军、兼尚书右仆射为行台，节度诸军，东西州将一以禀之，如有乖异，以军法从事。”[③]方面军也由行台属官指挥。《魏书》卷72《阳固传》：“大军征硖石，敕（阳固）为仆射李平行台七兵郎。平奇固勇敢，军中大事悉与谋之。又命固节度水军，固设奇计先期乘贼，获其外城。”神龟元年（518年），河州羌却铁葱反，杀害长吏，诏尚书北主客郎中源子恭“持节为行台，率诸将讨之。”[④]正光二年（521年），“南荆州刺史桓叔兴驱掠城民，叛入萧衍。衍资以兵粮，令筑谷陂城以立洛州，逼土山戍。诏晔持节，兼尚书左丞为行台，督诸军讨叔兴，大破之。”[⑤]在重大的军事行动中，则出现了数个行台协同作战的局面。《魏书》卷10《敬宗孝庄帝纪》：永安三年（530年），尔朱世隆反，“诏大都督、兼尚书仆射、行台源子恭率步骑一万出自西道，行台杨昱领都督李侃希等部募勇士八千往从东路，防讨之。子恭仍镇太行丹谷。世隆至建州，刺史陆希质拒守，城陷，尽屠之，唯希质获免。以

---

①祝总斌：《关于北魏行台的两个问题》，《周一良先生八十生日纪念论文集》，中国社会科学出版社，1993年。

②《魏书》卷42《薛和传》，第945页。

③《魏书》卷65《李平列传》，第1453页。

④《魏书》卷41《源贺传附子雍弟子恭传》，第933页。

⑤《魏书》卷36《李顺传附恃显弟晔传》，第847页。

中军将军、前东荆州刺史元显恭为使持节、都督晋建南汾三州诸军事、镇西将军、晋州刺史、兼尚书左仆射，为征西道行台，节度都督薛善乐、薛修义、裴元儁、薛崇礼、薛憘族等。”

原来征讨都督的地位在这一过程中悄悄地发生着变化。由于指挥统帅权的丧失，征讨都督失去了唯一性，而仅仅成为领兵打仗的将领，都督越来越多，表现出军职化倾向。在上文所提到的西硖石之战中，李崇本为都督江西诸军事、扬州刺史，另外参加这次战役的崔亮、萧宝夤、元融亦为都督，《魏书》卷66《崔亮列传》：“萧衍左游击将军赵祖悦率众偷据硖石。诏亮假镇南将军，齐王萧宝夤镇东将军，章武王融安南将军，并使持节、都督诸军事以讨之。”这些都督都由行台仆射李平节度。在讨尔朱世隆的军事行动中，行台杨昱麾下有都督李侃希，行台元显恭之下有薛善乐、薛修义、裴元儁、薛崇礼、薛憘族等数位都督。这些都督并无军事行动的决策权，而只是一支军队的将领而已。

都督的军职化倾向又导致都督的大量出现，在都督之上出现了大都督，都督之下出现了子都督，并形成迁升序列。《魏书》卷18《广阳王渊传》：“后河间王琛等为鲜于修礼所败，乃除深仪同三司、大都督，章武王融为左都督，裴衍为右都督，并受深节度。”《魏书》卷74《尔朱荣传》：“鲜于修礼之反也，荣表东讨，复进号征东将军、右卫将军、假车骑将军、都督并、肆、汾、广、恒、云六州诸军事，进为大都督，加金紫光禄大夫。”《周书》卷27《梁台传》：“孝昌中，从尔朱天光讨平关、陇，一岁之中，大小二十余战，以功授子都督，赐爵陇城乡男。普泰初，进授都督。”《周书》卷29《王杰传》：“魏孝武初，起家子都督。后从西迁，赐爵都昌县子。太祖奇其才，擢授扬烈将军、羽林监，寻加都督……累迁大都督、车骑大将军、仪同三司……”《周书》卷27《韩果传》：“以功授宣威将军、子都督。从太祖讨平侯莫陈悦，迁都督，赐爵邯郸县男。”

都督的军职化与序列化使得都督最终与都将、别将、统军等低级军职形成迁升序列。《北齐书》卷17《斛律金传》：“荣表金为别将，累迁都督。”《周书》卷27《梁椿传》：“椿初以统军从尔朱荣入洛，复从荣破葛荣于滏口，以军功进授都将。后从贺拔岳讨平万俟丑奴、萧宝夤等，迁中坚将军、屯骑校尉、子都督。”《周书》卷19《达奚武传》：“岳征关右，引为别将，武遂委心事之。以战功拜羽林监、子都督。及岳为侯莫陈悦所害，武与赵贵收岳尸归平凉，同翊戴太祖。”《北齐书》卷19《厍狄迴洛传》：“初事尒朱荣为统军，预立庄帝，转为别将，赐爵毋极伯。从破葛荣，转都督。”西魏大统时在都督之上又出现了帅都督。《周书》卷29《宇文盛传》：“从擒窦泰，复弘农，破沙苑，授都督、平远将军、步兵校尉，进爵为公，增邑八百户。除冯翊郡守，加帅都督、西安州大中正、通直散骑常侍、抚军将军，增邑三百户。累迁大都督、车骑大将军、仪同三司、骠骑大将军、开府仪同三司、盐州刺史。”《周书》卷34《元定传》：“以前后功，累迁都督、征东将军、金紫光禄大夫、帅都督，增邑三百户。”在西魏恭帝三年（556年）的官制改革中，正式将这一迁升序列写入制度之中：大都督，八命；帅都督，正七命；都督，七命；别将，正六命；统军，正五命；军主，四命；幢主，正三命。[①]

随着军职化与序列化的最终完成，都督迅速虚衔化，往往与将军号、文散官一齐授予官员，且不限于领兵将领。《周书》卷33《王悦传》：“（大统）十四年（548年），授雍州大中正、帅都督，加卫将军、右光禄大夫、都督。率所部兵从大将军杨忠征随郡、安陆，并平之。”《周书》卷11《冯迁传》：“魏恭帝二年（555年），就加车骑将军、大都督、通直散骑常侍，镇樊城”《周书》卷34《杨盛传》：“从李远积年征讨，每有战功。累迁至都督、辅国将军、中散大夫、帅都督、持节、平东将军、太中大夫、银青光禄大夫、大都督。”《周书》卷35《崔说传》：“累迁帅都督、抚军将军、通直散骑常侍、大都督、车骑大将军、仪同三司、都官尚书、定州大中正”。北周甚至规定，授柱国大将军、开府、仪同者皆加大都督，“周制：……授柱国大将军、开府、仪同者，并加使持节、大都督。”[②]府兵制实行之初，八柱国大将军、十

---

①《周书》卷24《卢辩传》，第405–406页。

②《周书》卷24《卢辩传》，第407页。

二大将军均被授予大都督称号。

原地方都督在被授予诸州军事的同时，亦被授予都督或大都督之号。《魏书》卷11《前废帝纪》："(普泰元年 <531年> 四月) 诏以齐献武王为使持节、侍中、都督冀州诸军事、骠骑大将军、开府仪同三司、大都督、东道大行台、冀州刺史"。《魏书》卷80《叱列延庆传》："(普泰中) 寻除都督恒云燕朔四州诸军事，大都督，兼尚书左仆射，山东行台，"《周书》卷14《贺拔岳传》："永熙二年（533年)，孝武密令岳图齐神武，遂刺心血，持以寄岳，诏岳都督二雍二华二岐豳四梁三益巴二夏蔚宁泾二十州诸军事、大都督。"《北齐书》卷4《文宣纪》："(天保六年（555年)) 二月甲子，以陆法和为使持节、都督荆雍江巴梁益湘万交广十州诸军事、太尉公、大都督、西南道大行台"。

在这种情况下，都督已经不再适合作为地方军镇要员的头衔，东魏北齐顺应北魏后期行台地方化的既成事实，以行台取代都督诸州军事，北周则改都督诸州军事为总管制。

三、行台性质的演变

作为地方军政机构的行台虽然形成于北朝，但行台却不始于北朝。《通典》卷22《职官四》："行台省，魏晋有之。昔魏末晋文帝讨诸葛诞，散骑常侍裴秀、尚书仆射陈泰、黄门侍郎钟会以行台从。"牟发松先生又向上追溯到魏黄初年间。[①]

魏晋南朝行台的实质是出行在外的临时中央政府，与京师的留台相对应。虽然由一大臣"总署行台"[②]，但始终没有脱离皇帝而独立存在。魏晋南朝为数不多的行台记载中，都有皇帝的影子。行台一词最早出现

① 牟发松：《魏晋南朝的行台》，《魏晋南北朝隋唐史资料》第9、10辑，1988年。

②《三国志》卷22《陈群传附子泰传》，第641页。

于魏明帝时，“明帝幸许昌，召观为治书侍御史，典行台狱。”①此行台有明帝在。甘露二年（257年），司马昭讨诸葛诞，尚书仆射陈泰、散骑常侍裴秀、黄门侍郎钟会以行台从，其所以称行台，是因为有高贵乡公曹髦与皇太后亲征。虽然以尚书随行是效法司马师，“昔相国大司马征讨，皆与尚书俱行，今宜如旧。”②但未见随司马师征讨的尚书称行台。

最能说明行台这一特征的是永嘉之乱怀帝被俘之后数个行台并立的局面：

俄而京师陷，晞与王讚屯仓垣。豫章王端及和郁等东奔晞，晞率群官尊端为皇太子，置行台。（《晋书》卷61《苟晞传》，1670）

值京师失守，秦王出奔密中，司空荀藩、藩弟司隶校尉组，及中领军华恒、河南尹华荟，在密县建立行台，以密近贼，南趣许颍。（《晋书》卷60《阎鼎传》，1646）

是年（永嘉七年＜313年＞），晋雍州刺史贾疋、京兆太守阎鼎，以晋怀帝为刘聪所执，共立怀帝兄子秦王业为太子，于长安称行台。（《魏书》卷1《序纪·穆帝纪》，8）

时刘琨大为刘聪所迫，诸避乱游士多归于浚。浚日以强盛，乃设坛告类，建立皇太子，备置众官。浚自领尚书令……③（《晋书》卷39《王沈传附子浚传》，1148）

这四个行台或由中央朝官立、或由地方势力立，但有一个共同的特征，即都拥立一个司马氏家族成员为皇太子。

晋宋时期还有在皇帝缺位的情况下所建的行台，这是否说明晋宋时期的行台可以脱离皇帝独立存在呢？否。我们只要稍微考察这些行台建立的背景，就能明白。

东晋咸和二年（327年），豫州刺史祖约、历阳太守苏峻反，攻陷台

---

①《三国志》卷24《王观传》，第694页。

②《魏书》卷4《三少帝纪·高贵乡公髦纪》，第140页。

③此条“虽史籍不载其为行台，但他既以荀藩为‘留台太尉’，则自当为行台无疑。”（牟发松：《魏晋南朝的行台》，《魏晋南北朝隋唐史资料》第9、10辑，1988年，第95页。）

城，劫持成帝，护军将军庾亮、平南将军江州都督刺史温峤推征西大将军荆州都督刺史陶侃为盟主，共讨约、峻。两军相接，义军屡败，又值温峤军粮殆尽，陶侃“便欲西归，更思良算”[①]，眼看义军将要解散，温峤乃“创建行庙，广设坛场，告皇天后土祖宗之灵”，又“立行台，布告天下，凡故吏二千石、台郎御史以下，皆令赴台。”[②]温峤建行台的目的很明显是以皇权为号召力，把即将溃散的各方将士团结起来。这一举措的效果非常明显，史称“于是至者云集”。东晋末年，刘裕组建过同样性质的行台，元兴中，桓玄篡位，刘裕攻陷建康，桓玄劫安帝至寻阳。刘裕乃于建康“置留台，具百官。”[③]《晋书》卷99《桓玄传》称“立行台，总百官。”这两次勤王行动，单凭温峤或刘裕的影响力不足以威慑群下，于是便组建行台，显然是为了借助皇权的力量将各方力量组织起来，皇帝仍然是这个行台的灵魂，不在如在。

宋武帝刘裕崩，少帝刘义符即位，司空徐羡之、中书监傅亮、领军将军谢晦辅政。因少帝无行失德，乃废少帝，欲立荆州都督刺史宜阳王刘义隆为帝。景平二年（424年）七月，由傅亮“率行台至江陵奉迎”[④]。这个行台显然是为新君刘义隆所备。

魏晋南朝行台成员的构成也表明了行台临时中央政府的性质。上举明帝许昌行台中，有治书侍御史王观。甘露二年（257年）高贵乡公曹髦亲征所随行台成员除了尚书仆射陈泰，还有散骑常侍裴秀、给事黄门侍郎钟会。永嘉之乱中荀晞拥豫章王司马端所立行台中，荀晞为太子太傅、都督中外诸军、录尚书，另一重要成员傅祗为司徒。荀藩等人拥秦王邺所立行台中，荀藩为司空、荀祖为司隶校尉，还有中领军华恒、河南尹华荟。后秦王邺又被挟持到长安，由雍州刺史贾疋、京兆太守阎鼎拥立建行台。温峤、刘欲所立行台的主要成员无疑是一些重要的都督刺史等领兵者。对于傅亮所率行台成员，《宋书》卷5《文帝纪》有详细

①《晋书》卷67《温峤传》，第1793页。
②《晋书》卷67《温峤传》，第1794页。
③《晋书》卷10《安帝纪》，第256页。
④《宋书》卷43《傅亮传》，第1337页。

记载："侍中臣琇、散骑常侍臣嶷之、中书监尚书令护军将军建城县公臣亮、左卫将军臣景仁、给事中游击将军龙乡县侯臣隆、越骑校尉都亭侯臣纲、给事黄门侍郎臣孔璩之、散骑侍郎臣刘思考、员外散骑侍郎臣潘盛、中书侍郎臣何尚之、羽林监封阳县开国侯臣萧思话、长兼尚书左丞德阳县侯臣孙康、吏部郎中骑都尉臣张茂度、仪曹郎中臣徐长琳、仓部郎中臣庾俊之、都官郎中臣袁洵等"。这些行台成员包括三公、尚书中书门下集书诸省、御史台、禁卫、都督刺史太守等中央与地方官员，几乎涵盖了王朝的各个机关与部门，而不仅仅是尚书台官员。所以魏晋南朝行台的实质为临时中央政府，与北朝取代都督诸州军事、作为地方行政机构的行台迥然不同。正是在这一意义上，杜佑称"江左无行台"。[1]

北朝在十六国时期便出现了与南朝行台性质不同的行台。为了讨论方便，我们将这几个行台胪列如下：

后赵：勒以成周土中，汉晋旧京，复欲有移都之意，乃命洛阳为南都，置行台治书侍御史于洛阳。（《晋书》卷105《石勒载记下》，2748）

前燕：（晋永和八年＜252年＞）儁即皇帝位……改司州为中州，建留台于龙都，以玄菟太守乙逸为尚书，专委留务。（《资治通鉴》卷99《晋纪二十一》，3131）

后燕：（晋太元十四年＜389年＞）建留台于龙城，以隆录留台尚书事。又以护军将军平幼为征北长史，散骑常侍封孚为司马，并兼留台尚书。（《资治通鉴》卷107《晋纪二十九》，3387）

后燕：（晋太元十六年＜391年＞）燕置行台于蓟，加长乐公盛录行台尚书书事。（《资治通鉴》卷107《晋纪二十九》，3398）

和魏晋南朝的行台相比：一、这些行台（留台）的主人不再是皇帝，因而不再具有临时中央政府的性质。二、设置时间较长。后赵洛阳行台罢于何时不得而知。前燕龙城留台自晋永和八年（252年）慕容儁称帝设置至升平元年（357年）尚书乙逸被征[2]，至少存在了五年时间。

---

①《通典》卷22《职官四》，第611页。

②《资治通鉴》卷100《晋纪二十二》，第3160页。

后燕龙城留台设于太元十四年（389年），蓟行台设于太元十六年（391年），直到太元二十年（395年）因与魏战争的需要才以清河公会代高阳王隆镇龙城、以阳城王兰汗代长乐公盛镇蓟。[①]可能终后燕之世，这两个行台（留台）一直存在。三、行台官员的构成比较单一。除后赵洛阳行台以治书侍御史为长官外，前燕、后燕行台的官员皆为尚书官。前燕龙城留台长官乙逸为尚书；后燕龙城留台长官慕容隆为录尚书事，其两位属佐平幼、封孚皆为尚书；蓟行台长官慕容盛亦录行台尚书事。四、行台官员多兼地方官。前燕龙城留台尚书乙逸兼幽州刺史[②]，后燕龙城留台慕容盛为都督幽平二州诸军事、征北大将军、幽州牧，两位尚书分别为其府长史、司马[③]。

这些行台不再具有临时中央政府的性质，且长期设置、行台官员多兼地方官，是否就可以认为这些行台已经地方化了呢？不能。因为这些行台的设置地有一个引人注目的共同之处，即皆设于“都”，或于旧都，如燕之龙城、蓟，或为欲迁之都，如后赵之洛阳[④]。表明这些行台仍然没有摆脱中央机构的性质，其所处理的事务当超出地方官的工作范畴，是中央设于特殊地方的分支机构。由于其成员皆被命以尚书省官，所以这类行台可以称为尚书省的分支机构，具有一定的稳定性与独立性。

北魏道武帝天兴年间所置的邺、中山行台性质与此相同。“帝至邺，巡登台榭，遍览宫城，将有定都之意。乃置行台，以龙骧将军日南公和跋为尚书，与左丞贾彝率郎吏及兵五千人镇邺。……帝虑还后山东

①《资治通鉴》卷108《晋纪三十》，第3425页。

②《资治通鉴》卷100《晋纪二十二》，第3160页。

③《资治通鉴》卷107《晋纪二十九》，第3387页。

④与之相同的还有赫连勃勃设于长安的南台。宋永初中，赫连勃勃赶走镇守长安的刘义真，称帝。群臣劝其定都长安，赫连勃勃说：“朕岂不知长安累帝旧都，有山河四塞之固。但荆吴僻远，势不能为人之患。东魏与我同壤境，去北京裁数百余里，若都长安，北京恐有不守之忧。朕在统万，彼终不敢济河，诸卿适未见此耳。”于是以世子赫连璝领大将军、雍州牧、录南台尚书事。（《晋书》卷130《赫连勃勃载记》，第3210页）赫连勃勃并非不想定都长安，而是认为时机还未成熟，所以先于长安设南台作为过渡，与石勒的洛阳行台异曲同工。

有变，乃置行台于中山，诏左丞相、守尚书令、卫王仪镇中山，抚军大将军、略阳公元遵镇勃海之合口。”[①]中山为后燕都城、邺为道武帝欲迁之都。行台官员皆命以尚书官。[②]

天兴三、四年（400、401年），中山、邺行台相继被罢，[③]这类行台销声匿迹。至孝文帝世，在拓疆辟土的征战中，由于皇帝多亲自出征，行台的形式主要表现为随驾行台。孝文帝之后，随着皇帝出行的减少，在随驾行台之外，又出现了作为中央使者的行台（或称出巡行台）及统军监军行台。这些行台官员多从尚书省中选调，在有记载的景明至正光四年的20例行台中，长官来自尚书省的有14人次，比例高达70%。[④]行台属佐也多来自尚书省，如“频为左仆射源怀引为行台郎”的宋世景本官为尚书祠部郎，[⑤]熙平元年跟随李平节度讨硖石诸军的两位行台郎，刘懋本官为员外常侍领考功郎中，阳固本官为尚书考功郎。[⑥]

正光二年（521年），在张普惠的西道行台中有中散大夫封答与员外常侍杨公熙[⑦]，表明此期行台仍留有随驾行台的痕迹。不过，元琛“既总军省”[⑧]表明了行台的性质已经发生了变化，“省”表明行台已经不具备临时中央政府的性质，而只是尚书省的一个派出机构。这些行台因事而设，事毕即罢，存在时间长不足半年，短则月余；行台官员事后则还任本官，不具稳定性与独立性。[⑨]

正光五年（524年）至武泰年间，以六镇为首，各地的叛乱风起云

①《魏书》卷2《太祖道武帝纪》，第31页。

②此处参考了牟发松先生的研究成果，《北朝行台地方官化考略》之《十六国与北魏初期驻治地方的行台》部分，载《文史》第33辑，1990年。

③《魏书》卷2《太祖道武帝纪》，第38页。

④其他6例，来自于中央其他部门的3例，由地方官充任的3例，各占15%。

⑤《魏书》卷88《良吏传·宋世景传》，第1902页。

⑥分别见：《魏书》卷55《刘芳列传附从子懋传》，第1230页；《魏书》卷72《阳尼传附从孙固传》，第1611页。

⑦《魏书》卷78《张普惠传》，第1741页。

⑧《魏书》卷20《河间王若传附嗣子琛传》，第529页。

⑨牟发松：《六镇起义之前的北魏行台》，《魏晋南北朝隋唐史资料》第11期，1991年。

涌，南朝萧梁也趁机入侵，行台被大量地派往各地进行军事节度。尚书省作为中央的一个部门，已经没有能力承担起行台的全部人力资源，于是行台官员的来源便发生了结构性变化。这一时期，行台长官有明确来源记载的有35例，其中来自尚书省的9例，来自中央其他部门的16例，来自地方官员的9例，其他的1例。这些数据表明，行台长官由主要来源于尚书省转变为以中央其他部门官员为主，已近半壁江山；来自于尚书省的急剧下降，由原来的70%降到了27%，由地方官充任行台长官的则呈上升趋势，有原来的15%升到27%。由中央官任长官的行台也表现出地方化的趋势，这些行台或因军事行动的旷日持久，或即使战争结束，统治仍不稳定，不得不常设于地方，在一些军事重镇，行台区的形成已经初露端倪。①

行台属佐的来源也呈现出同样的变化趋势。在萧宝夤的西道行台中，行台郎封伟伯本官为太学博士、苏湛本官为员外散骑侍郎、高道穆本官为太尉铠曹参军；②魏子建的山南行台中，郎中李苗本官为员外散骑侍郎；③裴延儁的西北道行台中，行台郎郦恽本官为奉朝请；④元延明的东道行台中，台郎郑伯猷本官为太学博士领殿中御史；⑤长孙承业的行台中，郎中裴伯茂本官亦为奉朝请。⑥在行台长官兼任地方官的行台中，一些行台属官则直接来自于地方府佐。如孝昌中，在萧宝夤的西道行台中，行台左丞崔士和原为萧宝夤督府长史；⑦魏子建山南行台中的郎中辛俊原为东益州征虏府外兵参军；⑧常景的幽州行台中，台郎崔忻原为荆州平南

---

①具体参见：祝总斌：《关于北魏行台的两个问题》，《周一良先生八十生日纪念论文集》，中国社会科学出版社，1993年；牟发松：《北朝行台地方官化考略》，载《文史》第33辑，1990年。

②《魏书》卷32《封懿传附轨子伟伯传》，第766页；《魏书》卷45《韦阆传附苏湛传》，第1017页；《魏书》卷77《高崇传附子道穆传》，第1714页。

③《魏书》卷71《李苗传》，第1596页。

④《魏书》卷42《郦范传附从子恽传》，第952页。

⑤《魏书》卷56《郑羲列传附从孙伯猷传》，第1244页。

⑥《魏书》卷85《文苑传·裴伯茂传》，第1872页。

⑦《魏书》卷9《肃宗孝明帝纪》，第245页；《魏书》卷66《崔亮列传》，第1481页。

⑧《魏书》卷77《辛雄传附琛子悠传》，第1701页。

府外兵参军；①长孙稚的西道行台中，左丞杨侃原为雍州府录事参军。②

虽然此一时期行台表现出明显的地方化趋势，但行台仍不具独立性。我们先看下面一段话：

(正光六年 <525 年> 十月) 贼帅宿勤明达、叱干骐驎等寇乱豳华诸州，乃复 (元) 颢王爵 (北海王，二千户)，以本将军 (抚军将军) 加使持节、假征西将军、都督华豳东秦诸军事、兼左仆射、西道行台，以讨明达。颢转战而前，频破贼众，解豳华之围。以功增封八百户，进号征西将军。又除尚书右仆射，持节、行台、都督如故。寻迁车骑大将军、仪同三司，余如故。值萧宝夤等大败于平凉，颢亦奔还京师。(《魏书》卷 21 上《北海王详传附子颢传》，564)

元颢先被御史弹劾除名。后莫折念生部下宿勤明达寇豳华等州，才恢复北海王爵、抚军将军，另假征西将军、都督华豳东秦诸军事、兼左仆射西道行台讨明达。捷报频传，元颢也增封进号，军号与封爵是附属于个人的，无论在什么职位上升降都不受影响。值得我们注意的是“又除尚书右仆射”这句话，元颢的行台职是尚书左仆射，而此时又是因功除授，应为升迁，尚书台官尚左，右仆射职低于左仆射职，且其行台官如故，所以此尚书右仆射职当为中央尚书省职。这表明行台职仍不是一个正式的职位，行台仍是一个临时性的机构。

无独有偶，《魏书》卷 42《郦恽传》：“又举秀才，射策高第，为奉朝请。后延儁为讨胡行台尚书，引为行台郎。以招抚有称，除尚书外兵郎，仍行台郎。及延儁解还，行台长孙稚又引为行台郎，加征虏将军。” 郦恽以奉朝请为裴延俊讨胡行台郎，后因招抚得力，除尚书外兵郎，当为因功升迁。③“仍行台郎”表明郦恽所迁的外兵郎不为行台职，而为中央尚书省职。

庄帝建义初至魏末，行台继续沿着地方化的方向发展，来自尚书省

---

①《魏书》卷 49《崔鉴传附子秉传》，第 1105 页。

②《魏书》卷 58《杨播列传附子侃传》，第 1282 页。

③《后职令》：奉朝请，从七品下；尚书外兵郎，第六品下。(《魏书》卷 113《官氏志》，第 3001、2999 页。)

的行台长官仍在减少，由地方官任行台的仍呈上升趋势。在来源有稽可查的49例中，来自尚书省的仅有5例，所占比例只有10%，来自地方官的有18例，占37%。且此期行台多兼任地方官，在笔者统计的76例行台中，有32例兼任地方官，已近一半。行台区已经比较稳定，据严耕望先生考证，北魏末期有关西行台、并州北道行台、晋州行台、冀相定等州河北行台、荆州行台、豫州行台、徐州行台七个固定的行台区。[①]牟发松先生进行了更加细微的考证与统计，认为除此之外，还有梁益山南行台区，并按时间先后列出了各个行台区行台长官的名字。[②]

行台官员的迁升已经可以在行台内部进行，而不必转道经由中央官。尔朱仲远由行台尚书左仆射迁行台尚书令。[③]在高欢的东道大行台中，敬显俊由行台仓部郎中转都官尚书，杨愔由行台郎中转行台右丞。[④]行台之间也可以互相迁转，《魏书》卷36《李希宗传》："寻为东南道行台邸珍右丞，与诸军讨贼于彭沛，克之，转齐献武王大行台郎中。"

行台也具有了一定的人事权，《魏书》卷75《尔朱仲远传》：

（尔朱仲远）转使持节、本将军、徐州刺史、兼尚书左仆射、三徐州大行台。寻进督三徐州诸军事，余如故。仲远上言曰："将统参佐，人数不足，事须在道更仆以充其员。窃见比来行台采募者皆得权立中正，在军定第，斟酌授官。今求兼置，权济军要。"诏从之。于是随情补授，肆意聚敛。

"行台采募者皆得权立中正"表明行台立中正的现象已经非常普遍。但一个"权"字又透露出行台立中正并非定制，权臣如尔朱仲远者亦须经中央批准才能置。

行台属佐不随行台长官的调离而废罢，也表明了行台作为一个独立

---

①严耕望：《北魏末年行台区》，《中国地方行政制度史（乙部）——魏晋南北朝地方行政制度》，中研院历史语言研究所，1997年，第806–810页。

②牟发松：《北朝行台地方官化考略》，载《文史》第33辑，1990年。

③《魏书》卷75《尔朱彦伯传附弟仲远传》，第1666页。

④《北齐书》卷26《敬显俊传》，第371页；《北齐书》卷34《杨愔传》，第455页。

机构的稳定性。《魏书》卷93《王翔传》：“上党王天穆以（王翔）为北道行台郎中。尔朱荣代天穆为大行台，仍为吏部郎。”

如果说北魏末行台内部的升迁还只局限于权臣行台中的话，东魏北齐时行台内部的升迁则成为一种普遍现象。兹举几例：

独孤永业：乾明初，出为河阳行台右丞，迁洛州刺史，又转左丞，刺史如故，加散骑常侍。宜阳深在敌境，周人于黑涧筑城戍以断粮道，永业亦筑镇以抗之。治边甚有威信，迁行台尚书。（《北齐书》卷41《独孤永业传》，544）

元景安：（天统）四年（568年），除豫州道行台仆射、豫州刺史，加开府仪同三司。武平三年（572年），进授行台尚书令，刺史如故，封历阳郡王。（《北齐书》卷41《元景安传》，542）

卢潜：肃宗作相，以潜为扬州道行台左丞。……迁合州刺史，左丞如故，又除行台尚书，寻授仪同三司。（《北齐书》卷42《卢潜传》，555）

高润：除河阳道行台尚书令……就拜司空公，行台如故。俄迁司徒、录尚书事，仍拜太尉公，顷之，迁大司马，入为司州牧。（《高润墓志》[①]）

段懿“累迁行台右仆射”[②]表明行台已经成为正式的职位，可以成为官员迁转中的一个环节。

北魏末期的行台区由军事重镇自然演变而成，并未遍布全境，东魏北齐的行台区则除都城邺附近及青齐一带，基本上覆盖全境。各行台区有比较稳定的辖区，行台长官亦例兼驻治州刺史，有些人连续出任某地行台近十年甚至十多年。行台兼治军民的权力得到了法律肯定，已经完全取代都督诸州军事而成为州郡之上的最高一级地方行政机构。[③]

---

①磁县文化馆：《河北磁县北齐高润墓》，《考古》，1979年第3期。

②《北齐书》卷16《段荣传附子韶传》，第214页。

③严耕望：《东魏北齐行台区》，《中国地方行政制度史（乙部）——魏晋南北朝地方行政制度》，中研院历史语言研究所，1997年，第810-815页。牟发松：《东魏北齐的地方行台》，载《魏晋南北朝隋唐史资料》第9、10辑，1988年；《北朝行台地方官化考略》，载《文史》第33辑，1990年。

四、东魏北齐行台长官的等级

与都督区、总管区不同的是，行台区没有上下统属关系的等级之分，行台长官则有不同的等级。关于东魏北齐行台的设官，《隋书》卷27《百官志中》：“行台，在令无文。其官置令、仆射。其尚书丞郎，皆随权制而置员焉。其文未详。”似乎行台长官为令、仆射，属佐为尚书、丞、郎；长官必备，属佐则随需而定。事实上并非如此。

首先，仆射有左右之分。《北齐书》卷41《傅伏传》：“又有雷显和，晋州败后，为建州道行台左仆射，周帝使其子招焉、显和禁其子而不受。”《北齐书》卷16《段韶传》：“(段深) 武平末，徐州行台左仆射、徐州刺史。”此为行台有尚书左仆射之证。任行台右仆射的也不乏其例。《北齐书》卷41《皮景和传》：“事平，除[1]尚书右仆射、赵州刺史。寻迁河南行台尚书右仆射、洛州刺史。”皮景和两次出任行台长官均为右仆射。《北齐书》卷15《潘乐传》：“武平末，(潘乐) 为幽州行台右仆射、幽州刺史。”《北齐书》卷41《傅伏传》：“周克晋州，执获行台尉相贵，以之招伏，伏不从，后主亲救晋州，以伏为行台右仆射。”

其次，在尚书令之上有录尚书事。1975年于河北磁县东槐树村出土的高润墓志详细记载了高润的历官情况：[2]

除河阳道行台尚书令……就拜司空公，行台如故。俄迁司徒、录尚书事，仍拜太尉公，顷之，迁大司马，入为司州牧……复兼录尚书、大司马、州牧如故，……进位太保，复除河阳道行台录尚书事，寻迁太师，俄拜太宰，又出为定州刺史。

高润第一次任河阳道行台时为尚书令，之后在行台任上就拜司空、司徒，并由尚书令迁为录尚书事。第二次出任河阳道行台便为录尚书

①中华书局校勘记：“除”字下当脱“某某行台”四字。

②磁县文化馆：《河北磁县北齐高润墓》，《考古》，1979年第3期。

事。就史料记载来看，北齐录行台尚书事只此一例，墓志称高润为“文穆皇帝之孙，高祖神武皇帝之第十四子，文襄、文宣、孝昭、武成四帝之爱弟，皇帝之季父也”，身份比较特殊。联系到北魏东魏时期录行台尚书事的都为权臣，①可知北齐以录尚书事为行台长官并不会轻易授人。

再次，尚书仆射之下的尚书及丞也可以为行台长官。武定五年（547 年）至天保三年（564 年），辛术以尚书为东南道行台，《北齐书》卷 38《辛术传》：“武定五年（547 年），侯景叛，除东南道行台尚书，封江夏县男，与高岳等破侯景，擒萧明。迁东徐州刺史，为淮南经略使。”天保六年（564 年）至八年（566 年），赵彦深以尚书为东南道行台，《北齐书》卷 38《赵彦深传》：“出为东南道行台尚书、徐州刺史，为政尚恩信。为吏人所怀，多所降下。所营军处，士庶追思。号赵行台顿。”

以尚书丞为行台长官的有王峻、阳斐、苏琼等。乾明初至河清初，王峻以左丞为河阳道行台，《北齐书》卷 25《王峻传》：“废帝即位，除洛州刺史、河阳道行台左丞。皇建中。诏于洛州西界掘长堑三百里，置城戍以防间谍。河清元年，征拜祠部尚书。”天保七年（565 年）至乾明元年（560 年），阳斐先以左丞为扬州道行台，后又以左丞为东南道行台，《北齐书》卷 42《阳斐传》：“行南谯州事。加通直散骑常侍，寿

①庄帝时尔朱荣为使持节、侍中、都督河北诸军事、天柱大将军、大丞相、太师、领左右、兼录尚书、北道大行台；前废帝立，授尔朱兆使持节、侍中、都督中外诸军事、柱国大将军、领军将军、领左右、并州刺史、兼录尚书事、大行台；中兴元年（531 年）十月，后废帝以高欢为侍中、丞相、都督中外诸军事、大将军、录尚书事、大行台；武定五年（547 年），高欢死，孝静帝以高欢长子高澄为使持节、大丞相、都督中外诸军事、录尚书事、大行台；武定七年（549 年）八月，高澄遇刺身亡，武定八年（550 年）正月，孝静帝以高澄弟高洋为使持节、丞相、都督中外诸军事、录尚书事、大行台。（分别见：《魏书》卷 74《尔朱荣传》，第 1655 页；《魏书》卷 75《尔朱兆传》，第 1663 页；《魏书》卷 11《后废帝纪》，第 279 页；《魏书》卷 12《孝静帝纪》，第 310 页；《北齐书》卷 3《文襄》，第 32 页；《魏书》卷 12《孝静帝纪》，第 312 页；《北齐书》卷 4《文宣纪》，第 44 页。）这些行台基本上都兼丞相、都督中外诸军事职，已事实上经取代中央政府成为权力中心。具体论述参见：牟发松：《北魏末以降的大行台与权臣专政》，《邺城暨北朝史研究》，河北人民出版社，1991 年。

阳道行台左丞。迁散骑常侍，食陈留郡干。未几，除徐州刺史，带东南道行台左丞。乾明元年（560年），征拜廷尉卿，迁卫大将军。”皇建中，苏琼以左丞为徐州行台，《北史》卷86《苏琼传》：“皇建中，赐爵安定县男、徐州行台左丞，行徐州事。”

上举各例都是以左丞为行台，右丞是否可以为行台长官呢？《北齐书》卷41《独孤永业传》：“乾明初，出为河阳行台右丞，迁洛州刺史，又转左丞，刺史如故，加散骑常侍。”乾明初，独孤永业为河阳行台右丞，但不为行台长官，上文已经提到王峻自乾明初至河清初一直为河阳道行台长官，独孤永业为王峻之副。直到王峻征拜祠部尚书之后，独孤永业才以左丞为行台长官。

据上所考，行台长官最高为录尚书事，最低为尚书左丞，仆射有时又分左右，那么自尚书左丞至录尚书事，行台长官至少有六个等级。

五、北周总管的等级

《隋书》卷28《百官志下》：“州，置总管者，列为上中下三等。”三等总管的品级分别是：上总管，视从二品；中总管，视正三品；下总管，视从三品。三等总管之上又置大总管，“时天下唯置四大总管，并、扬、益三州，并亲王临统，唯荆州委于世康，时论以为美。”[①]大、上、中、下四等，隋总管的等级划分非常明确。如此条分缕析、井井有条的总管制并非无源之水、无本之木，是周时已经存在的等级区分明确化、制度化的结果。周时总管虽然没有明确的等级区分，但隶属关系与重要程度却已然可辨。[②]

①《隋书》卷47《韦世康传》，第1267页。

②以下的讨论以严耕望先生对周隋总管区的考证为基础。《北周总管区》，《中国地方行政制度史（乙部）——魏晋南北朝地方行政制度》，中研院历史语言研究所，1997年，第451–503页；《隋代总管府考》，《中国学志》（第六本），第23–54页，1972年。

秦州总管区是周关中地区一个非常重要的管区，承北魏陇右都督区而来，督区较广。西魏末，宇文导为“陇右大都督、秦南等十五州诸军事、秦州刺史”[①]；保定二年（562年），宇文广“除秦州总管、十三州诸军事、秦州刺史。”[②]此管区以陇右为限，自陇以西黄河以南，秦、渭、河、岷、洮诸州及其以西以南地区，且或逾河统凉甘瓜等州。以此观之，统河、封、洮三州的河州总管区与统凉甘瓜三州的凉州总管区则是由其管辖的二级总管区。

泾州总管区是周关中地区的另一个重要管区，与秦州总管区东西并立，辖区为泾、豳、灵、云、盐、显六州。置于灵武郡的灵州总管区应为其所辖的二级管区。

陕州总管区是与齐接境的军事重镇，几次大的周齐交锋便发生在这里。此管区大至七八州及十余防至二十防。以陕、虞、熊三州为枢纽，潼关以东、洛阳以西，夹河两岸地区皆为其所统。统中徐虞洛四州的中州总管区是其下属的二级管区。

荆州总管区是与南朝梁陈对峙的重要管区。周初管区达五十二州。侯莫陈顺“出为荆州总管、山南道五十二州诸军事、荆州刺史。孝闵帝践阼，拜少师，进位柱国。”[③]史宁“孝闵帝践阼，拜小司徒，出为荆襄淅郢等五十二州及江陵镇防诸军事、荆州刺史。”[④]辖江陵等五防及基、鄀、硖、平四州的江陵总管区与辖并、安、肆、郢、新、应六州的安州总管区是其二级管区。

保定二年（562年）六月，“分山南荆州、安州、襄州、江陵为四州总管。”[⑤]荆州总管区降至与安州、襄州、江陵总管区平等的地位。可能是由于皇子出镇的原因，保定五年（565年），以卫国公宇文直为襄州

① 《周书》卷10《邵惠公颢列传附导传》，第155页。注：“南”字下有脱文，第162页。

② 《周书》卷10《邵惠公颢列传附导子广传》，第156页。

③ 《周书》卷19《侯莫陈顺传》，第308页。

④ 《周书》卷28《史宁传》，第468页。

⑤ 《周书》卷5《武帝纪上》，第67页。

总管，并令“荆州、安州、江陵等总管并隶襄州总管府”[①]，襄州取代荆州又成为总管之总管，地位自然高于荆州、安州、江陵等总管。隋四大总管之一的荆州大总管即由此而来。

建德六年（577 年），周灭齐，在齐原行台区的基础上设置了河阳、幽州、青州、南兖州、豫州、徐州、北朔州、定州、并州等总管府，同时与相州、并州二总管府各置宫及六府官，作为旧齐之地的统治重心。相、并二总管的地位自然高于其他总管府。除此之外，还设置了郑州、司州、西兖州、仁州等总管府，这些总管府旋即废除，地位自然又不如河阳、幽州等总管府。

依辖州多少来划分都督等级是北魏的制度传统，隋将总管列为上、中、下三等恐怕也是以此为准。周时总管辖州的多少也明确显示出总管地位的不同。“大抵一般情形，总管三四州者为多，共占四之一以上，多则七州上下（六、七、八），亦占四之一。再多则十至十五州，约得四之一至五之一。此经制也。”[②]即一般情况下，北周总管府所统区域有三等之分：三四州、七州上下、十至十五州。另有特大与特小者。特大者统二、三十州，甚至五十多州。益州总管府是西南地区的一个大总管区，常管十八州，齐王宪时管二十四州，库狄峙时达三十一州。管区之大、兵权之重，以致周隋政权更替之际益州总管王谦举兵向阙，后不得不将其肢解，分为潼州、泸州二总管府。上文提到的将荆州总管府一分为四的作法恐怕也是出于同样的考虑。

北周总管辖区之小只有一州者如西宁州总管府，仅辖西宁州一州；另如宕州、扶州、廓州等总管府亦可能仅辖一州，其总管之地位与辖二三十州的总管自然是天壤之别。

虽然我们不能以此将周之总管划分为五个等级，但周总管等级区分的实际存在却是不容辩驳的事实。隋总管区多承周而来，甚至跻身四大总管区的益、并、荆总管区在周时已具雏形。隋总管的等级区分只不过

---

① 《周书》卷 5《武帝纪上》，第 71 页。

② 严耕望：《中国地方行政制度史（乙部）——魏晋南北朝地方行政制度》，中研院历史语言研究所，1997 年，第 496 页。

是将周时已经存在的等级区分明确化、制度化而已。

这里，我们顺便讨论一下副总管的问题。王仲荦先生在《北周六典》中谈到："按北周惟江陵置副总管，其余符府，不置副总管也。"[1]事实上，其他总管区可能也置副总管，只是史书中没有用"副总管"来记其官职而已。

《周书》卷5《武帝纪上》："(保定五年 < 565 年 > 正月）以柱国、大司空、卫国公（宇文）直为襄州总管。"天和二年（567 年）九月，坐免官。[2]拓跋俭保定"四年（564 年），治襄州……控驭五十州，风行数千里……天和元年（566 年），陕州刺史、都督八州二十防诸军事，解荊州总管，余悉如故。"[3]宇文直保定五年（565 年）至天和二年（567 年）间为襄州总管，拓拔俭保定四年（564 年）至天和元年（566 年）间为襄州总管。保定五年（565 年）至天和元年（566 年）则二人同在襄州总管任上，很可能宇文直为总管，拓拔俭为副总管。严耕望先生对此的解释是："南北朝时代，常以皇子出镇，而任长史或他官为行事，代掌政务，疑《周书》及此碑所谓'治'者即'行事'也。"[4]即便如严先生所说，拓拔俭仅为行事，不为副总管，那么下面这个例子则无论如何不能这样解释。

李贤：（保定）四年（564 年），王师东讨，朝议以西道空虚，卢羌、浑侵扰，乃授贤使持节、河州总管、三州七防诸军事、河州刺史。河州旧非总管，至是创置焉。……五年（565 年），宕昌寇边，百姓失业，乃于洮州置总管府以镇遏之。遂废河州总管，改授贤洮州总管、七防诸军事，洮州刺史。……俄废洮州总管，还于河州置总管府，复以贤

① 王仲荦：《北周六典》，中华书局，1979 年，第 623 页。

② 见：《周书》卷 5《武帝纪上》，第 74 页；《周书》卷 13《文闵明武宣诸子传》，第 202 页。

③ 李昉等编：《文苑英华》卷 905《周柱国大将军拓拔俭神道碑》，中华书局，1966 年，第 4760 页；又见严可均辑《全后周文》卷 13《周柱国大将军拓拔俭神道碑》，商务印书馆，1999 年，第 235 页。"荆州"为"襄州之误"。

④ 严耕望：《中国地方行政制度史（乙部）——魏晋南北朝地方行政制度》，中研院历史语言研究所，1997 年，第 476 页。

为之。高祖思贤旧恩，征拜大将军。天和四年（569年）三月，卒于京师……（《周书》卷25《李贤传》，417）

韩褒：（保定）四年（564年），迁河洮封三州诸军事、河州总管。天和三年（568年），转凤州刺史。（《周书》卷37《韩褒传》，662）

河州总管始置于保定四年（564年），李贤为首任，很可能至天和年间才征还京师；韩褒自保定四年（564年）至天和三年（568年）一直为河州总管。两人同时在河州总管任上，李贤领河州刺史，韩褒则不带刺史；关于河州、洮州二总管区的置废更替于《李贤传》记载甚详，《韩褒传》则只字未提；可见韩褒地位不如李贤。李贤既不为皇子，韩褒亦不为行事，解释只能有一个，即李贤为总管，韩褒为副总管。

第四章　地方官加节

魏晋南北朝时期，地方官加节是非常引人注目的现象，节是地方官拥有发兵权、指挥权、专杀权的重要依据，是地方官权力、资位的重要组成部分。先秦时期，节是一种通行凭证，《周礼》地官中有掌节一职，“掌节掌守邦节而辨其用，以辅王命。守邦国者用玉节，守都鄙者用角节。凡邦国之使节，山国用虎节，土国用人节，泽国用龙节，皆金也，以英荡辅之。门关用符节，货贿用玺节，道路用旌节，皆有期以反节。凡通达于天下者，必有节，以传辅之。”①根据用途、适用范围的不同而有不同的材质、形状、种类之分，出关入境，必须有节，人人皆可持节。汉代则多为使者持节，《后汉书》卷116《百官三》：“符节令一人，六百石。本注曰：为符节台率，主符节事。凡遣使掌授节。”廖伯源先生云：“节是皇帝权威的信物之一，使者持节，表示其为皇帝之代表，大小官员皆得服从其命令。”②魏晋之后，使者持节之外，地方官也多加节，并根据权力大小而有不同的等级之分，《宋书》卷39《百官上》：“使持节为上，持节次之，假节为下。使持节得杀二千石以下。持节杀无官位人，若军事得与使持节同。假节唯军事得杀犯军令者。”唐代节仅为加号，节实物也为铜鱼符所代替，《通典》卷33《职官十五》：“大唐武德元年，改郡为州，改太守为刺史，加号持节。总管则

①孙诒让：《周礼正义》（4），中华书局，1987年，第1111–1120页。

②廖伯源：《汉代监军制度试释》，《历史与制度——汉代政治制度试释》，香港教育图书公司，1997年，78页。

加使持节。后加号为使持节诸军事，而实无节，但颁铜鱼符而已。”汉魏之际，使者持节如何扩展至地方官加节？节又如何区分出不同的等级？魏晋世由节所带来的巨大权力又是如何逐步消失，最终演变为没有什么实际意义的加号呢？这些正是本章所关注的问题。

一、由将军假节到地方官假节

节是国家、政权的象征和标志之一。《汉书》卷1上《高帝纪上》载秦王子婴投降时的情景：“沛公至霸上。秦王子婴素车白马，系颈以组，封皇帝玺符节，降枳道旁。”汉末，刘表是割据荆州的地方势力。建安十三年（208年），曹操征荆州“表子琮降，以节迎曹公，诸将皆疑诈，曹公以问子伯。子伯曰：‘下扰攘，各贪王命以自重，今以节来，是必至诚。’”[①]刘琮以节迎曹公和娄子伯“今以节来，是必至诚”这句话告诉我们节是政权的象征，交出了节，就交出了权力，交出了一切。投降须节，受降亦须节。邓艾率军攻下成都，刘禅“率太子诸王及群臣六十余人面缚舆榇诣军门，艾执节解缚焚榇，受而宥之。”[②]邓艾作为魏王朝的一位将领，之所以能够代表魏王朝接受蜀汉后主刘禅的投降，就是因为他持有节，此时节便是魏政权的象征。与此相同的还有王濬受孙皓投降的例子。太康三年（282年）三月，“王濬以舟师至于建邺之石头，孙晧大惧，面缚舆榇，降于军门。濬杖节解缚焚榇，送于京都。”[③]

节也是皇帝的代表和皇权的化身。在国家的政治生活中，有许多临时性的事务，如册命皇子、皇后、诸侯、官员，祭祀，巡察，出使及迎接外国使者，一些突发性的平叛活动等等。这些事务往往没有专门的机构负责，或由于所涉及的对象身份较高，官员无法直接处理，这时就需

---

①《三国志》卷12《崔琰传附娄圭传》注引《吴书》，第374页。

②《三国志》卷28《邓艾传》，第779页。

③《晋书》卷3《世祖武帝纪》，第71页。

要皇帝亲自下诏派遣官员前往，被派遣的官员便是皇帝的使者。为了证明使者的身份及赋予使者完成任务所需的足够的权力，在派遣的同时还要给予一件信物作为凭证，这件信物便是节。廖伯源先生言“两汉使者多持节，节是皇帝权威的信物之一，使者持节，表示其为皇帝之代表，大小官员皆得服从其命令。”[①]持节官员多为光禄勋属官中郎将、大夫、谒者，三公、九卿等。魏晋南北朝时期，这仍然是节的主要功能之一，只是持节的官员有所变化而已。不过，这不是我们讨论的主要话题，我们讨论的是地方官加节，地方官加节更多的是与节的发兵功能相联系的。

节具有发兵的功能是从汉武帝时开始的。汉代发兵的信物是虎符。建元三年（公元前138年），闽越举兵围东瓯，东瓯向汉求救，时汉武帝刚刚即位不久，不愿意用虎符发兵郡国，于是派太中大夫严助“以节发兵会稽。会稽太守欲距不为发兵，助乃斩一司马，谕意指，遂发兵浮海救东瓯。”[②]此后，多有以节发兵的事例。更始二年（24年），光武帝刘秀准备讨伐铜马、大肜等地，拜吴汉为大将军，“持节北发十郡突骑。”[③]安帝永初四年（110年），为平张伯路叛乱，“乃遣御史中丞王宗持节发幽、冀诸郡兵，合数万人”[④]。

两汉时期，发兵权与指挥权是分离的，发兵权掌握在皇帝手里，指挥权掌握在将领手里，所以节的发兵功能与指挥功能也是分离的。东汉末年的将军假节使节的功能表现出新的发展趋势。为了讨论方便，我们

---

①廖伯源：《汉代监军制度试释》，《历史与制度——汉代政治制度试释》，香港教育图书公司，1997年，78页。《汉代使者考论之一》，《第二届国际汉学会议论文集——历史与考古组》，中研院，1989年。张鹤泉与日本学者大庭修也有相似论述。参见：张鹤泉：《东汉持节问题探讨》，载《史学月刊》2003年第2期；大庭修：《东汉的将军与将军假节》，《秦汉法制史研究》，上海人民出版社，1991年。

②《史记》卷114《东越列传》，第2980页。《汉书》卷64上《严助传》亦有相同记载。此处参考陶新华先生的研究成果《汉代的“发兵”制度》，《史学月刊》，2000年第2期。

③《后汉书》卷18《吴汉传》，第676页。

④《后汉书》卷38《法雄传》，第1277页。

将东汉末年将军假节的例子胪列如下：

张温：（中平二年<185年>）边章、韩遂等大盛。朝廷复以司空张温为车骑将军，假节，执金吾袁滂为副。拜卓破虏将军，与荡寇将军周慎并统于温。并诸郡兵步骑合十余万，屯美阳，以卫园陵。（《后汉书》卷72《董卓传》，2320）

吕布：允以布为奋威将军，假节，仪同三司，封温侯。（《后汉书》卷75《吕布传》，2445）

李傕：傕又迁车骑将军，开府，领司隶校尉，假节。（《后汉书》卷72《董卓传》，2334）

胡才 张杨：拜胡才征东将军，张杨为安国将军，皆假节、开府。（《后汉书》卷72《董卓传》，2340）

袁术：杀扬州刺史陈温而自领之，又兼称徐州伯。李傕入长安，欲结术为援，乃授以左将军，假节，封阳翟侯。（《后汉书》卷75《袁术传》，2439）

刘表：李傕、郭汜入长安，欲连表为援，乃以表为镇南将军、荆州牧，封成武侯，假节。（《三国志》卷6《刘表传》，211）

与此前的将军持节相比，东汉末年的将军假节具有长期性。以前的将军持节是因战事需要而临时持节，战事结束则要归还。事发在先，持节在后。“汉魏故事，遣将出征，符节郎授节钺于朝堂。”[①]东汉初期，赤眉军西入关，众将莫能挡，“光武筹赤眉必破长安，欲乘衅幷并关中，而方自事山东，未知所寄，以禹沉深有大度，故授以西讨之略。乃拜为前将军持节，中分麾下精兵二万人，遣西入关，令自选偏裨以下可与俱者。”[②]东汉末年将军假节则长期持节，以备不时之需。持节在先，事发在后。

与此前的长期持节官相比，东汉末年假节将军不为使者。使匈奴中郎将、护羌校尉、护乌桓校尉等都是长期持节官，但仍然没有摆脱使者

① 《晋书》卷21《礼志下》，第659页。

② 《后汉书》卷16《邓禹传》，第601页。

的身份。①东汉末年将军假节还表现出一个明显的特征，即与地方官的结合。如李傕以车骑将军开府假节又领司隶校尉；袁术为扬州刺史，又以左将军假节；刘表为荆州牧，又以镇南将军假节。但是我们不能据此认为此时的地方官已经成为加节的对象，节仍是授予将军而不是授予刺史或州牧的。东汉末年将军假节的这些特征体现出节的发兵功能与指挥功能的结合。这是战乱时期的产物。以虎符发兵，一地一符，且同时需要皇帝的玺书或诏书相伴而行，下达具体的发兵指令；以节发兵则无需玺书或诏书相随，又无地区限制，具有很大的灵活性，②非常适应战乱时期的需要，所以将军假节很快发展起来。在曹操实际掌握政权的建安时期亦多将军假节：

复以（曹）仁行征南将军，假节，屯樊，镇荆州。（《三国志》卷9《曹仁传》，275）

还邺，太祖自出迎（张）辽，引共载，以辽为荡寇将军……增邑，假节。（《三国志》卷17《张辽传》，518）

建安十一年（206年），太祖表汉帝，称（乐）进及于禁、张辽……于是禁为虎威。进，折冲。辽，荡寇将军。后从征孙权，假进节。（《三国志》卷17《乐进传》，521）

迁（于禁）左将军，假节钺，分邑五百户，封一子列侯。（《三国志》卷17《于禁传》，524）

（张郃）从讨柳城，与张辽俱为军锋，以功迁平狄将军……太祖在长安，遣使假郃节。（《三国志》卷17《张郃传》，526）

（徐晃）从征张鲁还……迁平寇将军……太祖闻，甚喜，假晃节……（《三国志》卷17《徐晃传》，529）

太祖善之，拜（臧霸）扬威将军，假节。（《三国志》卷18《臧霸传》，538）

---

①参见：张鹤泉：《东汉持节问题探讨》，载《史学月刊》2003年第2期；廖伯源：《从汉代郎将之发展论官制演变的一些特征》，《中研院历史语言研究所集刊》，第65本第4分。

②参见：陶新华：《汉代的“发兵”制度》，《史学月刊》，2000年第2期。

与太祖会南皮，遣子弟入居邺，拜（孙）观偏将军，迁青州刺史……从征孙权于濡须口，假节。（《三国志》卷18《臧霸传附孙观传》注引《魏书》，539）

曹仁以行征南将军、张辽以荡寇将军、乐进以折冲将军、于禁以左将军、张郃以平狄将军。徐晃以平寇将军、臧霸以扬威将军、孙观以偏将军分别假节。夏侯渊假节的例子充分告诉我们节的作用：

（建安）十七年（212年），太祖乃还邺，以渊行护军将军，督朱灵、路招等屯长安，……十九年（214年），赵衢、尹奉等谋讨超，姜叙起兵卤城以应之。衢等谲说超，使出击叙，于后尽杀超妻子。超奔汉中，还围祁山。叙等急求救，诸将议者欲须太祖节度。渊曰："公在邺，反覆四千里，比报，叙等必败，非救急也。"遂行……（击破马超、韩遂、氐羌等）乃假渊节。（《三国志》卷9《夏侯渊传》，270）

由这段话可知，夏侯渊乃是留屯长安的最高军事统帅，由于没有假节，在遇到紧急军事情况时，还须向太祖请示，由其指挥。建安十七（212年）至十九年（214年）间还有两次军事行动，同书卷1《武帝纪》是这样记载的：建安十七年（212年）"马超余众梁兴等屯蓝田，使夏侯渊击平之"；十八年（213年）"马超在汉阳，复因羌、胡为害，氐王千万叛应超，屯兴国。使夏侯渊讨之"。可见重大的军事行动都是要由太祖来节度的，将领没有自主权。这一事件发生后，曹操假夏侯渊节，就是为了使他在遇到紧急情况时，有军事行动上的自主权。

而此时的都督却多不假节。

时关羽强盛，而王在邺，留（王）必典兵督许中事。（《三国志》卷1《武帝纪》注引《三辅决录注》，50）

鲜于辅将其众奉王命。以辅为建忠将军，督幽州六郡。（《三国志》卷8《公孙瓒传》，247）

（建安）二十一年（216年），（夏侯惇）从征孙权还，使惇都督二十六军，留居巢。（《三国志》卷9《夏侯惇传》，268）

彧兄（荀）衍以监军校尉守邺，都督河北事。（《三国志》卷10《荀彧传》，316）

天子都许，以（程）昱为尚书。兖州尚未安集，复以昱为东中郎将，领济阴太守，都督兖州事。（《三国志》卷14《程昱传》，428）

后（杜）袭领丞相长史，随太祖到汉中讨张鲁。太祖还，拜袭驸马都尉，留督汉中军事。（《三国志》卷23《杜袭传》，666）

（牵招）从平汉中，太祖还，留招为中护军。事罢，还邺，拜平虏校尉，将兵督青、徐州郡诸军事，击东莱贼，斩其渠率，东土宁静。（《三国志》卷26《牵招传》，731）

这些都督无论是督一方军事，还是临时督兵征伐，都不假节。与此同时，大量涌现的将军、中郎将、校尉等破坏了原先的军职体系，将军、郎将、校尉等呈现出散官化的趋势，新出现的大大小小的都督逐渐形成新的军职体系。[①]曹丕即位之后，建立起都督制，都督正式成为地方军镇要员或临时征讨活动的最高军事统帅，从而成为新的假节对象：

文帝即王位，以（曹）真为镇西将军，假节都督雍、凉州诸军事。（《三国志》卷9《曹真传》，281）

帝寝疾，乃引（曹）爽入卧内，拜大将军，假节钺，都督中外诸军事，录尚书事，与太尉司马宣王并受遗诏辅少主。（《三国志》卷9《曹真传附子爽传》，282）

明帝时（桓范）为中领军尚书，迁征虏将军、东中郎将，使持节都督青、徐诸军事，治下邳。（《三国志》卷9《曹真传附桓范传》，290）

明帝即位，（赵俨）进封都乡侯，邑六百户，监荆州诸军事，假节。（《三国志》卷23《赵俨传》，671）

正始中，（王昶）转在徐州，封武观亭侯，迁征南将军，假节都督荆、豫诸军事。（《三国志》卷27《王昶传》，748）

---

①详见：阎步克：《魏晋南北朝的军号散阶化进程（上）》，《文史》，总第51辑；《军阶的演生》，《品位与职位——秦汉魏晋南北朝官阶制度研究》，中华书局，2002年。陈苏镇：《魏晋的散官》，北京大学研究生毕业论文，1986年。陈奕玲：《魏晋南朝军号散阶化的若干问题》，《燕京学报》，新13期，北京大学出版社，2002年。孙正军：《汉末三国杂号低级军号散阶初探》，北京大学2000届本科毕业论文。

王凌之阴谋也，太傅司马宣王潜军东伐，以（诸葛）诞为镇东将军、假节都督扬州诸军事，封山阳亭侯。（《三国志》卷28《诸葛诞传》，769）

景元三年冬，以（钟）会为镇西将军、假节都督关中诸军事。（《三国志》卷28《钟会传》，787）

不仅这些固定都督区的都督假节，就是临时统兵征伐的都督也都假节。我们看下面的例子：陈群，“帝征孙权，至广陵，使群领中领军。帝还，假节，都督水军。”[①]时陈群为尚书令。陈泰，“以泰为镇军将军，假节都督淮北诸军事，诏徐州监军已下受泰节度。”[②]时泰为尚书右仆射。[③]卫臻，“乃以臻为征蜀将军，假节督诸军事，到长安，亮退。”时卫臻为尚书右仆射。田豫，“太和末，公孙渊以辽东叛，帝欲征之而难其人，中领军杨暨举豫应选。乃使豫以本官督青州诸军，假节，往讨之。”[④]时田豫为汝南太守，加殄夷将军。王基，“毌丘俭、文钦作乱，以基为行监军、假节，统许昌军……”[⑤]时王基为荆州刺史，加扬烈将军。这些都督临时假节，事毕还任本官，不再假节，这明白无误地告诉我们在这些例子中节是与都督一职相连的。黄初中，文帝欲假贾逵节，曹休那句“逵性刚，素侮易诸将，不可为督”[⑥]更是一语见的揭示了节和督之间的关系。

刺史持节最早始于汉的交州刺史。《后汉书》卷113《郡国志五》日南条注引王范《交广春秋》曰：“交州治嬴阝娄县，元封五年（公元前106年）移治苍梧广信县，建安十五年（210年）治番禺县。诏书以州边远，使持节，并七郡皆授鼓吹，以重威镇。”好像交州刺史持节始于建安十五年（210年）。而《汉书》卷28上《地理志上》载：“武帝攘却胡、越，开地斥境，南置交阯，北置朔方之州”。颜师古注曰：

①《三国志》卷22《陈群传》，第635页。
②《三国志》卷22《陈泰传》，第641页。
③《三国志》卷27《卫臻传》，第648页。
④《三国志》卷26《田豫传》，第728页。
⑤《三国志》卷27《王基传》，第753页。
⑥《三国志》卷15《贾逵传》，第483页。

"胡广记云，汉既定南越之地，置交阯刺史，别于诸州，令持节治苍梧……"据此，汉武帝定南越置交州治苍梧之时，交州就因地处边远异于他州而特令持节。王范《交广春秋》言交州移治苍梧在元封五年（公元前106年），那么交州刺史持节当始于汉武帝元封五年（公元前106年）。目的是为了能够灵活及时地平息内部叛乱或阻止外来入侵。顺帝永和二年（137年）。"日南、象林徼外蛮夷区怜等数千人攻象林县，烧城寺，杀长吏。交阯刺史樊演发交阯、九真二郡兵万余人救之。"[①]正因为交州刺史手里有节，才能发交阯、九真二郡兵。这再一次证明地方官加节是与节的发兵功能紧密相连的。

魏晋南北朝刺史太守加节的普遍化主要来自于三个因素的推动，一是对刺史太守军事才能的肯定，二为军事所需，三是作为笼络人心的手段。

曹魏时期虽然都督持节已成定制，对刺史太守则不会轻易加节。郭淮自黄初五年始一直为雍州刺史，屡次击败蜀汉的进攻，正始五年（244年），"夏侯玄伐蜀，淮督诸军为前锋。淮度势不利，辄拔军出，故不大败。还假淮节。"[②]这是对郭淮军事才能的肯定与奖励。西晋时武威太守马隆也因平定凉州的战功而"假节、宣威将军"[③]，东晋时苏峻因讨王敦有功，"进使持节、冠军将军、历阳内史"[④]。

军事所需也是刺史太守加节的一个有力的促进因素。西晋光熙中，豫州刺史刘乔被范阳王虓所攻，"河间王颙进乔镇东将军、假节，以其长子祐为东郡太守，又遣刘弘、刘准、彭城王释等率兵援乔。"[⑤]宋明帝即位，招致四方反叛，以张永为"吴兴太守，加冠军将军，假节。未拜，以将军假节，徙为吴郡太守，率军东讨。"[⑥]以节来强化长官的军事权威，体现了地方行政的军事化。

---

①《后汉书》卷86《南蛮传·序》，第2837页。

②《三国志》卷26《郭淮传》，第735页。

③《晋书》卷57《马隆传》，第1555页。

④《晋书》卷100《苏峻传》，第2628页。

⑤《晋书》卷61《刘乔传》，第1674页。

⑥《宋书》卷53《张茂度传附子永传》，第1513页。

给刺史太守加节是统治者和各种势力笼络人心的一种手段。惠帝时，东海王越命裴宪“为豫州刺史、北中郎将、假节”[①]，西晋末，邵续归晋元帝，元帝以邵续“为平原乐安太守、右将军、冀州刺史，进平北将军、假节，封祝阿子。”[②]宁州刺史王逊“遣子澄奉表劝进于元帝，帝嘉之，累加散骑常侍、安南将军、假节”[③]。

自魏至齐，刺史太守加节的现象越来越多，不过此时期的刺史太守加节仍然没有摆脱对将军的凭借。梁时将军号完成了散阶化的进程，刺史正式成为加节的对象，“梁刺史受拜之明日，辞宫庙而行，皆持节。”[④]北周“凡总管刺史则加使持节诸军事，以此为常。”[⑤]太守虽然没有像都督刺史那样成为加节对象，不过有迹象表明南北朝后期，太守加节也较为普遍。《陈书》卷25《孙玚传》：“寻授假节、雄信将军、衡阳内史……仍改授持节、安东将军、吴郡太守……顷之，出为使持节、安东将军、建安太守。”孙玚三任太守皆加节。北周制“授柱国大将军、开府、仪同者，并加使持节、大都督。”而北周太守加军号多有至开府、仪同者。

二、由节钺两级制到节的三级制

关于节的等级划分问题，学者大都根据《晋书》、《宋书》、《南齐书》中《百官志》的记载，认为曹魏时期已有使持节、持节与假节的区分。严耕望先生认为“魏世任职者，有‘假节’，有‘使持节’，而‘持节’甚少，或竟无”[⑥]；陈琳国先生认为都督制的定型有两个标志，其一便是都督职衔已有明确的规定，有“都督”、“督”，有“使持节”、

①《晋书》卷35《裴秀传附楷子宪传》，第1050页。

②《晋书》卷63《邵续传》，第1704页。

③《晋书》卷81《王逊传》，第2110页。

④《通典》卷32《职官十四》，第886页。

⑤《通典》卷32《职官十四》，第887页。

⑥严耕望：《中国地方行政制度史（乙部）——魏晋南北朝地方行政制度》，中研院历史语言研究所，1997年，第90页。

“持节”、“假节”，同时认为都督制定型于魏文帝曹丕黄初元年（220年），[①]那么也就是说他认为在曹魏时期就已经有使持节、持节与假节的三级区分。张鹤泉先生则更进一步认为使持节、持节与假节的区分在曹魏实行都督诸州军事制度时便已实行，“陈寿将‘使持节’、‘持节’一律记为‘假节’，说明他忽略了‘使持节’、‘持节’与‘假节’在行使权力上的区别。”[②]日本学者大庭修先生从将军持节的角度认为“魏时这些将军只是假节而已，并不存在后世所谓使持节、持节、假节等的区别。”[③]不过没有进行具体论证。事实上，正如大庭修氏所说，曹魏时期并未有使持节、持节与假节的等级区分，只有节与钺的区别，使持节、持节、假节的三等划分西晋时才形成。

首先，我们可以看到，陈寿所著《三国志》中并非如张鹤泉先生所说那样没有使持节、持节的记载，而是俯拾皆是：

正始初，（田豫）迁使持节护匈奴中郎将，加振威将军，领并州刺史。（《三国志》卷26《田豫传》，732）

是岁恐不能禁，乃以（辛）毗为大将军军师，使持节。六军皆肃，准毗节度，莫敢犯违。（《三国志》卷25《辛毗传》，699）

辛未，诏曰：“……其（吕）以兴为使持节、都督交州诸军事、南中大将军，封定安县侯……。”（《三国志》卷4《陈留王奂纪》，151）

会征孙权，表请（荀）彧劳军于谯，因辄留彧，以侍中光禄大夫持节，参丞相军事。（《荀彧传》，317）

文帝遣诸军讨破之，（唐）咨走入海，遂亡至吴，官至左将军，封侯、持节。《三国志》卷28《唐咨传》，774）

夏，吴贼寇扬州，以（甄）像为伏波将军，持节监诸将东征……。

---

①《魏晋南朝都督制》，《魏晋南北朝政治制度研究》，文津出版社，1994年，第237页。

②张鹤泉：《曹魏都督诸州军事制度试探》，《魏晋南北朝史研究》，湖北人民出版社，1996年，第63页。

③大庭修：《东汉的将军与将军假节》，《秦汉法制史研究》，上海人民出版社，1991年，第370页。

(《三国志》卷5《文昭甄皇后传》，161)

有使持节、持节、假节的不同记载，是否就表明三者有等级之分呢？答案是否定的。让我们来看郭淮的例子：

(正始)五年(244年)，夏侯玄伐蜀，淮督诸军为前锋。淮度势不利，辄拔军出，故不大败。还假淮节。(《三国志》卷26《郭淮传》，735)

(嘉平)二年(250年)，诏曰："……今以淮为车骑将军、仪同三司，持节、都督如故。"(《三国志》卷26《郭淮传》，736)

可见假节与持节并没有什么不同。使持节多用于较正式的场合，特别是用于一人职衔的全称时，如甘露二年六月乙巳的诏书中称吴降将孙壹为"吴使持节都督夏口诸军事镇军将军沙羡侯孙壹"[①]。最明显的则表现于《隶释》卷19的《魏公卿上尊号奏》[②]中，其中记有五位都督职衔的全称：

使持节行都督督军车骑将军□□臣仁

使持节行都督督军镇西将军东乡侯臣真

使持节行都督督军领扬州刺史征东将军安阳乡侯臣休

使持节行都督督军征南将军平陵亭侯臣尚

使持节行都督督军徐州刺史镇东将军武安乡侯臣霸

对另外几位持节的将军张郃、徐晃、张辽、朱灵等皆称使持节，而没有持节、假节的字眼。可见当时并没有三者的高下之别。正因为三者之间没有什么区别，才会出现不同史书对同一人拥有节有不同的说法。如《三国志》记夏侯楙为假节，而《魏略》记为持节；《三国志》记吴质为假节，而《魏略》记其为使持节。

曹魏时期虽然没有使持节、持节、假节的区分，却又假节与假钺之分。我们可以看下面三个例子：

(延康元年<220年>)夏侯惇薨，以(曹)休为镇南将军，假节都督诸军事……(黄初三年<222年>)帝征孙权，以休为征东大将军，假黄钺，督张辽等及诸州郡二十余军，击权大将吕范等于洞浦，破之。

---

①《三国志》卷4《高贵乡公髦纪》，第140页。

②洪适：《隶释 隶续》，中华书局，1986年。第186页。

(《三国志》卷9《曹休传》，279)

文帝践阼……（夏侯尚）迁征南将军，领荆州刺史，假节都督南方诸军事……（黄初三年<222年>）益封六百户，并前千九百户，假钺，进为牧。(《三国志》卷9《夏侯尚传》，294)

正始初，（王凌）为征东将军，假节都督扬州诸军事……司马宣王既诛曹爽，进凌为太尉，假节钺。(《三国志》卷28《王凌传》，758)

曹休、夏侯尚、王凌都是先假节，再假钺，可见假节与假钺是不同的，假钺高于假节。《魏官品》中有“黄钺大将军”，位于第一品的第一位，可见地位非同一般。西晋初，仍有都督假黄钺的例子，“武帝受禅，以佐命之勋，进车骑将军，封高平郡公，迁侍中、大将军，出为都督扬州诸军事，余如故，假黄钺。”[①]与之同时，使持节、持节、假节三级制正在形成：

武帝受禅，（司马泰）封陇西王，邑三千二百户，拜游击将军。出为兖州刺史，加鹰扬将军。迁使持节、都督宁益二州诸军事、安西将军，领益州刺史，称疾不行。(《晋书》37《高密文献王泰传》，1094)

武帝践阼，（司马亮）封扶风郡王，邑万户，置骑司马，增参军掾属，持节、都督关中雍凉诸军事。(《晋书》卷59《汝南王亮传》，1591)

武帝受禅，以（卢钦）为都督沔北诸军事、平南将军、假节……(《晋书》卷44《卢钦传》，1255)

在正式的诏书中也出现了假节。太康三年（282年）武帝出齐王攸为青州刺史，乃下诏曰：“……侍中、司空、齐王攸，明德清畅，忠允笃诚。……其以为大司马、都督青州诸军事，侍中如故，假节……”[②]

都督假黄钺的现象则逐渐消失，陈骞之后，以都督假黄钺的仅有两人——司马亮与荀晞：

司马亮：及武帝寝疾，为杨骏所排，乃以亮为侍中、大司马、假黄钺、大都督、督豫州诸军事，出镇许昌，加轩悬之乐，六佾之舞。

---

①《晋书》卷35《陈骞传》，第1036页。

②《晋书》卷38《齐王攸传》，第1134页。

(《晋书》卷59《汝南王亮传》, 1591)

苟晞：会越薨（永嘉五年<311年>），盾败，诏晞为大将军大都督、督青徐兖豫荆扬六州诸军事，增邑二万户，加黄钺，先官如故……俄而京师陷，晞与王讃屯仓垣。(《晋书》卷61《苟晞传》, 1670)

司马亮原已为太尉、录尚书事，因在政治斗争中被排挤而出为督豫州，故加大都督、假黄钺以示安慰；杨骏被诛之后，立即迁为太宰、录尚书事，与卫瓘对掌朝政。苟晞以大都督、督青徐兖豫荆扬六州诸军事在永嘉中司马越死后，成为怀帝仅可依靠的军事力量，故加黄钺，与加都督中外相似。二者都与曹魏晋初都督加黄钺不同。之后便再无以方镇都督加黄钺者。假黄钺的都是都督中外军事者，或重大军事活动的征讨都督，讨毕即还。

使持节、持节、假节的三级划分虽然形成于晋，但假节与使持节、持节的区分却并不始于晋。东汉末，已经出现了假节与使持节、持节的区别，不过，不是根据权力的大小，而是根据授予对象的不同。《后汉书》卷116《百官志三》少府条："符节令一人，六百石。本注曰：为符节台率，主符节事。凡遣使掌授节。"《史记》《索隐》注引韦昭云："节，使者所拥也。"表明节的授予对象是使者，非皇帝的使者则没有持节的资格。东汉末期，由于各种原因，出现了将军假节的现象，这些将军不为使者，没有持节的资格，所以只能假节。《说文解字》："假，非真也。"天汉元年（公元前100年），汉武帝"遣（苏）武以中郎将使持节送匈奴使留在汉者，因厚赂单于，答其善意。武与副中郎将张胜及假吏常惠等募士斥候百余人俱。"[①]关于假吏，注引师古曰："假吏犹言兼吏也。时权为使之吏，若今之差人充使典矣。"宣帝地节元年（公元前69年）三月，"假郡国贫民田。"[②]颜师古对假的解释亦为"权以给之，不常与。"大庭修先生据此认为假节的假也可以这样解释，即"本来没有这种资格，暂且给予"的意思。[③]

---

①《汉书》卷54《苏建传附子武传》，第2460页。

②《汉书》卷8《宣帝纪》，第246页。

③大庭修：《东汉的将军与将军假节》，《秦汉法制史研究》，上海人民出版社，1991年，第364页。

使持节与持节则没有什么区别，使持节乃使者持节的简称。元寿二年（公元前1年），汉哀帝崩，大司马王莽“遣车骑将军王舜、大鸿胪左咸使持节迎中山王。”①对使持节，颜师古解释：“为使而持节也。”使持节有时也被称为奉节使或持节使。对左咸迎中山王一事，《汉书》另一处记为“后奉节使迎中山王。”颜师古注“奉持节而为使。”②王褒《碧鸡颂》中自称“持节使王褒”③。可见使持节与持节并没有区别，所以史书中往往使持节、持节互称。《汉书》卷10《成帝纪》：“廷尉孔光使持节赐贵人许氏药，饮药死。”。同书卷97下《孝成许皇后传》中却记作“天子使廷尉孔光持节赐废后药，自杀。”宣帝本始二年（公元前72年），匈奴伐乌孙，宣帝派校尉常惠护乌孙兵击匈奴，《汉书》卷8《宣帝纪》载：“校尉常惠持节护乌孙兵”，同书《西域传下》记：“遣校尉常惠使持节护乌孙兵”。

节和钺则存在着权力大小的差别。钺是专杀权的象征。《礼记》曰：“诸侯赐鈇钺然后专杀。”《后汉书》卷46《郭躬传》：“军征，校尉一统于督。彭既无斧钺，可得专杀人乎？”都表明拥有斧钺即拥有专杀权。《后汉书》卷26《冯勤传》注述钺的形制与作用，“钺，斧也，以黄金饰之，所以戮人。”所以钺又称为黄钺或斧钺。重要的军事征讨活动往往要授钺于最高军事将领，以保证军令的畅通。“汉魏故事，遣将出征，符节郎授节钺于朝堂。”④西汉末年，王莽篡权，引起四方反叛，欲进攻长安，王莽十分恐慌，“以太保甄邯为大将军，受钺高庙，领天下兵，左杖节，右把钺，屯城外。”⑤桓帝延熹三年（160年），琅邪劳丙与太山叔孙无忌杀都尉，攻没琅邪属县，“朝廷以南阳宗资为讨寇中郎将，杖钺将兵，督州郡合讨无忌。”⑥一些重要的司法、监察活动

①《汉书》卷12《平帝纪》，第347页。

②《汉书》卷12《平帝纪》，第349页。

③《后汉书》卷86《西南夷传》注引，第2852页。

④《晋书》卷21《礼志下》，第659页。

⑤《汉书》卷99上《王莽传上》，第4088页。

⑥《后汉书》卷82下《方术传下·赵彦传》，第2732页。

中也往往授斧钺于执行者。元朔六年（公元前123年），淮南王刘安谋反事发，武帝派“吕步舒持斧钺治淮南狱，以《春秋》谊颛断于外，不请。”注引颜师古曰：“颛与专同。不请者，不奏待报。”[①]也就是说，吕步舒持斧钺治狱，有先斩后奏的权力。天汉二年（公元前99年），泰山、琅邪起义者徐勃等依山攻城，道路不通，武帝“遣直指使者暴胜之等衣绣衣杖斧分部逐捕。刺史郡守以下皆伏诛。”[②]《汉书》卷98《元后传》对暴胜之的权力有具体的记载，“它部御史暴胜之等奏杀二千石，诛千石以下”。颜师古注曰：“二千石者，奏而杀之，其千石以下，则得专诛。”

持节者也拥有一定的专杀权。平帝元始四年，谯玄“为绣衣使者，持节，与太仆王恽等分行天下，观览风俗，所至专行诛赏。”[③]更始二年（24年），鲍永以尚书仆射行大将军事，“持节将兵，安集河东、并州、朔部，得自置偏裨，辄行军法。”[④]与持斧钺相比，节的专杀权要稍逊一筹。《资治通鉴》卷63汉献帝建安四年，刘表以为韩嵩怀贰，“大会僚佐，陈兵，持节，将斩之”，司马光注曰：“持节，以示将斩，犹不敢专杀，存汉制也。”灵帝光和二年（179年），使匈奴中郎将张修因未经奏请擅自诛杀匈奴单于，被征廷尉，下狱死。[⑤]

由以上援引诸例可知，汉代持节、钺者的专杀权具有很强的临时性与不确定性，权力的大小要根据具体事务所需临时授予。同是持钺，吕布舒可以“专断于外”，而暴胜之只可以“诛千石以下”，杀二千石则必须奏请。同是持节，谯玄可以“专行诛赏”、鲍永可以“辄行军法”，而刘表则不能专杀、张修因斩单于而下狱死。

世入曹魏，由于官僚体制的剧烈变化与假节对象的扩大，假节与持节、使持节的区分变得模糊起来，出现了使持节、持节、假节互称的情况。另一方面，为了区分持节者权力的大小，将钺也纳入地方官持节的

---

①《汉书》卷27上《五行志上》，第1333页。

②《汉书》卷6《武帝纪》，第204页。

③《后汉书》卷81《独行传·谯玄传》，第2667页。

④《后汉书》卷29《鲍永传》，第1018页。

⑤事见《后汉书》卷8《孝灵帝纪》，卷89《南匈奴传》。

体系中来，形成了节、钺两级制。

晋世，赋予使持节、持节、假节以新的意义，“使持节为上，持节次之，假节为下。使持节得杀二千石以下。持节杀无官位人，若军事得与使持节同。假节唯军事得杀犯军令者。”[①]以权力大小为依据形成地方官持节的三等级划分，而将钺从地方官持节体系中抽出来，专授予全国最高军事统帅都督中外诸军事或一些重大军事活动的军事将领。对黄钺的权力也作出了明确的规定，“假黄钺，则专戮节将”[②]。因为一些大的军事活动，往往要中央与地方配合行动，而地方都督或刺史多有持节、使持节者，为了能够保证中央所派军事将领的领导权威，就需要以黄钺为凭借。另外，如果征讨的对象为持节都督，征讨者也需要借黄钺的权威才能对反叛者进行专杀。对此，钱大昕曾有论述：“晋宋之制，使持节得杀二千石以下，假黄钺则可专戮节将矣。宋武西伐刘毅，已假黄钺，毅平，仍奉还之。至是伐司马修之，又假黄钺。毅与修之皆持节大臣，必假黄钺，乃可行戮。”[③]节钺四级制的形成，黄钺授予的临时性，使军事领导关系明晰可辨，标志着节钺制度的完善与成熟。

陈时节的等级划分进一步反映在节的形制与节史的服饰上。杨鸿年先生曾考证汉节的形制：汉节为竹制，长七、八尺，汉一尺约合现在七寸。节上装饰有三重旄牛尾，颜色时有变更。最初为黄色，武帝时以戾太子矫节发兵，乃加黄旄于第一重之上，以示区别。昌邑王改黄旄为赤。王莽时节旄皆黄。光武又恢复汉旧，直至中平二年（185年），因为袁绍去节，董卓又改节上黄旄为赤，恢复汉初旧态。[④]杨泓先生又根据1963年云南昭通后海子发现的东晋霍承嗣墓与朝鲜安岳发现的冬寿墓中壁画上节的形状认为晋节与汉节相同。[⑤]《隋书》卷11《礼仪志六》载陈节形制与节史服饰：“诸将军、使持节、都督执节史，朱衣，进贤一

---

①《宋书》卷39《百官志上》，第1225页。《晋书》卷24《职官志》有同样记载。

②《宋书》卷39《百官志上》，第1225页。

③钱大昕：《廿二史考异》，上海古籍出版社，2004年，第566页。

④杨鸿年：《节的构造》，《汉魏制度丛考》，武汉大学出版社，1985年，第237页。

⑤杨泓：《汉晋的节》，《古代礼制风俗漫谈》，中华书局，1983年。

梁冠。持节节史，单衣，介帻。其纂戎戒严时，同使持节。制假节节史，单衣，介帻。”小注“凡节趺，以石为之。持节皆刻为蟞螭形，假节及给蛮夷节，皆刻为狗头趺。”与汉晋相比，陈节多了节座，节座以石头制成，使持节、持节的节座刻有蟞螭的形状，假节的节座刻成狗头的形状。使持节节史为朱衣，进贤一梁冠；持节、假节节史为单衣，介帻；戒严时持节服饰与使持节节史相同。这与“持节杀无官位之人，若军事得与使持节同”的权力规定相呼应。

三、节的权力变化

随着假节对象的扩大与持节者的日益增多，由节所带来的权力也在逐步地丧失。魏晋及宋前期，持节的地方官拥有三项重要的权力——发兵权、指挥权与专杀权。

发兵权是指地方官有权调动自己辖区内的军队进行军事活动而勿需事先上报朝廷批准。东晋雍州都督杨佺期曾对魏使者张济说：“晋之法制，有异于（北）魏。今都督襄阳，委以外事，有欲征讨，辄便兴发，然后表闻，令朝廷知之而已。如其事势不举，亦不承台命。”[①]司马昭对陈泰“希简上事”的肯定也印证了杨佺期的话。魏末，陈泰为雍凉都督，“每以一方有事，辄以虚声扰动天下，故希简白上事，驿书不过六百里。”辅政大臣司马昭夸奖说：“玄伯沈勇能断，荷方伯之重，救将陷之城，而不求益兵，又希简上事，必能办贼故也。都督大将，不当尔邪。”[②]陈泰字玄伯。东晋太元中毛穆之迁右将军、宣城内史、假节，“穆之以为戍在近畿，无复军警，不宜加节，上疏辞让，许之。”[③]军警与节之间的关系明确地反映出节的发兵功能。

节也是指挥权的标志。魏嘉平四年（252年），司马昭为持节安东，

① 《魏书》卷33《张济传》，第788页。
② 《三国志》卷22《陈群传附子泰传》，第641页。
③ 《晋书》卷81《毛宝传附子穆之传》，第2125页。

都督征东将军胡遵、镇东将军诸葛诞伐吴，战于东关，因麻痹轻敌，为吴将丁奉等所败，唯石苞保全全军。司马昭指着所持的节对石苞说："恨不以此授卿，以究大事。"[①]时胡遵为青徐都督，石苞为徐州刺史，当为胡遵手下的一支军队。从司马昭的话中可以看出，他正是凭借所持的节来指挥胡遵、诸葛诞两位都督及其他军队的。如果石苞在前线持节而拥有对其他部队的指挥权的话，可能不会遭受如此大的损失。由于指挥不利而导致战败的往往要将节交还。东晋咸和中，苏峻反，吴兴太守虞潭"与郗鉴、王舒协同义举。侃等假潭节、监扬州浙江西军事。潭率众与诸军并势，东西掎角。遣督护沈伊距管商于吴县，为商所败，潭自贬还节。"[②]扬州刺史王导也曾因事而除节。[③]

专杀权是维护军纪与法律的必要手段。魏景元三年（262年）伐蜀，钟会为镇西将军、假节都督关中诸军事，"先命牙门将许仪在前治道，会在后行，而桥穿，马足陷，于是斩仪。仪者，许褚之子，有功王室，犹不原贷。诸军闻之，莫不震竦。"[④]东晋咸和中，苏峻反，王舒以抚军将军会稽内史为假节都督行扬州刺史事，吴国内史庾冰、前护军假节顾飏前锋军败，致使"贼遂入吴，烧府舍，掠诸县，所在涂地。舒以轻进奔败，斩二军主者，免冰、飏督护，以白衣行事。"[⑤]西晋时，荀晞为抚军将军假节都督青兖诸军事领兖州刺史，其从母子为督护，"后犯法，晞杖节斩之，从母叩头请救，不听。"[⑥]

宋孝武大明七年（463年）四月、五月，连续下达两道诏令对持节者的权力进行约束。四月甲子，诏"自非临军战陈，一不得专杀。其罪甚重辟者，皆如旧先上须报，有司严加听察。犯者以杀人罪论。"[⑦]五月丙子，诏"自今刺史守宰，动民兴军，皆须手诏施行。唯边隅外警，及

① 《晋书》卷33《石苞传》，第1001页。
② 《晋书》卷76《虞潭传》，第2014页。
③ 《晋书》卷65《王导传》，第174页。
④ 《三国志》卷28《钟会传》，第787页。
⑤ 《晋书》卷76《王舒传》，第2000页。
⑥ 《晋书》卷61《荀晞传》，第1666页。
⑦ 《宋书》卷6《孝武帝纪》，第132页。

奸衅内发，变起仓卒者，不从此例。”①自此，持节者只能杀在军事行动中违反军令者，只能在有突发事件时被动地出兵，再也不能像以前那样可以随意征讨。虽然这些限制曾因前废帝一度废除孝武帝时的制度而有所反复，②但随着中央对地方控制的加强，节的发兵功能与民事专杀功能的丧失是不可逆转的趋势。

齐永明五年（487年），桓天生等在雍州界上招引蛮虏，人情骚动，齐武帝萧赜决定派征虏将军丹阳尹萧景先前去征讨，诏书中说：“得雍州刺史张瓌启事，蛮虏相扇，容或侵轶。蜂虿有毒，宜时剿荡。可遣征虏将军丹阳尹景先总率步骑，直指义阳……”③时张瓌为持节、督雍梁南北秦四州郢州之竟陵司州之随郡军事、辅国将军、雍州刺史，对于州界上的骚乱情况不能再“有欲征讨，辄便兴发，然后表闻，令朝廷知之而已”，而是必须先上报朝廷，由中央决定如何处置。④

---

①《宋书》卷6《孝武帝纪》，第132页。

②《宋书》卷7《前废帝纪》：“(大明八年＜464年＞七月）孝建以来所改制度，还依元嘉。”泰始五年（469年），沈攸之为持节监郢州诸军事、郢州刺史，为政刻暴，“仓曹参军事边荣为府录事所辱，攸之自为荣鞭杀录事。”这可能是由于皇权不张的结果，史称沈攸之“自至夏口，便有异图”，之后出任荆州都督，不臣之迹逐渐显露，“朝廷制度，无所遵奉。”（《宋书》卷47《沈攸之传》）

③《南齐书》卷38《萧景先传》，第662页。

④陶新华先生曾以《南齐书》卷29《王广之传》中“(永明）十一年（493年），虏动，假广之节，招募。”作为魏晋南北朝时期以节发兵的唯一一条直接证据。(《魏晋南朝中央对地方军政官的管理制度研究》，巴蜀书社，2003年3月，第103页；《魏晋南朝地方军府的指挥符号》，《西北师大学报》，2000年第5期。）这并不能否定我们南齐时地方官持节已经不具有发兵权的观点。因为发兵与募兵是两个不同的概念，发兵是调动现有的军队，而募兵是招募原不为兵的人为兵。况且王广之这次以节发兵很可能是由中央下达命令或有诏书相伴随的。建元中，王广之也曾以募兵，《王广之传》对这次募兵的具体情况记载较详：“北虏动，明年，诏假广之节，出淮上。广之家在彭、沛，启上求招诱乡里部曲，北取彭城，上许之。”王广之本已持节，但不能直接凭节进行招募，必须经中央批准才可以。永明十一年（493年）的招募当与此同，只不过史书中简略了其中的过程而已。耿敬先生的研究表明，“魏晋南北朝时期，在中央政府控制下的正规募兵，其招募是有一定程序的，一般先是由中央政府发出募兵命令，然后召募者再持虎符、符信或诏书等募兵凭证进行召募。”（《关于魏晋南北朝时期募兵制度的探讨》，《中国史研究》，1994年第3期。）永明年间为南齐统治较为稳定的时期，募兵当按正常程序进行。

陶新华君曾引《南齐书》卷26《王敬则传》中王敬则“臣知何物科法，见背后有节，便言应得杀人”这句话得出“刘宋以后，虽有时限制地方军政官的专杀权，但并未长久实行”[①]的观点。而在同书的另一处又引雍州刺史王奂擅杀宁蛮府长史刘兴祖被收的例子[②]得出南齐时“又像孝武帝那样，对地方军政官的专杀权加以了限制”[③]的相反观点。王敬则的话说在永明三年（485年），王奂的事情发生在永明十一年（493年），同在永明年间，持节都督享有的专杀权何以如此不同呢？还是让我们来看看王敬则那句话的具体语境吧：

宋广州刺史王翼之子妾路氏，刚暴，数杀婢，翼之子法明告敬则，敬则付山阴狱杀之，路氏家诉，为有司所奏，山阴令刘岱坐弃市刑。敬则入朝，上谓敬则曰：“人命至重，是谁下意杀之？都不启闻？”敬则曰：“是臣愚意。臣知何物科法，见背后有节，便言应得杀人。”刘岱亦引罪，上乃赦之。敬则免官，以公领郡。

时王敬则为使持节散骑常侍都督会稽东阳新安临海永嘉五郡军事、镇东将军、会稽太守。山阴令刘岱在王敬则的授意下杀了路氏，为有关人员劾奏被叛“弃市”刑，这是按杀人罪来处理的。当齐武帝萧赜得知是王敬则的授意，便免去王敬则的一切官职，可见王敬则是没有杀路氏的权力的。而工敬则“背后有节，便言应得杀人”的话也不会毫无根据。对此，我们只能用宋孝武帝大明七年（463年）四月甲子诏来解释，“自非临军战陈，一不得专杀”表明在军事活动中持节者仍拥有专杀权，

① 陶新华：《魏晋南朝中央对地方军政官的管理制度研究》，巴蜀书社，2003年，第101页。

②《南齐书》卷49《王奂传》：（永明）十一年（493年），奂辄杀宁蛮长史刘兴祖，上大怒，使御史中丞孔稚珪奏其事曰：雍州刺史王奂启录小府长史刘兴祖，虚称“兴祖扇动山蛮，规生逆谋，诳言诽谤，言辞不逊”。敕使送兴祖下都，奂虑所启欺妄，于狱打杀兴祖，诈启称自经死。……上遣中书舍人吕文显、直閤将军曹道刚领斋仗五百人收奂。

③ 陶新华：《魏晋南朝中央对地方军政官的管理制度研究》，巴蜀书社，2003年，第121页。

这便是王敬则以节杀人的根据。可是王敬则杀人并不是在临军战阵时，而是在民事活动中杀了一个女子，所以只能以“杀人罪论”。与雍州刺史王奂无权杀宁蛮府长史一样。这表明南齐时期是沿着宋孝武帝限制持节者发兵权与民事专杀权的道路往前走的。

由上引杨佺期的话可知，北魏持节地方官没有自主发兵的权力。史书关于北朝发兵的具体情况没有明确的记载，不过我们可以根据零星的史料推知其大概。孝文帝延兴二年（472年）“五月丁巳，诏军警给玺印、传符，次给马印。”[①]联系东晋毛穆之所说“无复军警，不宜加节”可知北魏玺印、传符的功能与东晋节的功能相同，也就是说北魏不是以节发兵，而是以玺印、传符发兵，发兵权掌握在中央，而不是地方。

《隋书》卷11《礼仪志六》载北魏北齐制：“‘皇帝信玺’，下铜虎符，发诸州征镇兵，下竹使符，拜代征召诸州刺史，则用之。”北周制：“‘皇帝信玺’，发诸夏之兵用之。”同书卷12《礼仪志七》载隋制：“‘皇帝信玺’，征诸夏兵，则用之。”可知终北朝之世，发兵都要由皇帝下达玺书，同时还要以符为信物。孝文帝太和中，恒州刺史穆泰谋反，推阳平王元颐为主，元颐不同，上表朝廷，孝文帝决定派任城王元澄前往剿灭。孝文帝对元澄的部署是：“如其弱也，直往擒翦。若其势强，可承制发并肆兵以殄之。”并“授节，铜虎、竹使符，御仗，左右，仍行恒州事。”[②]元澄要承制发并肆兵，必须有铜虎符为凭。孝文帝南伐，为保证后方稳定，以弟赵郡王干“为使持节、车骑大将军、都督关右诸军事，给铜虎符十”[③]，给元干铜虎符就是为了在紧急情况下可以发兵。北齐广宁王高孝珩“恨不得握兵符，受庙算，展我心力耳”[④]的慨叹也

①《魏书》卷7上《高祖孝文帝纪》，第136页。
②《魏书》卷19中《任城王云传附子澄传》，第468页。
③《魏书》卷21《赵郡王干传》，第542页。
④《北齐书》卷11《广宁王孝珩传》，第145页。

表明了符与兵权之间的关系。①

从《唐六典》符宝郎的职掌中可以得知唐代发兵的程序，“凡国有大事则出纳符节，辨其左右之异，藏其左而班其右，以合中外之契焉。一曰铜鱼符，所以起军旅，易守长……鱼符之制，王畿之内，左三右一；王畿之外，左五右一。左者在内，右者在外，行用之日，从第一为首，后事须用，以次发之，周而复始。大事兼敕书，小事但降符函封，遣使合而行之。”②即以铜鱼符为信，地方守长持右，中央持左，有事派使者前往合符，大事还须敕书相随。这当是对北朝以符发兵制度的承袭与完善。以符发兵是对魏晋时期以节发兵制度的反动，在某种程度上也是对汉代发兵制度的回归。③

北魏节仍是行使赏罚权的标志。太和中，孝文帝南伐，以东阳王元丕与广陵王元羽留守京师，并加使持节，诏书中称：“留守非贤莫可。太尉年尊德重，位总阿衡。羽朕之懿弟，温柔明断。故使二人留守京邑，授以二节，赏罚在手。其祗允成宪，以称朕心。”④节是元丕、元羽赏罚权的依据。北魏后期出现了比节威力更强的赏罚信物——齐库刀。孝昌初，梁豫州刺史裴邃等寇淮南，“诏行台郦道元、都督河间王琛讨

---

①《魏书》卷21上《广陵王羽传》：高祖将南讨，遣羽持节安抚六镇，发其突骑，夷人宁悦。《周书》卷27《宇文测传附弟深传》：是冬，齐神武又率大众度河涉洛，至于沙苑。诸将皆有惧色，唯深独贺。太祖诘之，曰：“贼来充斥，何贺之有?”对曰：“高欢之抚河北，甚得众心，虽乏智谋，人皆用命，以此自守，未易可图。今悬师度河，非众所欲，唯欢耻失窦氏，愎谏而来。所谓忿兵，一战可以擒也。此事昭然可见，不贺何为。请假深一节，发王罴之兵，邀其走路，使无遗类矣。”太祖然之。寻而大破齐神武军，如深所策。元羽“持节安抚六镇，发其突骑”，宇文深的“请假深一节，发王罴之兵”，乍看起来，好像是以节发兵，不过，元羽与宇文深的身份均为使者，节只是使者身份的标志而已，发兵当另有信物为凭。

②李林甫：《唐六典》，中华书局，1992年，第253页。

③《汉书》卷4《文帝纪》载汉发兵之制：“(二年) 九月，初与郡守为铜虎符、竹使符。”注引颜师古曰：“与郡守为符者，谓各分其半，右留京师，左以与之。“应劭曰：“铜虎符第一至第五，国家当发兵遣使者，至郡合符，符合乃听受之。“汉代发兵以虎符为信，郡守持左半，右半留中央，发兵时则由中央派使者到郡合符，符合郡守方可发兵。

④《魏书》卷14《武卫将军谓传附兴都子东阳王丕传》，第358页。

之，停师城父，累月不进。敕孝芬持节赍齐库刀，催令赴接，贼退而还。”[①]徐州刺史元法僧叛投梁，梁派萧综占据彭城，魏明帝派大都督安丰王延明督临淮王彧前往征讨，二军迟迟不进，“乃诏（辛）雄副太常少卿元诲为使，给齐库刀，持节、乘驿催军，有违即令斩决。”[②]崔孝芬、元诲、辛雄持节与齐库刀督军，与汉末督军御史持节督军性质相同，不过所持信物及其作用有所不同。汉代节既是使者身份的标志，也是专杀权的凭借；北魏的节则仅仅是使者身份的标志，专杀权要以齐库刀为凭。

虽然丧失了发兵权与民事专杀权，南北朝时期，地方官持节并非毫无意义，节仍是地方官及军事将领拥有指挥权与军事专杀权的标志，北周静帝大象元年“初令授总管刺史及行兵者，加持节，余悉罢之。”[③]节将的身份仍有别于一般将领。南朝陈时，始兴王叔陵欲谋反，诏诱右卫将军萧摩诃，萧摩诃说：“须王心膂节将自来，方敢从命。”[④]唐代节仍然保留有军事专杀权，“旌节之制，命大将帅及遣使于四方，则请而假之，旌以专赏，节以专杀。”[⑤]节度使的名称即因此而来。[⑥]这可以说是魏晋南北朝时期地方官持节之制的残留。

随着隋的统一，稳定局面的到来，新的信物的出现，[⑦]地方行政军事化向民政化回归，州县长官持节已没有什么实际意义。但隋的总管刺史仍加使持节、持节，对此杜佑评价说：“按魏置使持节，宠奉使官之任。隋氏废郡，而以刺史牧人，既非使官，则合罢持节之称。其时制

---

①《魏书》卷57《崔挺列传附子孝芬传》，第1266页。

②《魏书》卷77《辛雄传》，第1694页。

③《周书》卷7《宣帝纪》，第118页。

④《陈书》卷36《始兴王叔陵传》，第495页。

⑤李林甫：《唐六典》，中华书局，1992年，第254页。

⑥《通典》卷32《职官十四》：“分天下州县制为诸道，每道置使，治于所部。其边方有寇戎之地，则加以旌节，谓之节度使……得以军事专杀。”

⑦《隋书》卷1《高祖杨坚上纪》：（开皇七年<587年>），颁青龙符于东方总管、刺史，西方以驺虞，南方以朱雀，北方以玄武。《北史》卷11《高祖文帝纪》：（开皇九年<589年>）颁木鱼符于总管、刺史，雌一雄三。

置，不以名实相副为意，仍旧存之。后改为太守，亦复不省，所以使持节之名，及于边远小郡，乃不征典故之失。”[①]虽然杜佑对使者持节的时间判断不确，但对隋刺史持节的有名无实则切中要害。唐代总管刺史加使持节、持节迳称加号，“武德初，边要之地置总管以统军，加号使持节，盖汉刺史之任。”[②]，“大唐武德元年（618年），改郡为州，改太守为刺史，加号持节。……后加号为使持节诸军事，而实无节，但颁铜鱼符而已。”[③]曾经煊赫一时的地方官加节之制消失在历史的长河中。

---

① 《通典》卷32《职官十四》，第887页。

② 《新唐书》卷49下《百官志四下》都督府条注，第1315页。

③ 《通典》卷33《职官十五》，第907页。

第五章　地方官加侍中、散骑官[①]

加侍中、散骑官是地方官品位管理中的一个重要手段。侍中、散骑官本为皇帝身边的近侍，为了某些大臣参政的需要，也可以用作加官。汉时侍中、散骑官所加对象基本上仅限于中央官，汉末开始出现地方官加侍中现象，晋时地方官加侍中、散骑官呈现出发展的态势，加侍中、散骑官的意义也由此开始发生变化。侍中、散骑官所加对象是如何由中央官扩展至地方官？地方官加侍中、散骑官与中央官加侍中、散骑官相比，意义又有何不同呢？对这些问题进行探讨，将有助于我们加深对地方官品位管理方式与特点的认识。

一、侍中散骑官的设置与性质

最初侍中是职掌，由某些官职承担。“周公《立政篇·戒成王》常伯常任以为左右，是也。”[②]秦时侍中本丞相史，“五人往来殿内东厢奏事，故谓之侍中。”[③]这表明秦时侍中既不为专职，也不为加官，只不过

---

①魏晋南北朝时期，地方官所加内侍官有侍中、散骑诸官与给事中，所以题中的侍中、散骑官也包括给事中。

②徐坚：《初学记》卷12《职官部下》侍中条，中华书局，1962年，第279页。

③《宋书》卷39《百官志上》，第1238页。

是在相府与皇宫之间传递信息的丞相史的另称。散骑为秦时所设，“傍乘舆，专献替可否”[①]，是没有什么具体职事的官职。西汉时，侍中、散骑、给事中皆为加官，《汉书》卷19上《百官公卿表第七上》：“侍中、左右曹、诸吏、散骑、中常侍，皆加官，所加或列侯、将军、卿大夫、将、都尉、尚书、太医、太官令至郎中，亡员，多至数十人。侍中、中常侍得入禁中，诸曹受尚书事，诸吏得举法，散骑骑并乘舆车。给事中亦加官，所加或大夫、博士、议郎，掌顾问应对，位次中常侍。”这些加官所加对象及享有的权力不尽相同，地位也上下有差。后世侍中、散骑、给事中的等级差别也源于此。

东汉时，光武帝扩大尚书权力，省掉左右曹、诸吏、散骑、给事中等，侍中由加官成为正式官职，文属少府，并在秩级序列中找到了自己的位置。《后汉书》卷116《百官志三》少府条：“侍中，比二千石。本注曰：无员。掌侍左右，赞导众事，顾问应对。法驾出，则多识者一人参乘，余皆骑在乘舆车后。”由其职掌可知，侍中合原散骑、给事中的职责与一身。对侍中的人选也有了明确规定：“侍中、常伯，选旧儒高德，博学渊懿。”[②]虽然制度上规定侍中西汉时为加官，东汉时为专任，但事实上西汉时亦有专任者，东汉时亦有加官侍中者，二者并未区分开来。[③]汉灵帝时，侍中脱离少府成为一个独立的机构——侍中寺，并第一次有了员额规定。[④]员额的规定、职掌的固定显示了区分专任与加官的必要性与可能性。

魏晋南朝侍中的设置，《晋书》卷24《职官志》：“侍中……魏晋以来置四人，别加官者则非数。……江左哀帝兴宁四年（366年），桓温

---

①李林甫：《唐六典》卷8《门下省》左散骑常侍条，中华书局，1992年，第245页。

②《后汉书》卷116《百官志三·少府条》注引蔡质《汉仪》，第3593页。

③ 详见杨鸿年：《侍中是加官》，《汉魏制度丛考》，武汉大学出版社，1985年，第48–50页。

④祝总斌：《汉代的侍中寺》，《两汉魏晋南北朝宰相制度研究》，中国社会科学出版社，1998年，第254–264页。

奏省二人，后复旧。”《宋书》卷39《百官志上》：“侍中……魏、晋以来，置四人，别加官不主数。”《隋书》卷26《百官志上》：“门下省置侍中、给事黄门侍郎各四人”。是魏晋南朝，侍中员额始终为四人，虽然偶尔短时间内有些变化，但四人为常态。这四人之制直接脱胎于魏国而不是汉庭。汉献帝建安十八年（213年），“冬，十一月，魏初置尚书、侍中、六卿；以……王粲、杜袭、卫觊、和洽为侍中”胡注曰：“自是以后，侍中遂以四人为定员。”[①]“别加官者则非数”、“别加官不主数”体现出专任与加官的区别，侍中一职也由此走上不同的发展道路，专任侍中一直是门下省的长官，加官侍中则沿着散官化的方向发展。

《晋书》卷24《职官志》：“散骑常侍……魏文帝黄初初，置散骑，合之于中常侍，同掌规谏，不典事，貂珰插右，骑而散从，至晋不改……常为显职。”“散骑侍郎四人，魏初与散骑常侍同置。”据此，散骑常侍、侍郎设于魏文帝黄初初，而《三国志》卷2《文帝纪》：“（延康）元年（220年）二月……置散骑常侍、侍郎各四人。”黄惠贤先生进一步考证，改元延康是在三月，所以准确而言，散骑常侍、侍郎的设置时间应为汉献帝建安二十五年（220年）二月。[②]也就是说，散骑常侍、侍郎亦由魏王国而来，而不是迟至黄初曹丕称帝后才设。

魏末时又置员外散骑常侍，无员额限制。晋武帝时，又对散骑官的设置进行了一次改革，内容有二。其一为设置通直散骑常侍。“泰始十年（274年），武帝使二人与散骑常侍通员直，故谓之通直散骑常侍。”[③]陶氏《职官要录》亦曰：“晋太始十年（274年），诏东平王楙为员外常侍，通直殿中，与散骑常侍通直，通直之号盖自此始也。”[④]东晋时增至四人。其二为仿魏末设员外常侍而设员外散骑侍郎，亦无员额限制。东

①《资治通鉴》卷66《汉纪》献帝建安十八年，第2123页。

②黄惠贤：《散骑诸官初置时期有关问题索隐》，《魏晋南北朝隋唐史资料》第17辑，武汉大学出版社，2000年。

③《晋书》卷24《职官志》，第734页。

④李昉：《太平御览》卷224《职官部》，中华书局，1960年，第1065页。

晋元帝又仿晋武帝设通直常侍而设通直散骑侍郎，“初，武帝置员外散骑侍郎，及太兴元年（318 年），元帝使二人与散骑侍郎通员直，故谓之通直散骑侍郎，后增为四人。”[①]至此，魏晋南朝散骑官的设置基本定型，即散骑常侍、侍郎各四人，通直常侍、侍郎亦各四人，员外常侍、侍郎皆无员。

散骑诸官刚设立之时，当与侍中相对独立。后与侍中、黄门郎共平尚书事，晋时隶门下省，但仍保持相对的独立性，“虽隶门下，别为一省，潘岳云‘寓直散骑之省’是也。”[②]宋以后，职任闲散，“用人益轻，别置集书省领之。”[③]齐、梁、陈因而不改。散骑诸官原为专任，不久后亦别为加官。[④]给事中，魏晋以后复置，无员额限定，隶散骑省，后隶集书省。或为正员，或为加官。[⑤]

北魏来自于北方少数民族，早期并无侍中、散骑官。《魏书》卷113《官氏志》载天兴元年置散骑常侍，天赐三年置散骑郎，孝文帝太和十五年（491 年）十二月“置侍中、黄门各四人，又置散骑常侍、侍郎，员各四人。通直散骑常侍、侍郎，员外散骑常侍、侍郎，各六人。”[⑥]其实，道武帝时已有侍中、散骑常侍、侍郎及给事中。孝文帝改革之后，侍中、散骑官设置稍稍完备，散骑诸官自成集书省，给事中隶集书。[⑦]普泰初，侍中又增置六人。[⑧]北齐因后魏之制，只是散骑官的员额略有不同，“散骑常侍、通直散骑常侍各六人……散骑侍郎六人，员外散骑常侍二十人，通直散骑侍郎六人，给事中六人，员外散骑侍郎一

---

①《晋书》卷 24《职官志》，第 734 页。

②李林甫：《唐六典》卷 8《门下省》，中华书局，1992 年，第 246 页。

③徐坚等著：《初学记》卷 12《职官部下》，中华书局，1962 年，第 296 页。

④黄惠贤：《曹魏中后期散骑诸官的变化》，《魏晋南北朝隋唐史资料》第 17 辑，武汉大学出版社，2000 年。

⑤《通典》卷 21《职官三》：“晋无加官，亦无常员”。这种说法显然是不对的，《晋书》中给事中为正员与加官的比比皆是。

⑥《魏书》卷 113《官氏志》，第 2976 页。

⑦祝总斌：《北朝的门下省》，《两汉魏晋南北朝宰相制度研究》，中国社会科学出版社，1998 年。

⑧《魏书》卷 113《官氏志》，第 3004 页。

百二十人……”。[1]

后周实行六官之制，将门下省长官侍中改为御伯、纳言。[2]加官侍中与本无具体职事的散骑官一起被拉入双授制度中，“其开府又加骠骑大将军、侍中。其仪同又加车骑大将军、散骑常侍。”[3]员外常侍、侍郎被分为左右，右员外常侍与宁远将军、左员外常侍与扬烈将军、右员外侍郎与威烈将军、左员外侍郎与讨寇将军、给事中与襄威将军共同形成双授关系，成为官员本阶的标志。[4]通直常侍、侍郎则消失不见。

二、中央官加侍中、散骑官的变化

上文已经提及，西汉时侍中、散骑的加官对象为“列侯、将军、卿大夫、将、都尉、尚书、太医、太官令至郎中”，给事中所加对象为“大夫、博士、议郎”。不过据杨鸿年先生考证，列侯、将军、卿、三公四辅、谒者等亦有加给事中的，“上自公卿列侯下至议郎、谒者，几无官不可加给事中”。[5]可见，给事中与侍中、散骑所加对象并无太大区别，只是各有所侧重而已。东汉时，侍中所加对象则“多限于卫尉、五

---

①《隋书》卷27《百官中》，第754页。制虽如此，但事实上常常超出限额规定。《北齐书》卷31《王昕传》：“后吏部尚书李神俊奏言，比因多故，常侍遂无员限，今以王元景等为常侍，定限八员。”

②《唐六典》卷8《门下省》，“后周天官府置御伯中大夫二人，天子出入则侍于左右，大祭祀盥洗则授巾。武帝改御伯为纳言，盖侍中之职也。”

③《周书》卷24《卢辩传》，第407页；《北史》卷30《卢同传附兄子辩传》，第1104页。

④阎步克：《西魏北周军号散官双授制度述论》，《学人》第12辑，江苏文艺出版社1998年；《乐师与史官——传统政治文化与政治制度论集》，三联出版社，2001年。《西魏北周军号散官双授考》，《品位与职位》，中华书局，2002年。

⑤杨鸿年：《给事中是加官与所加各官》，《汉魏制度丛考》，武汉大学出版社，1985年8月，第36–38页。

官中郎将、诸校尉、诸都尉等宫卫武职。”①

曹魏在重设侍中、散骑官的同时，似乎对他们的加官对象进行了重新规定，以尚书省为首的省官与以领护军为首的新的禁卫系统官是侍中散骑的主要加官对象，列侯、将军、都尉、大夫、博士则沿袭汉制，亦在加官对象之列。

以省官加侍中散骑，如黄初中卫臻以吏部尚书加侍中，后迁尚书右仆射，仍加侍中；太和中徐宣以尚书右仆射加侍中；青龙中陈矫以尚书令加侍中；嘉平初司马孚以尚书令加侍中；正元初陈泰以尚书右仆射加侍中；咸熙元年（264年）裴秀以尚书令右光禄大夫加给事中。②太和至青龙年间，孙资、刘放分别以中书监、令由加给事中而散骑常侍而侍中；甘露中虞松以中书令加给事中。③晋世，秘书省官也可加侍中、散骑，东晋太兴中，华谭以秘书监加散骑常侍。④

以禁卫系统官加侍中散骑，如青龙中蒋济以护军将军加散骑常侍；正元中王肃以中领军加散骑常侍；太和中曹爽以城门校尉加散骑常侍；景初中司马骏以步兵、屯骑校尉加散骑常侍；景初末甄畅以射声校尉加散骑常侍；嘉平中司马望以护军将军加散骑常侍；甘露中司马炎以中垒将军加散骑常侍；景元中贾充以中护军加散骑常侍；太和中秦朗以骁骑将军加给事中。⑤

以列侯、将军、都尉、大夫、博士加侍中散骑，如李韬以列侯加给

---

①徐冲：《关于曹魏的侍中尚书》，《国学研究》第十六卷，北京大学出版社，2005年，第264页。

②分见：《三国志》卷22《卫臻传》、《徐宣传》、《陈矫传》，《晋书》卷37《安平献王孚传》，《三国志》卷22《陈泰传》，《晋书》卷35《裴秀传》。

③分见：《三国志》卷14《刘放传附孙资传》，《三国志》卷4《三少帝纪·高贵乡公髦纪》注引《魏氏春秋》。

④《晋书》卷52《华谭传》。

⑤分见：《三国志》卷14《蒋济传》；《三国志》卷13《王郎传附子肃传》；《三国志》卷9《曹真传附子爽》；《晋书》卷38《扶风王骏传》；《三国志》卷5《后妃传·文昭甄皇后传》；《晋书》卷37《安平献王孚传附邕弟义阳成王望传》；《晋书》卷3《世祖武帝纪》；《晋书》卷40《贾充传》；《三国志》卷3《明帝纪》注引《魏略》。

事中。[①]太和中黄权以镇南将军加侍中；咸熙中甄温以辅国大将军加侍中。[②]李丰以骑都尉加给事中。[③]黄初中董昭以光禄大夫加给事中；苏林以博士加给事中；太和初高堂隆以博士加给事中。[④]

以公加侍中、散骑的情况比较特殊。《宋书》卷18《礼志五》："自魏、晋以来，宗庙行礼之外，不欲令臣下服衮冕，故位公者，每加侍官。"不过，据洪饴孙《三国职官表》，魏世以公加侍中、散骑并非普遍现象，以公加侍中的仅有司马懿、曹爽、司马师、司马昭四人。魏明帝临崩之时，引曹爽与司马懿入卧内，拜曹爽为"大将军，假节钺，都督中外诸军事，录尚书事"[⑤]，命与司马懿共辅幼主。时司马懿为太尉。齐王即位，加曹爽侍中，又迁司马懿为"侍中、持节、都督中外诸军、录尚书事，与爽……共执朝政"。[⑥]高平陵事变之后，政权实归司马氏所有，嘉平三年（251年），司马懿去世，其子司马师掌权，嘉平四年（252年）"迁大将军，加侍中，持节、都督中外诸军、录尚书事。"[⑦]正元二年（255年），司马师病逝，大权转移到其弟司马昭手中，"进位大将军，加侍中，都督中外诸军、录尚书事，辅政"[⑧]。这四人官号如出一辙，实际上已经掌握了军政大权，加侍中名义上是为了辅政，实际上是为了更好地控制皇帝。除此之外，魏世任太傅、大将军、太尉、司徒、司空等公官的近40人之多，鲜见加内侍官者。唯咸熙元年王祥以太尉加侍中，咸熙二年（265年）郑冲以太保加侍中，不过这已是魏晋禅代前夜。[⑨]

---

①《三国志》卷9《夏侯尚传附子玄传》注引《魏书》。

②分见：《三国志》卷2《文帝纪》注引《魏略》；《三国志》卷5《后妃传·文昭甄皇后传》注引《晋诸公赞》。

③《三国志》卷9《夏侯尚传附子玄传》注引《魏略》。

④分见：《三国志》卷14《董昭传》；《三国志》卷21《刘劭传附苏林》注引《魏略》；《三国志》卷25《高堂隆传》。

⑤《三国志》卷9《曹真传附子爽传》，第282页。

⑥《晋书》卷1《高祖宣帝纪》，第13页。

⑦《晋书》卷2《世宗景帝纪》，第26页。

⑧《晋书》卷2《太祖文帝纪》，第32页。

⑨《晋书》卷33《王祥传》、《郑冲传》。

以公加侍中散骑的做法到西晋时才普遍开来。武帝践祚，郑冲以太傅加侍中，何曾由太尉而太保而太傅而太宰皆加侍中，荀顗以司徒加侍中，石苞以大司马加侍中，贾充以司空加侍中。[①]即使位从公者也不例外，太康年间王濬以抚军大将军、开府仪同三司，惠帝时傅咸以右光禄大夫开府加侍中。[②]这些以公加侍中者与魏时不同，特别是郑冲、荀顗等都是先朝遗老，他们加侍中显然不是为了辅政的需要。参以“魏明帝以公卿衮衣黼黻之饰，疑于至尊，多所减损……及晋受命，遵而无改”[③]，我们推测对于不欲臣下服衮冕之服，魏时的主要措施时通过“损略黼黻”[④]来显示君臣的不同，而晋时干脆就不让王公服衮冕，而代之以侍中、常侍之服，服衮冕则需要特赐。

丞相亦加侍中。晋代魏后，不置丞相，惠帝以后省置无恒，为之者皆非寻常人臣。愍帝建兴元年（313年），以琅邪王司马睿与南阳王司马保分别为左右丞相，作为左膀右臂。《晋书》卷5《孝愍帝纪》：“（建兴元年＜313年＞）以镇东大将军、琅邪王睿为侍中、左丞相、大都督陕东诸军事”。同书卷37《南阳王保传》：“及愍帝即位，以保为右丞相，加侍中、都督陕西诸军事。”东晋时王导、桓玄亦位至丞相，并加侍中。《晋书》卷7《显宗成帝纪》：“秋七月庚申，使持节、侍中、丞相、领扬州刺史、始兴公王导薨。”同书卷99《桓玄传》：“又矫诏加己总百揆，侍中、都督中外诸军事、丞相、录尚书事、扬州牧，领徐州刺史”。

相国距皇帝仅一步之遥，魏晋以后，相国非人臣之位。晋南朝各开国皇帝在篡位之前，都以相国作为中转站。即使昙花一现的赵王司马伦、桓玄等也曾自号相国。一人之下，万人之上，位无不总，礼绝朝

①分见：《晋书》卷33《郑冲传》、《何曾传》；《晋书》卷39《荀顗传》；《晋书》卷33《石苞》；《晋书》卷40《贾充传》。

②分见：《晋书》卷42《王濬传》；《晋书》卷46《傅玄传附子咸传》。

③《晋书》卷25《舆服志》，第765页。

④参见阎步克：《宗经、复古与尊君、实用（上）——中古〈周礼〉六冕制度的兴衰变异》之《魏晋朝廷的损略黼黻》，《北京大学学报》，2005年第6期。

班，已经成为事实上的皇帝，故无需加侍中。魏景元三年（239年），司马昭受相国之位，“天子命晋公以相国总百揆，于是上节传，去侍中、大都督、录尚书之号”①。宋高祖刘裕、齐高帝萧道成、梁武帝萧衍、陈武帝陈霸先不厌其烦地重复上演着同样拙劣的故事。

两汉至魏，并没有东宫官加侍中散骑的现象。西晋时，开始出现太子保傅官加侍中、散骑的现象：

山涛：咸宁初，转太子少傅，加散骑常侍。（《晋书》卷43《山涛传》，1226）

和峤：及惠帝即位，拜太子少傅，加散骑常侍、光禄大夫。（《晋书》卷45《和峤传》，1283）

华廙：惠帝即位……寻迁太子少傅，加散骑常侍，动遵礼典，得傅导之义。（《晋书》卷44《华表传附子廙传》，1261）

刘寔：元康初，进爵为侯，累迁太子太保，加侍中、特进、右光禄大夫、开府仪同三司，领冀州都督。（《晋书》卷41《刘寔传》，1196）

如果说晋时东宫官加侍中散骑只限于保傅的话，宋之后则进一步向下扩展，詹事、卫率等都可以加：

徐湛之：又迁太子詹事，寻加侍中。（《宋书》卷71《徐湛之传》，1844）

刘遵考：（元嘉）七年（430年），除太子右卫率，加给事中。（《宋书》卷51《宗室传·营浦侯遵考传》，1481）

薛安都：转太子左卫率。……安都明年复职，改封武昌县侯，加散骑常侍。七年，又加征虏将军，为太子左卫率十年，终世祖世不转。（《宋书》卷88《薛安都传》，2218）

《汉表》将卿列为侍中等官的主要加官对象之一。不过，据《晋书》卷68《贺循传》：“建武初，为中书令，加散骑常侍，又以老疾固辞。……于是改拜太常，常侍如故。循以九卿旧不加官，今又疾患，不

① 《晋书》卷2《太祖文帝纪》，第43页。

宜兼处此职，惟拜太常而已。”则从制度上来讲，魏及西晋时期九卿不在加官对象之列，这从一个侧面反映出九卿地位的下降。然亦偶有例外者，晋武帝时司马楙“迁大鸿胪，加侍中。”①怀帝时缪胤“转散骑常侍、太仆卿。”②司马楙以大鸿胪加侍中也许是皇帝不欲诸王服衮冕之服的缘故，缪胤以太仆卿加散骑常侍亦可能是战乱时期的权宜之计。“九卿旧不加官”表明东晋之前九卿不加侍中、散骑乃是制度的常态。虽然贺循没有接受散骑常侍的加官，九卿不加侍中散骑官的制度却因之而打破，东晋南朝多有以卿加侍中、散骑官的：

薛兼：永昌初，王敦表兼为太常。明帝即位，加散骑常侍。（《晋书》卷68《薛兼传》，1832）

虞胤：（明帝）徙胤为宗正卿，加散骑常侍。（《晋书》卷93《外戚传·虞豫传附子胤传》，2413）

苏峻：（成帝时）遂下优诏征峻为大司农，加散骑常侍，位特进，以弟逸代领部曲。（《晋书》卷100《苏峻传》，2629）

萧惠开：（大明）六年（462年），除少府，加给事中。（《宋书》卷87《萧惠开传》，2203）

江淹：（齐明帝时）俄除廷尉卿，加给事中……（《梁书》卷14《江淹传》，250）

杨公则：（天监三年＜504年＞）仍迁卫尉卿，加散骑常侍。（《梁书》卷10《杨公则传》，197）

甚至太后卿官亦有加侍中散骑官的，宋高祖称帝，王敬弘“补宣训卫尉，加散骑常侍。”③宣训宫乃太后所居。④

梁中大同年间，褚球“迁通直散骑常侍，秘书监，领著作。迁司徒左长史，常侍、著作如故。自魏孙礼、晋荀组以后，台佐加貂，始自球

①《晋书》卷37《安平献王孚传附整弟竟陵王楙传》，第1089页。

②《晋书》卷60《缪播传附从弟胤传》，第1637页。

③《宋书》卷66《王敬弘传》，第1730页。

④《南史》卷11《孝懿萧皇后传》：“义熙七年（411年），拜豫章公太夫人，武帝为宋公、宋王，又加太妃、太后之号。帝践阼，尊曰皇太后，居宣训宫。”

也。”[①]台佐即公府僚佐，褚球之前，以公府僚佐加侍中、散骑官的仅孙礼、荀组二人。魏明帝时孙礼为尚书，明帝临崩之时，托孤大将军曹爽，“宜得良佐，于床下受遗诏，拜礼大将军长史，加散骑常侍。”[②]荀组以台佐加官史无载，具体情况不得而知。想必情况也比较特殊，所以才被特意记录下来，也表明公府僚佐加侍中、散骑官并不在制度规定范围之内。“台佐加貂，始自球也”则意味着制度的改变，陈时谢哲与江总都以司徒左长史加内侍官：

谢哲：高宗为录尚书，引为侍中、仁威将军、司徒左长史。（《陈书》卷21《谢哲传》，277）

江总：寻起为散骑常侍、明烈将军、司徒左长史，迁太常卿。（《陈书》卷27《江总传》，346）

北朝甚至连地方府佐也滥加散骑常侍，庄帝初斛斯椿“迁散骑常侍、平北将军司马”[③]。以致不得不以皇帝下诏的方式来禁止与追回，魏出帝永熙二年（533年）夏四月戊辰，“诏诸参佐自三府以下爰及外州，皆不得复加常侍及兼两员，虽已授者亦悉追之。”[④]

三、地方官加侍中、散骑官的出现与发展

地方官加侍中最早出现在汉末。建安中，曹操与袁绍相持于官渡，袁绍派人向镇南将军荆州牧刘表求助，刘表嘴上答应却不采取行动，想静观天下之变。从事中郎韩嵩、别驾刘先认为天下之势在曹操，劝他依附曹操，刘表犹豫不决，决定先派韩嵩前去打探虚实：

谓嵩曰：“今天下未知所定，而曹操拥天子都许，君为我观其衅。”嵩对曰：“嵩观曹公之明，必得志于天下。将军若欲归之，使嵩

---

①《梁书》卷41《褚球传》，第590页。

②《魏书》卷24《孙礼传》，第691页。

③《魏书》卷80《斛斯椿传》，第1772页。

④《魏书》卷11《出帝纪》，第287页。

可也。如其犹豫，嵩至京师，天子假嵩一职，不获辞命，则成天子之臣，将军之故吏耳。在君为君，不复为将军死也。惟加重思。”表以为惮使，强之。至许，果拜嵩侍中、零陵太守。（《后汉书》卷74下《刘表传》，2422）

在群雄割据中崭露头角的曹操将网罗人才看作头等大事，对送上门来的韩嵩自然不会放过，对此，韩嵩早已料到。侍中零陵太守的头衔虽是汉天子所命，也是曹操笼络人才示范他人的表现。

延康年间也出现了类似的事情。《三国志》卷14《刘晔传》：“延康元年（220年），蜀将孟达率众降。达有容止才观，文帝甚器爱之，使达为新城太守，加散骑常侍。”与对韩嵩的任命如出一辙，不过同书卷3《明帝纪》所载与此不同：“又加拜散骑常侍，领新城太守，委以西南之任。”卷40《刘封传》：“魏文帝善达之姿才容观，以为散骑常侍、建武将军，封平阳亭侯。合房陵、上庸、西城三郡为新城郡，以达领新城太守。”参之以“众臣或以为待之太猥，又不宜委以方任”[①]，“待之太猥”指其加官散骑常侍，“委以方任”指任其为新城太守。可知孟达的官衔以散骑常侍为主，新城太守是其领职。不过这为晋世地方官加侍中散骑官提供了某种成例。

地方官加侍中、散骑官的发展得益于王公加侍中、散骑官的拉动。上文已经提及，魏晋皇帝不欲王公服衮冕之服，凡位公者多加内侍官。而都督作为方镇大员，加官多有至大将军、大司马、太尉等公官者，这样，位为公者便把加官带到了都督任上来。《晋书》卷35《陈骞传》：“武帝受禅，以佐命之勋，进车骑将军，封高平郡公，迁侍中、大将军，出为都督扬州诸军事，余如故，假黄钺。”齐王司马攸在中央为侍中司空，太康三年（282年）诏“以为大司马、都督青州诸军事，侍中如故”[②]。诸王多有在都督任上加侍中的，汝阴王司马骏泰始六年“迁镇西大将军、使持节、都督雍凉等州诸军事，代汝南王亮镇关中，加衮

①《三国志》卷3《明帝纪》，第92页。
②《晋书》卷38《齐王攸传》，第1203页。

冕侍中之服。”[1]梁王司马彤“元康初，转征西将军，代秦王柬都督关中军事，领护西戎校尉。加侍中，进督梁州。”[2]在都督任上升至公的也一并加侍中或散骑，永嘉中苟晞迁“征东大将军、开府仪同三司，加侍中、假节、都督青州诸军事，领青州刺史”[3]；王浚进“为大司马，加侍中、大都督、督幽冀诸军事。”[4]

进而一些不为公的中央官在出任都督时，也将加官带到都督任上，贾充原为侍中、车骑将军、守尚书令，泰始七年（271年）武帝下诏：“以充为使持节、都督秦凉二州诸军事，侍中、车骑将军如故”[5]；羊祜原为散骑常侍、卫将军、尚书左仆射，“帝将有灭吴之志，以祜为都督荆州诸军事、假节，散骑常侍、卫将军如故。”[6]这样侍中散骑官逐渐摆脱对王、公的依附而可以直接加于都督，转折点发生在怀愍之际。永嘉末，怀帝蒙尘，秦王司马邺被麹允等人拥立，“允性仁厚，无威断，吴皮、王隐之徒，无赖凶人，皆加重爵，新平太守竺恢、始平太守杨像、扶风太守竺爽、安定太守焦嵩，皆征镇杖节，加侍中、常侍，村坞主帅小者，犹假银青、将军之号，欲以抚结众心。”[7]“欲以抚结众心”点明了加侍中、常侍官的本意已经发生了实质性的变化，不再是不欲王公服衮冕之服的替代手段，而成为加重官员资位、争取支持者的一种方式。

东晋南朝，加侍中、散骑官作为笼络人心的手段或奖功赏能的方式被广泛使用，从而使加官的对象扩展至刺史、太守、甚至县令长：

王逊：为南夷校尉、宁州刺史……又遣子澄奉表劝进于元帝，帝嘉之，累加散骑常侍、安南将军、假节，校尉、刺史如故，赐爵褒中县公。（《晋书》卷81《王逊传》，2109）

许懋：以足疾出为始平太守，政有能名。加散骑常侍，转天门太

① 《晋书》卷38《扶风王骏传》，第1125页。
② 《晋书》卷38《梁王彤传》，第1127页。
③ 《晋书》卷61《苟晞传》，第1667页。
④ 《晋书》卷39《王沈传附子浚传》，第1147页。
⑤ 《晋书》卷40《贾充传》，第1168页。
⑥ 《晋书》卷34《羊祜传》，第1014页。
⑦ 《晋书》卷89《忠义传·麹允传》，第2308页。

守。（《梁书》卷40《许懋传》，579）

萧坦之：除给事中，淮陵令，又除兰陵令，给事中如故。（《南齐书》卷42《萧坦之传》，748）

侍中、散骑官的加官对象在扩展的同时，自身的等级也在扩展。《宋书》卷83《任农夫传》："前世加官，唯散骑常侍，无通直员外之文。太宗以来，多因军功至大位，资轻加常侍者，往往通直员外焉。"即宋明帝之前，加官只有侍中、散骑常侍、散骑侍郎、给事中四等，地方官亦然，前文所举加侍中散骑常侍者较多，现将加散骑侍郎与给事中的各举一例：

加散骑侍郎：义熙二年（406年），迁都督江荆二州江夏随义阳绥安豫州西阳新蔡汝南颍川八郡军事、江州刺史，将军、持节如故。以兴复之功，封安成郡开国公，食邑三千户，增督司州之弘农扬州之松滋，加散骑侍郎，进镇南将军。（《晋书》卷85《何无忌传》，2215）

加给事中：除后将军、魏郡太守，加给事中，领兵镇石头。（《晋书》卷65《王导传附子恬传》，1755）

宋明帝之后，通直散骑常侍、员外散骑常侍、通直散骑侍郎、员外散骑侍郎也进入加官之中，使加官由四个等级升至八个等级：

加通直常侍：祖斐，齐通直散骑常侍、安远将军、衡州刺史，阳塘侯。（《陈书》卷13《鲁悉达传》，198）

加员外常侍：光大中，假节、员外散骑常侍、云旗将军、河东太守。（《陈书》卷18《刘仲威传附从弟广德传》，246）

加通直侍郎：高祖践祚，诏曰："……持节、通直散骑侍郎、贞威将军、北徐州刺史褒……"（《陈书》卷15《陈拟传》，217）

加员外侍郎：及即位，为南台侍御史，稍至员外散骑侍郎，南兰陵太守。（《宋书》卷94《恩幸传·王道隆传》，2317）

两晋时期，军司加侍中、散骑常侍也是一个非常引人注目的现象。《通典》卷29《职官十一》监军条："初，隗嚣军中尝置军师。至魏武帝，又置师官四人。晋避景帝讳，改为军司。凡诸军皆置之，以为常员，所以节量诸宜，亦监军之职也。"魏晋时期，军队里普设军司，以监督主帅、执行军法为职责，亦是军队主帅的后备人选。[①]加了侍中、散骑常侍的军司地位便不同于一般的军司。《晋书》卷67《郗昙传》：“时北中郎荀羡有疾，朝廷以昙为羡军司，加散骑常侍。顷之，羡征还，仍除北中郎将、都督徐兖青幽扬州之晋陵诸军事、领徐兖二州刺史、假节，镇下邳。”同书卷77《蔡谟传》：“及太尉郗鉴疾笃，出谟为太尉军司，加侍中。鉴卒，即拜谟为征北将军、都督徐兖青三州扬州之晋陵豫州之沛郡诸军事、领徐州刺史、假节。”郗昙和蔡谟都是在主帅病危的时候被派作军司的，加侍中或散骑常侍显示他们是中央派去的主帅的合法接班人，在主帅病逝或征还之后便自然而然升任主帅。《孝宗穆帝纪》便直接说“以散骑常侍郗昙为北中郎将、持节、都督徐兖青冀幽五州诸军事、徐兖二州刺史，镇下邳”，而不是说以军司郗昙。有时加散骑常侍的军司地位甚至高于主帅，惠帝时“氐人齐万年举兵反，以祗为行安西军司，加常侍，率安西将军夏侯骏讨平之。”[②]夏侯骏为主帅，反而要听从军司傅祗的调遣，就在于傅祗加官散骑常侍，有中央特派的意味。晋元帝出镇江东，以顾荣为军司加散骑常侍，则是出于拉拢南土著姓的需要。[③]

四、加侍中、散骑官的礼遇与权益

貂、蝉、珥珰是侍中的标志性饰物。《后汉书》卷120《舆服志下》：“武冠，一曰武弁大冠，诸武官冠之。侍中、中常侍加黄金珰，附蝉为文，貂尾为饰，谓之‘赵惠文冠’。”同书卷9《孝献帝纪》注引《汉官仪》：“侍中，左蝉右貂”。魏设散骑常侍，与侍中同享貂珰之饰，只以金珰插左插右来区分。《晋书》卷25《舆服志》：“武冠……左右侍臣及诸将军武官通服之。侍中、常侍则加金珰，附蝉为饰，插以貂

---

①陶新华：《军师·军司·军副》，《魏晋南朝中央对地方军政官的管理制度研究》，巴蜀书社，2003年，第208–220页。

②《晋书》卷47《傅玄传附咸从父弟祗传》，第1331页。

③《晋书》卷68《顾荣传》。

毛，黄金为竿，侍中插左，常侍插右。”终魏晋南北朝不变。[①]

貂珰亦是加侍中、散骑常侍者最明显的标志。西晋惠帝时，赵王司马伦篡位，“以世子荂为太子，馥为侍中、大司农、领护军、京兆王，虔为侍中、大将军领军、广平王，诩为侍中、抚军将军、霸城王，孙秀为侍中、中书监、骠骑将军、仪同三司……每朝会，貂蝉盈坐，时人为之谚曰：‘貂不足，狗尾续’。”[②]东晋元帝时，司马纮：“拜国子祭酒，加散骑常侍，寻迁大宗正、秘书监。有风疾，性理不恒。或欲上疏陈事，历示公卿。又杜门让还章印貂蝉，著《杜门赋》以显其志。”[③]《北齐书》卷18《高隆之传》载：“魏自孝昌已后，天下多难………朝贵多假常侍以取貂蝉之饰，隆之自表解侍中，并陈诸假侍中服用者，请亦罢之。”高隆之时为侍中、尚书右仆射。

加通直散骑常侍与员外散骑常侍亦有貂珰。南齐时庾杲之为太子右卫率、加通直常侍，永明九年（491年）卒。临终时上表说：“臣昨夜及旦，更增气疾，自省绵痼，顷刻危殆，无容复卧。任居隆显，玷尘明世，乞解所忝，待终私庭……送貂蝉及章。”[④]《梁书》卷38《朱异传》载：“异居权要三十余年，善窥人主意曲，能阿谀以承上旨，故特被宠任。历官自员外常侍至侍中，四官皆珥貂，自右卫率至领军，四职并驱卤簿，近代未之有也。”朱异所历内侍官分别为员外常侍、散骑常侍与侍中，凡三任，而传称四官，可能历官中漏书通直常侍一环，亦表明加员外、通直常侍至散骑常侍、侍中皆有貂珰之饰。[⑤]

---

①分见《宋书》卷18《礼志五》，第503页；《隋书》卷11《礼仪志六》，第220、234、240页。

②《晋书》卷59《赵王伦传》，第1602页。

③《晋书》卷37《彭城穆王权传附曾孙纮传》，第1093页。

④《南齐书》卷34《庾杲之传》，第615页。

⑤临时兼侍中常侍者亦加貂珰。《南齐书》卷34《庾杲之传》：“杲之风范和润，善音吐。世祖令对虏使，兼侍中。上每叹其风器之美，王俭在座，曰：‘杲之为蝉冕所照，更生风采。陛下故当与其即真。’”庾杲之当时为御史中丞，只是临时兼侍中，也加蝉冕。《南齐书》卷16《百官志》侍中条：“齐世朝会，多以美姿容者兼官。”不失为南齐朝会上一道亮丽的风景。

地方官加侍中常侍者亦有貂珰。东晋时陶侃为使持节、侍中、太尉、都督荆江雍梁交广益宁八州诸军事、荆江二州刺史，咸和七年(332年)六月疾笃，上表逊位："……谨遣左长史殷羡奉送所假节麾、幢曲盖、侍中貂蝉、太尉章、荆江州刺史印传棨戟。……"[①]南齐时褚渊"迁散骑常侍，丹阳尹。出为吴兴太守，常侍如故，增秩千石，固辞增秩。"[②]《文选》褚渊碑文云："丹阳京辅，远近攸则，吴兴襟带，实惟股肱，并加蝉冕。"[③]

加散骑侍郎、通直散骑侍郎、员外散骑侍郎及给事中则没有貂珰。《宋书》卷18《礼志五》："给事中、黄门侍郎、散骑侍郎……给五时朝服，武冠。"《隋书》卷11《礼仪志六》："给事中、黄门侍郎、散骑通直员外、散骑[④]侍郎……朝服，武冠，腰剑。"专任者无貂珰之饰，加此官者自然也就没有。

除了貂珰之外，加侍中、散骑者还有一个不为人所熟知的附属物，即簪白笔。《宋书》卷18《礼志五》："古者贵贱皆执笏，其有事则搢之于腰带，所谓搢绅之士者，搢笏而垂绅带也。绅垂三尺。笏者有事则书之，故常簪笔。今之白笔，是其遗象。三台五省二品文官簪之。王公侯伯子男卿尹及武官不簪。加内侍位者，乃簪之。"[⑤]《南齐书》卷17《舆服志》："三台五省二品文官，皆簪白笔。王公五等及武官不簪，加内侍乃簪。"当然三台五省二品文官本来就簪白笔，加簪白笔对他们来说并没有多大的意义，但对于三台五省之外的官员来说，则是加侍中、散骑官的一种标志。《隋书》卷16《礼仪志六》述北魏北齐之制："百官朝服公服，皆执手板。尚书录令、仆射、吏部尚书，手板头复有白笔，以紫皮裹之，名曰笏。朝服缀紫荷，录令、左仆射左荷，右仆射、

---

①《晋书》卷66《陶侃传》，第1777页。

②《南齐书》卷23《褚渊传》，第426页。

③萧统编，李善注：《文选》卷58《褚渊碑文》，中华书局，1977年，第805页。

④此二字可能为衍文。

⑤《晋书》卷25《舆服志》亦有相同记载。

吏部尚书右荷。七品已上文官朝服，皆簪白笔。正王公侯伯子男、卿尹及武职，并不簪。”并未说加内侍官者是否加簪白笔，则北朝加侍中、散骑官是否加簪则不得而知。

西晋太康时，尚书军校加侍中常侍者还有一项配套的待遇，即给传事乘轺车与剑。《晋书》卷25《舆服志》载太康八年（287年）诏“诸尚书军校加侍中常侍者，皆给传事乘轺车，给剑，得入殿省中，与侍臣升降相随。”

“得入殿省中，与侍臣升降相随”点明了加侍中常侍者的核心意义，貂珰簪剑等都只是外在的装饰物，被加者是否能够通过加官影响朝政，才是加侍中散骑官的最为切要的意义。杨鸿年先生曾论及汉时加侍中、给事中的意义：侍中、给事中是省官，以职权可以当然出入省中，与君主的关系特别密切。所有省外各官（包括省外宫内官、宫外京内官以及京外的大大小小的地方官）如果不加侍中、给事中，他们就只是各色各样的省外官。如果加了侍中、给事中，被加者即一变而为省官，与君主的关系也就猛然加密，对政治的影响也就从而加大。①

有迹象表明，魏晋南朝，省外官亦可以通过加官享有侍中、散骑等所拥有的一切权力。可以骖乘，黄初三年（222年）七月，蜀大将黄权率众降魏，文帝“拜权为侍中镇南将军，封列侯，即日召使骖乘。”②担当顾问应对之职，《宋书》卷51《营浦侯遵考传》载其元嘉九年（432年），“迁右卫将军，加散骑常侍。十二年（435年），坐历疾不待对，免常侍，以侯领右卫。”刘遵考因不能胜任顾问应对的任务，被免常侍。危难时刻与帝共患难，东晋时华恒为金紫光禄大夫领太子太保，成帝即位，加散骑常侍，领太常，“苏峻之乱，恒侍帝左右，从至石头，备履艰危，困悴逾年。”③华恒以金紫光禄大夫领太常加散骑常侍在成帝流离之际不离左右，与汉末侍中刘艾侍奉汉献帝何其相似。

---

①杨鸿年：《给事中是加官与所加各官》、《侍中是加官》，《汉魏制度丛考》，武汉大学出版社，1985年，第38、50页。

②《魏书》卷2《文帝纪》注引《魏略》，第80页。

③《晋书》卷44《华表传附廙子恒传》，第1263页。

最重要的还是对政治的参预。西晋初年，羊祜以中领军、中军将军加散骑常侍，武帝称其处“腹心之任”[①]。宋时谢晦为中领军加侍中，永初二年（421年），“坐行玺封镇西司马、南郡太守王华大封，而误封北海太守球，版免晦侍中。”[②]地方官员的人事权不在中领军的职责范围之内，谢晦能用皇帝的玉玺对地方官员进行封拜，是因为加侍中的缘故，后来由于误封而被免侍中，对其中领军的职务则没有任何影响。

但是，并非所有加侍中、散骑官都享有这样的权力。魏晋南北朝，特别是晋以后，公加侍中的初衷并不是出于内侍的需要，而是皇帝不欲使臣下服衮冕之服而借用侍中之服。宋泰始六年（470年），兼尚书左丞陆澄说“自魏、晋以来，宗庙行礼之外，不欲令臣下服衮冕，故位公者，每加侍官。”[③]不过还是隋吏部尚书牛弘说得最为明白：“魏、晋以来，非祀宗庙，不欲令臣下服于衮冕，位为公者，必加侍官……臣谓衮冕之服，章玉虽差，一日而观，颇欲相类。臣子之道，义无上逼。故晋武帝太始三年（267年），诏太宰安平王孚著侍内之服，四年（268年），又赐赵、燕、乐安王等散骑常侍之服。自斯以后，台鼎贵臣，并加貂珰武弁”[④]。这与加官侍中、常侍自然不同，从司马亮的历官可以看的非常清楚，“顷之，拜抚军将军。是岁，吴将步阐来降，假亮节都督诸军事以纳之。寻加侍中之服。……（咸宁初）其年进号卫将军，加侍中。”[⑤]司马亮先加侍中之服，后加官侍中，二者有着实质性的差别。晋时加侍中之服者甚至连侍中常侍的标志性饰物貂珰也没有，《宋书》卷18《礼志五》：“宋兴以来，王公贵臣加侍中、散骑常侍，乃得服貂珰也。”这些假加侍中、常侍官者自然没有入侍禁中的权力。

---

①《晋书》卷34《羊祜传》，第1014页。

②《宋书》卷44《谢晦传》，第1348页。

③《宋书》卷18《礼志五》，第526页。《南齐书》卷39《陆澄传》亦有记载。

④《隋书》卷12《礼仪志七》，第268页。另参看阎步克：《宗经、复古与尊君、实用（上）——中古〈周礼〉六冕制度的兴衰变异》之《魏晋朝廷的损略黼黻》，《北京大学学报》，2005年第6期。

⑤《晋书》卷59《汝南王亮传》，第1591页。

不过，人们对此并不加区分，从陆澄、牛弘所云“每加侍官”、“必加侍官”可以看出。特别是宋以后，从服侍上来看，真假加侍中常侍官者并没有什么区别。

地方官加侍中、散骑官者，由于身在地方，亦不可能入侍禁中。太康三年（282年），晋武帝听信谗言，出同母帝侍中、司空齐王攸“为大司马、都督青州诸军事，侍中如故”[①]。针对此事，尚书左仆射王浑上书说：“今陛下出攸之国，假以都督虚号，而无典戎干方之实，去离天朝，不预王政。伤母弟至亲之体，亏友于款笃之义”[②]。司马攸虽然加侍中，但“去离天朝，不预王政”表明此侍中乃有名无实。

中书省、秘书省官员本来就在禁中[③]，加侍中、散骑官自然也不是为了入侍禁中，陈时甚至出现了侍中加散骑常侍的现象，太建年间陈伯智，“立为永阳王。寻为侍中，加明威将军，置佐史。寻加散骑常侍，累迁尚书左仆射”[④]；陈叔文“立为晋熙王。寻为侍中、散骑常侍、宣惠将军，置佐史。”[⑤]亦有侍中、散骑常侍同加的现象，天嘉六年（265年）陈伯信“为宣毅将军、扬州刺史。寻加侍中、散骑常侍”[⑥]；太建七年（575年），黄法氍“徙都督豫建光朔合北徐六州诸军事、豫州刺史，镇寿阳，侍中、散骑常侍、持节、将军、仪同、鼓吹、扶并如故。”[⑦]

况且，随着东晋门阀政治的结束，皇权复兴，宋以后，皇帝任用寒人担任中书舍人，中书舍人取代侍中散骑官而成为皇帝身边最为亲近的人。这就使通过加侍中常侍官而影响朝政的意义大打折扣。宋孝武帝时“凡选授迁转诛赏大处分，上皆与法兴、尚之参怀，内外诸杂事，多委

---

①《晋书》卷38《齐王攸传》，第1134页。

②《晋书》卷42《王浑传》，第1203页。

③祝总斌：《魏晋南北朝的门下省与禁中范围》，《两汉魏晋南北朝宰相制度研究》，中国社会科学出版社，1998年，第245-254页；陈苏镇：《西省考》，《周一良先生八十生日纪念论文集》，中国社会科学出版社，1993年，第67-75页。

④《陈书》卷28《永阳王伯智传》，第364页。

⑤《陈书》卷28《晋熙王叔文传》，第369页。

⑥《陈书》卷28《衡阳王伯信传》，第362页。

⑦《陈书》卷11《黄法氍传》，第179页。

明宝。"[①]戴法兴、巢尚之、戴明宝皆为恩幸之臣，法兴、尚之为中书通事舍人，明宝为给事中，从分工上来看，中书通事舍人掌选授迁转诛赏等大事，而给事中只负责诸杂事，可见原近侍官的衰落。齐武帝时，"綦母珍之，居舍人之任，凡所论荐，事无不允。内外要职及郡丞尉，皆论价而后施行。"[②]綦母珍之因居舍人之位而操纵人事权。梁时周舍"入为中书通事舍人，累迁太子洗马，散骑常侍，中书侍郎，鸿胪卿……尚书吏部郎，太子右卫率，右卫将军，虽居职屡徙，而常留省内，罕得休下，国史诏诰，仪体法律，军旅谋谟，皆兼掌之。日夜侍上，预机密，二十余年未尝离左右。"[③]周舍日夜侍上，预机密，二十余年不离左右，不是因为加官侍中散骑，而是因为中书通事舍人的身份。北魏竟然出现了中书舍人加散骑官的现象，李骞"迁中书舍人，加通直散骑常侍。"[④]

这样的加官显然不是为了接近皇帝，难道是像汉贵族公子一样是为了美丽的貂珰之饰？[⑤]不过散骑侍郎与给事中是没有貂珰的。既然这样，为何臣子们仍汲汲于此呢？这表明加侍中散骑官还另有意义。还是让我们先来看一段讨论吧：

建元元年（479年），迁散骑常侍。太子詹事，寻改侍中，詹事如故。上欲转戢领选，问尚书令褚渊，以戢资重，欲加常侍。渊曰："宋世王球从侍中中书令单作吏部尚书，资与戢相似。顷选职方昔小轻，不容顿加常侍。圣旨每以蝉冕不宜过多，臣与王俭既已左珥，若复加戢，则八座便有三貂。若帖以骁、游，亦为不少。"乃以戢为吏部尚书，加骁骑将军。（《南齐书》卷32《何戢传》，583）

在这段讨论中，何戢是否加散骑常侍与出入禁中并无关系，而是和"官资"紧密相连。何戢原为侍中太子詹事，齐高帝萧道成想任其为吏

---

① 《宋书》卷94《恩幸传·戴法兴传》，第2303页。

② 《南史》卷77《恩幸传·茹法亮传附綦母珍之传》，第1929页。

③ 《梁书》卷25《周舍传》，第376页。

④ 《魏书》卷36《李顺传附希宗弟骞传》，第837页。

⑤ 《通典》卷21《职官三·门下省》侍中条："旧用儒者，然贵子弟荣其观好，至乃襁抱，坐受宠位，贝带脂粉，绮襦纨袴，鵔鸃冠"。

部尚书加散骑常侍，尚书令褚渊认为有些过重，并举宋代王球的升迁为例。王球以侍中中书令升任吏部尚书，并无加官；中书令与太子詹事虽然同为第三品，且中书令班位在太子詹事前；现在吏部尚书的地位比起宋时虽然稍轻，但也不能加散骑常侍，如果加骁骑或游击将军则正合适；散骑常侍为第三品，骁骑、游击将军为第四品。散骑常侍作为加官，与正职共同构成官员的官资，在官员正职的升迁中起到平衡的作用。同样的例子亦见于宋世：

时薛安都为散骑常侍、征虏将军、太子左率，殷恒为中庶子。[①]兴宗先选安都为左卫将军，常侍如故。殷恒为黄门，领校。太宰嫌安都为多，欲单为左卫，兴宗曰："率卫相去，唯阿之间。且已失征虏，非乃超越，复夺常侍，顿为降贬。若谓安都晚达微人，本宜裁抑，令名器不轻，宜有贯序。谨依选体，非私安都。"义恭曰："若宫官宜加超授者，殷恒便应侍中，那得为黄门而已。"兴宗又曰："中庶、侍中，相去实远。且安都作率十年，殷恒中庶百日，今又领校，不为少也。"（《宋书》卷57《蔡廓传附子兴宗传》，1576）

薛安都的正职为太子左卫率，殷恒的正职为太子中庶子，二者同为第五品，且太子左卫率班位在太子中庶子之下。而从迁升上看，吏部尚书蔡兴宗认为按照制度规定，薛安都应为左卫将军加散骑常侍，殷恒应为黄门侍郎领校尉；左卫将军为第四品、黄门侍郎为第五品，散骑常侍为第三品、校尉为第四品，薛安都明显高于殷恒。原因就在于薛安都原有征虏将军及散骑常侍的加号，所以虽然正职比殷恒低，但官资却比他重，升迁自然也高。且蔡兴宗认为如果薛安都失去军号与加官而仅为左卫将军的话，便"顿为降贬"，可见军号与散骑常侍的加官构成了官资的重要组成部分。殷恒虽然官品未升，但有了校尉的领职，官资亦增重不少。

---

①《宋书》卷57《蔡廓传附子兴宗传》标点为"时薛安都为散骑常侍、征虏将军，太子左率殷恒为中庶子。"而据同书卷88《薛安都传》："安都明年复职，改封武昌县侯，加散骑常侍。七年，又加征虏将军，为太子左卫率十年，终世祖世不转。"可知任太子左卫率的是薛安都，而不是殷恒，故改。

由此可见，正职、军号、加官、领职以及节等因素共同构成官员的官资，形成一个综合值。官员官资的轻重、地位的高低不只是正职一个指标，还要看军号、加官、领职、节等的有无及高低，即综合值的高低；官位的升降也是在这几者之间平衡，达到综合值的上升或下降。[①]这样，就出现了侍中、散骑官的时有时无、时高时低的不确定性：

司马繇：诛杨骏之际，繇屯云龙门，兼统诸军，以功拜右卫将军，领射声校尉，进封郡王，邑二万户，加侍中，兼典军大将军，领右卫如故。迁尚书右仆射，加散骑常侍。（《晋书》卷38《琅邪王伷传附子繇传》，1123）

刘袆：（元嘉）二十六年（449年），以为侍中、后军将军，领石头戍事。迁冠军将军、南彭城下邳二郡太守、散骑常侍，领戍如故。出为会稽太守，将军如故。（《宋书》卷79《庐江王袆传》，2038）

吕安国：建元元年（479年），进爵，增邑六百户。转右卫将军，加给事中。……世祖即位，授使持节、散骑常侍、平西将军、司州刺史，领义阳太守。永明二年（484年），徙都督南兖兖徐青冀五州诸军事、平北将军、南兖州刺史……（《南齐书》卷29《吕安国传》，1480）

南齐时，周盘龙为持节、都督兖州缘淮诸军事、平北将军、兖州刺史领东平太守。盘龙表年老才弱，不可镇边，求解职。见许，还为散骑常侍、光禄大夫。世祖戏之曰：“卿著貂蝉，何如兜鍪？”盘龙曰：

---

①官资的转换还可见《南齐书》卷43《江敩传》：（永明）七年（489年），徙为侍中，领骁骑将军，寻转都官尚书，领骁骑将军。王晏启世祖曰：“江敩今重登礼闼，兼掌六军，慈渥所覃，实有优忝。但语其事任，殆同闲辈。天旨既欲升其名位，愚谓以侍中领骁骑，望实清显，有殊纳言。”上曰：“敩常启吾，为其鼻中恶。今既以何胤、王莹还门下，故有此回换耳。”《魏书》卷69《袁翻传》：后拜度支尚书，寻转都官。翻表曰：“臣往忝门下，翼侍帷幄。同时流辈皆以出离左右，蒙数阶之陟。唯臣奉辞，非但直去黄门，今为尚书后，更在中书令下。于臣庸朽，诚为叨滥。准之伦匹，或有未尽。窃惟安南之与金紫，虽是异品之隔，实有半阶之校。加以尚书清要，位遇通显，准秩论资，似加少进。语望比官，人不愿易。臣自揆自顾，力极求此，伏愿天地成造，有始有终，矜臣疲病，乞臣骸骨，愿以安南、尚书换一金紫。”时天下多事，翻虽外请闲秩，而内有求进之心，识者怪之。于是，加抚军将军。

“此貂蝉从兜鍪中出耳。”[①]“貂蝉从兜鍪中出”恰如其分地表明了官资之间的转换。这也是自晋以后加官对象迅速扩展的一个重要原因。

侍中散骑作为官资的一个组成部分，还表现在可以用之抵过。东晋初，王敦“拜侍中、大将军、江州牧。遣部将朱轨、赵诱伐杜曾，为曾所杀，敦自贬，免侍中，并辞牧不拜。”[②]王敦因指挥不当，损兵折将，免侍中以抵过，与兵败贬军号异曲同工。陈时淳于量“出为使持节、都督南徐州诸军事、镇北将军、南徐州刺史，侍中、仪同、鼓吹并如故。……太建元年（569年），进号征北大将军，给扶。三年（571年），坐就江阴王萧季卿买梁陵中树，季卿坐免，量免侍中。寻复加侍中。……七年（575年），征为中军大将军、护军将军。九年（577年），以公事免侍中。”[③]

北魏末期，兴起了双授之风，西魏北周双授制度成熟，侍中散骑官在将军号的强力拉动之下卷入其中，成为位阶化了的官资，以官阶的形式标志着官员身份的等级高低。

---

①《南齐书》卷29《周盘龙传》，第543页。

②《晋书》卷98《王敦传》，第2557页。

③《陈书》卷11《淳于量传》，第180页。还有一种与此不同的去侍中散骑官的情况，即家中有丧解侍中散骑官。《宋书》卷71《徐湛之传》：“湛之迁冠军将军、丹阳尹，进号征虏将军，加散骑常侍，以公主忧不拜。过葬，复授前职，湛之表启固辞，又诣廷尉受罪，上诏狱官勿得受，然后就命。固辞常侍，许之。”文中公主即会稽长公主，徐湛之的母亲。《宋书》卷61《江夏文献王义恭传》：“（元嘉）二十九年（452年）冬，还朝，上以御所乘苍鹰船上迎之。遭太妃忧，改授大将军、都督扬南徐二州诸军事、南徐州刺史，持节、侍中、录尚书、太子太傅如故，还镇东府。辞侍中未拜。”《宋书》卷72《南平穆王铄传》：“进侍中、司空，领兵置佐，以国哀未阕，让侍中。”《宋书》卷85《王景文传》：“（泰始初）出为使持节、散骑常侍、都督江州郢州之西阳豫州之新蔡晋熙三郡诸军事、安南将军、江州刺史。让常侍，服阕乃受。”《南齐书》卷35《临川献王映传》：“出为都督荆湘雍益梁巴宁南北秦九州诸军事、镇西将军、荆州刺史，持节、常侍如故，给鼓吹一部。以国忧解散骑常侍，进号征西。”《南齐书》卷35《长沙威王晃传》：“入为侍中、护军将军，以国忧，解侍中，加中军将军。”由刘义恭、刘铄让侍中，徐湛之、王景文让散骑常侍来看，有丧在身不加侍中散骑官并不是制度的规定，而是臣子出于尽孝的需要不愿加内侍官。南齐时萧映以国忧解散骑常侍而进号征西，萧晃解侍中而加中军将军，也体现了官资之间的转换。

第六章　刺史太守县令长加军号

魏晋南北朝时期刺史太守县令长加军号最初缘于军政一体化体制的需求，以军号作为奖励或笼络人心的手段是对军政一体化既成事实的承认，同时也促进了刺史太守县令长加军号制度的发展。魏明帝青龙年间刺史加军号已成普遍现象，东晋随着都督例领所治州刺史制度的形成，刺史的军事职能进一步突出。太守县令长加军号的普遍程度远不及刺史，其主要职能仍在于民政，而不在于军政。魏晋宋齐时期，刺史太守所加军号的品级呈现出缓慢上升的趋势。梁武帝天监改革打断了这一进程，起自寒门将帅的皇族为巩固和提高自身的社会地位，增多了军号的班位，刺史太守所加军号品级明显下降。与此相反，北朝刺史太守所加军号品级在魏末及东魏北齐、西魏北周时期急剧上升。这体现出南北朝政治传统及统治方式的不同。

一、建安时期刺史太守加军号情况

建安时期在曹操政权中以太守加军号的主要有以下几人：夏侯惇、程昱、臧霸、孙观、陈登、文聘、王邑。其中王邑加军号原因不明，我们将其他几人加军号的原因作一分析。

建安时期最早以军职领太守的是夏侯惇和程昱：

太祖行奋武将军，以惇为司马，别屯白马，迁折冲校尉，领东郡太守。……复领陈留、济阴太守，加建武将军……转领河南尹……邺破，迁伏波将军，领尹如故，使得以便宜从事，不拘科制。（《三国志》卷9《夏侯惇传》，267）

天子都许，以昱为尚书。兖州尚未安集，复以昱为东中郎将，领济阴太守，都督兖州事。（《三国志》卷14《程昱传》，428）

夏侯惇最先领的是东郡太守，其次是陈留和济阴太守，程昱一直领的是济阴太守。如所周知，曹操虽然是沛国谯人，然而东郡、陈留、济阴却是曹操的龙兴之地。曹操初入仕途任的是顿丘令，顿丘便在东郡。此后，汉王朝又征曹操为东郡太守，曹操不就。中平六年（189年），曹操兴义兵诛董卓，起兵地点在己吾，己吾在陈留界内。初平元年（190年），以袁绍为盟主，关东诸州郡兴义兵，曹操领兵屯在陈留界内。初平二年（191年），“黑山贼于毒、白绕、眭固等，十余万众略魏郡、东郡，王肱不能御，太祖引兵入东郡击白绕于濮阳，破之。袁绍因表太祖为东郡太守，治东武阳。”[1]这样东郡便成了曹操的第一块根据地，顿丘便成了曹操的屯兵之地。初平三年（192年），青州黄巾众百万人入兖州，鲍信等迎曹操领兖州牧，也许就在此时，曹操便以屯兵白马（亦在东郡）的亲信夏侯惇接替自己领东郡太守。夏侯惇本是曹操手下的一名武将，此时为太守是非常时期的非常之任，军职是脱不掉的，故以折冲校尉领东郡太守。曹操领兖州牧之后，屯兵鄄城，鄄城在济阴界内，济阴便成了曹操的第二块根据地。兴平元年（194年），张邈、陈宫叛迎吕布，兖州尽失，“荀彧、程昱保鄄城，范、东阿二县固守”[2]，为曹操保住了东郡、济阴这两块根据地。曹操迎献帝都许之后，因为兖州刚刚平复，尚未安定，命程昱以东中郎将领济阴太守都督兖州事便成了顺理成章的事情。夏、程二人以军职领太守都是在非常时期非常地方的非常举措，此时此地军事重于民事，保住地盘、维护安定是第一要务。

---

①《三国志》卷1《武帝纪》，第8页。

②《三国志》卷1《武帝纪》，第11页。

其次我们看臧霸、孙观的情况。臧霸和孙观都是以太守加军号，并且建安时期以刺史加军号的也仅此二人。臧霸是活动在青徐地区的一支地方势力的首领，孙观是其手下的一员大将。臧霸收编徐州黄巾[1]，拥有强大的军事力量。然而臧霸等人又胸无大志，无力独树旗帜，在依附于较大势力以图生存的同时，又保持着相对的独立性。[2]曹操正是利用了臧霸等人的这一心理特点，让其为自己服务。建安三年（198年），在击败吕布之后，曹操对臧霸等人“厚纳待”[3]，“以霸为琅邪相，敦利城、礼东莞、观北海、康城阳太守，割青、徐二州，委之於霸。”[4]曹操此时刚迎献帝都许不久，兖州尚未完全安定，又北有袁绍，南有张绣、刘表，西边关中诸将又不服，还无力将青徐之地纳入自己的掌控之中。这样的人事安排因地制宜，显然有安抚之意，满足了臧霸等人拥兵一方，保持半独立性状态的需要，又可以无东顾之忧。之后，臧霸等人便以曹操为效忠对象，屡立战功，并遣子弟入邺。曹操为了笼络这支势力，便给他们加将军号以示褒奖，并由太守迁任刺史：

东州扰攘，（臧）霸等执义征暴，清定海岱，功莫大焉，皆封列侯。霸为都亭侯，加威虏将军。又与于禁讨昌豨，与夏侯渊讨黄巾余贼徐和等，有功，迁徐州刺史。（《三国志》卷18《臧霸传》，537）

（孙观）与太祖会南皮，遣子弟入居邺，拜观偏将军，迁青州刺史。从征孙权於濡须口，假节。攻权，为流矢所中，伤左足，力战不顾……转振威将军……（《三国志》卷18《臧霸传附孙观传》注引《魏书》，539）

陈登的情况与臧、孙二人相似。陈登原为徐州典农校尉，奉吕布使到许，曹操拜为广陵太守。“临别，太祖执登手曰：‘东方之事，便以

①对此，田余庆、高敏两位先生都有论述。参见田余庆著：《汉魏之际的青徐豪霸问题》，载《历史研究》1983年第3期；高敏：《汉魏之际的几支特殊世兵》，《魏晋南北朝兵制研究》，大象出版社，1998年。

②田余庆著：《汉魏之际的青徐豪霸问题》，载《历史研究》1983年第3期。

③《三国志》卷1《武帝纪》，第16页。

④《三国志》卷18《臧霸传》，第537页。

相付。'令登阴合部众以为内应。"[1]建安三年（198年），曹操征吕布，陈登因"掎角吕布有功，加伏波将军"[2]。广陵在徐州界内，不在曹操的掌控之下，[3]曹操授陈登以广陵太守并加军号，不仅笼络了陈登，还有示范的作用。

文聘原是刘表手下的大将，镇守荆州的北边。建安十三年（208年），曹操征荆州，刘琮投降。因"江夏与吴接，民心不安，乃以聘为江夏太守，使典北兵，委以边事"，后"与乐进讨关羽于寻口，有功，进封延寿亭侯，加讨逆将军"。[4]江夏郡地理位置重要，文聘又屡立战功，故加军号以示褒奖，同时也是为了加强江夏的军事力量。

综观建安时期，以太守加军号的有7人，以刺史加军号的仅2人，并都属特殊情况，不属制度的常态，刺史、太守加军号并没有普遍实行。所以高敏先生所说的曹操"在消灭群雄的过程中逐步实行了给刺史、太守加军号或以将军领刺史、太守之职的制度"[5]，有些为时过早。

二、魏晋南朝刺史加军号

(一)、魏晋南朝都督领刺史制的形成

《宋志》载："魏文帝黄初二年（221年），始置都督诸州军事，或

---

①《三国志》卷7《吕布传附张邈传》，第224页。

②《三国志》卷7《吕布传附陈登传》，第229页。

③有一件事足以说明这一点。事在曹操加陈登军号之后，广陵军被孙权所攻，陈登令功曹陈矫向曹操求救，陈矫在游说曹操时说"鄗郡虽小，形便之国也，若蒙救援，使为外藩，则吴人剉谋，徐方永安，武声远震，仁爱滂流，未从之国，望风景附，崇德养威，此王业也。"（《三国志》卷22《陈矫传》，第643页）"若蒙救援，使为外藩"说明广陵还是独立在曹操掌握之外的。

④《三国志》卷18《文聘传》，第539页。

⑤高敏：《东汉、魏、晋时期"州郡兵"制度的历史演变》，《魏晋南北朝兵制研究》，第29页。

领刺史。”[①]严耕望先生认为“自魏迄晋初，都督与刺史例各用人，惟亦偶有以都督领刺史耳。”[②]唐长孺先生亦云“所谓‘或领’即是特例。”[③]事实亦如此。黄初初置都督诸州军事制度时仅有扬州都督曹休与荆州都督夏侯尚领刺史，对此陈琳国先生解释为“荆、扬二州濒临大江，与吴、蜀对峙，是曹魏南方的前哨阵地，这里军事重于行政，所以由都督兼领刺史，实行军政合一的体制，是有一定道理的。”[④]之后以都督领刺史的是河北都督吕昭领冀州刺史，却遭到杜恕等人的强烈反对，可见都督与刺史军民分治才是都督制的初衷。

然而都督领刺史的现象在正始之后却有在二级督区及较次要督区蔓延之势。从正始六年（245年）至景元四年（263年），豫州督区的五任都督毌丘俭、诸葛诞、王基、陈骞、王沈都领豫州刺史，鲁芝于景元三年（262年）任青州都督时领青州刺史，豫州督区为荆豫督区的二级督区，青州督区为青徐督区的二级督区。司马伷于景元三年（262年）监兖州诸军事时领兖州刺史。晋代魏后，不仅青、豫都督仍领刺史，幽州都督、益州都督与巴东监军都领所治州刺史或所治郡太守：

(泰始中，卫瓘）除征北大将军、都督幽州诸军事、幽州刺史、护乌桓校尉。(《晋书》36《卫瓘传》，1055)

(泰始）九年（273年），诏曰：“……其以（司马）晃为使持节、都督宁益二州诸军事、安西将军，领益州刺史。”(《晋书》37《安平献王孚传附翼弟下邳献王晃传》，1090)

加（罗宪）陵江将军、监巴东军事、使持节，领武陵太守……泰始六年（270年）卒……(《晋书》卷57《罗宪传》，1552)

然而这种趋势在晋武帝灭吴之后戛然而止。《南齐书》卷16《百官

---

①《宋书》卷39《百官志上》，第1225页。

②严耕望：《中国地方行政制度史（乙部）——魏晋南北朝地方行政制度》，中研院历史语言研究所，1997年，第89页。

③唐长孺：《魏晋州郡兵的设置和废罢》，《魏晋南北朝史论拾遗》，中华书局，1983年，第144页。

④陈琳国：《魏晋南朝都督制》，《魏晋南北朝政治制度研究》，文津出版社，1994年，第241页。

志》对此记载为“晋太康中，都督知军事，刺史治民，各用人。惠帝末，乃并任，非要州则单为刺史。”太康至元康初，唯有悬远的交广地区，由于地处边境又蛮夷众多，仍以吴旧将以都督领刺史治之，其余都督区都督则不再领刺史。

被晋武帝强行打断的历史进程遇上合适的条件便如干柴烈火，一发而不可收，最终发展成都督例领所治州刺史的定制。

惠帝末的政治斗争由后宫蔓延全国，为了争取都督的支持与保护，惠帝便置武帝所立的规矩于不顾，开始给都督以民事权，最早以都督领刺史的是司马颙，“诏以颙为太宰、大都督、雍州牧。颙废皇太子覃，立成都王颖为太弟，改年，大赦。”[①]然后是司马虓、司马腾、司马略、刘弘、王澄：

会惠帝西迁，（司马）虓与从兄平昌公模、长史冯嵩等刑白马唶血而盟，推东海王越为盟主，虓都督河北诸军事、骠骑将军、持节，领豫州刺史。（《晋书》卷37《范阳康王绥传附子虓传》，1099）

（司马腾）征为宗正，迁太常，转持节、宁北将军、都督并州诸军事、并州刺史。惠帝讨成都王颖，六军败绩。腾与安北将军王浚共杀颖所署幽州刺史和演，率众讨颖。（《晋书》卷37《高密文献王泰传附略兄新蔡武哀王腾传》，1096）

（太安中，司马略）迁安北将军、都督青州诸军事。略逼青州刺史程牧，牧避之，略自领州。（《晋书》37《高密文献王泰传附子孝王略传》，1095）

太安中，张昌作乱，（刘弘）转使持节、南蛮校尉、荆州刺史，率前将军赵骧等讨昌，自方城至宛、新野，所向皆平。及新野王歆之败也，以弘代为镇南将军、都督荆州诸军事，余官如故。（《晋书》卷66《刘弘传》，1763）

惠帝末，衍白越以（王）澄为荆州刺史、持节、都督，领南蛮校尉……（《晋书》卷43《王戎传附衍弟澄传》，1239）

---

① 《晋书》卷59《河间王颙传》，第1620页。

怀愍二帝的境遇还不如其兄伯，给所依靠的都督加领刺史更是迫不及待的事：

越薨，复以（刘）乔为都督豫州诸军事、镇东将军、豫州刺史。（《晋书》卷61《刘乔传》，1676）

时南阳王模为都督，留（丁）绍，启转为冀州刺史。到镇，率州兵讨破汲桑有功，加宁北将军、假节、监冀州诸军事。（《晋书》卷90《良吏传·丁绍传》，2337）

乃迁（苟）晞征东大将军、开府仪同三司，加侍中、假节、都督青州诸军事，领青州刺史，进为郡公。……会越薨……诏晞为大将军大都督、督青徐兖豫荆扬六州诸军事，增邑二万户，加黄钺，先官如故。（《晋书》卷61《苟晞传》，1667）

不仅青、豫等都督领刺史，就是荆、雍这样重要的都督区也开始领刺史。虽然如此，西晋末都督领刺史仍不是普遍现象，所占比例不到三成，且多为司马氏成员或权臣。这些被委以重任的都督没有能够挽救西晋王朝的命运，却撞开了都督领刺史制的大门。

晋元帝顺应这一历史潮流，对于为他征战的都督一并又加上了刺史或太守的权力：

晋国既建，以（王）导为丞相军咨祭酒。俄拜右将军、扬州刺史、监江南诸军事……（《晋书》卷56《王导传》，1747）

（永昌元年 <322 年> 十月）己丑，都督荆梁二州诸军事、平南将军、荆州刺史、武陵侯王廙卒。（《晋书》卷6《中宗元帝纪》，156）

（太兴四年 <321 年> 七月）丹杨尹刘隗为镇北将军、都督青徐幽平四州诸军事、青州刺史，镇淮阴。（《晋书》卷6《中宗元帝纪》，154）

（元帝时）寻迁监沔中军事、南中郎将、江夏相。（《晋书》卷81《桓宣传》，2117）

亦有不领刺史者：

（永昌元年 <322 年> 十月）辛卯，以下邳内史王邃为征北将军、都督青徐幽平四州诸军事，镇淮阴。（《晋书》卷6《中宗元帝纪》，156）

（周札）进号征虏将军、监扬州江北军事、东中郎将，镇涂中……

(《晋书》卷58《周处传附玘弟札传》，1575)

据《晋书》所载统计，元帝任命的都督有19位，其中12位领刺史或太守、相，已占多数。这其中也有一些地理的原因，如周札监扬州江北军事，只是扬州的一部分，无法领刺史。明帝之后，随着北方州郡县的相继侨立，都督领所治州刺史或郡太守的制度最终形成。这一过程正如刘毅所说“夫设官分职，军国殊用，牧民以息务为大，武略以济事为先。今兼而领之，盖出于权事，因藉既久，遂为常则。”[①]

(二)、魏晋南朝刺史加军号情况

魏刺史加军号有一个由荆、扬、兖、豫、青、徐到雍、凉，再到幽、冀的发展过程，明帝青龙之后，州刺史加军号普遍实行开来。

如上所述，青徐二州在建安时便加军号。这里我们还需要交待一下吕虔的情况。吕虔在建安时期为泰山太守。泰山处于兖、青、徐三州的交界地带，“郡接山海，世乱，闻民人多藏窜。袁绍所置中郎将郭祖、公孙犊等数十辈，保山为寇，百姓苦之。虔将家兵到郡，开恩信，祖等党属皆降服，诸山中亡匿者尽出安土业。简其强者补战士，泰山由是遂有精兵，冠名州郡。”[②]之后又屡立战功，“虔在泰山十数年，甚有威惠”[③]。建安时期便加骑都尉，文帝即王位后，加裨将军，在臧霸去徐州刺史后，吕虔迁徐州刺史，加威虏将军，这都是对他治理泰山郡及前后战功的褒奖。

黄初年间，首先是夏侯尚以征南将军都督南方领荆州刺史、曹休以征东将军都督扬州领扬州刺史，然后是贾逵以豫州刺史加建威将军、王凌以兖州刺史加建武将军、后转在青州：

文帝践阼，(夏侯尚)更封平陵乡侯，迁征南将军，领荆州刺史，假节都督南方诸军事。(《三国志》卷9《夏侯尚传》，294)

夏侯惇薨，以(曹)休为镇南将军，假节都督诸军事……孙权遣将

---

①《宋书》卷52《庾悦传》，第1490页。

②《三国志》卷18《吕虔传》，第541页。

③《三国志》卷18《吕虔传》，第541页。

屯历阳，休到，击破之，又别遣兵渡江，烧贼芜湖营数千家。迁征东将军，领扬州刺史，进封安阳乡侯。（《三国志》卷9《夏侯尚传》，279）

（豫）州南与吴接，（贾）逵明斥候，缮甲兵，为守战之备，贼不敢犯。外修军旅，内治民事……黄初中，与诸将并征吴，破吕范于洞浦，进封阳里亭侯，加建威将军。（《三国志》卷15《贾逵传》，482）

文帝践阼，（王凌）拜散骑常侍，出为兖州刺史，与张辽等至广陵讨孙权……有功，封宜城亭侯，加建武将军，转在青州。（《三国志》卷28《王凌传》，757）

明帝时，郭淮于太和二年（228年）以雍州刺史加建威将军，之后徐邈以凉州刺史加建威将军，青龙中毌丘俭以幽州刺史加度辽将军，吕昭又以镇北将军都督河北领冀州刺史：

黄初元年（220年）……擢（郭淮）领雍州刺史……五年（224年）为真。太和二年（228年），蜀相诸葛亮出祁山，遣将军马谡至街亭，高详屯列柳城。张郃击谡，淮攻详营，皆破之。又破陇西名羌唐蹄于旗军，加建威将军。五年（231年），蜀出卤城。是时，陇右无谷，议欲关中大运，淮以威恩抚循羌、胡，家使出谷，平其输调，军食用足，转扬武将军。（《三国志》卷26《郭淮传》，734）

明帝以凉州绝远，南接蜀寇，以（徐）邈为凉州刺史……讨叛羌柯吾有功，封都亭侯，邑三百户，加建威将军。（《三国志》卷27《徐邈传》，740）

青龙中，帝图讨辽东，以（毌丘）俭有干策，徙为幽州刺史，加度辽将军，使持节，护乌丸校尉。（《三国志》卷28《毌丘俭传》，762）

俄而镇北将军吕昭又领冀州……（《三国志》卷16《杜畿传附子恕传》，498）

至此曹魏所拥有的十二州之地，除司隶校尉不加军号外，十一州已有十州都加了军号。可以说，到明帝青龙年间，刺史加军号已成普遍现象。从杜恕的上疏中我们也可以看到这一点：“今荆、扬、青、徐、幽、并、雍、凉缘边诸州皆有兵矣，其所恃内充府库外制四夷者，惟兖、豫、司、冀而已……是以愚臣慺慺，实愿四州之牧守，独修务本之业，以堪四支之重。”①然而这也不过是他的一厢情愿而已，其实早在黄初年间兖豫二州已加了军号，刺史加军号已成为不可逆转的事实。其后刺史加军号便无需以战功为条件，只要出任刺史，便直接加军号：

(景初元年 < 237 年 >，胡质) 迁荆州刺史，加振威将军，赐爵关内侯。(《三国志》卷 27《胡质传》，742)

正始初……复以 (诸葛) 诞为御史中丞尚书，出为扬州刺史，加昭武将军。(《三国志》卷 28《诸葛诞传》，769)

嘉平初，(陈泰) 代郭淮为雍州刺史，加奋威将军。(《三国志》卷 22《陈群传附子泰传》，638)

晋禅魏后，刺史仍例加将军。灭吴之前共有 17 州，魏时 12，魏末灭蜀后有益州，泰始三年 (267 年) 分益州立梁州，泰始七年又分益州立宁州，泰始五年分雍、凉、梁三州七郡立秦州，咸宁二年分幽州置平州。17 州中，司州位都畿，平州又设置较晚，余 15 州中 10 州有文献证明刺史加军号：

父 (孙) 历，魏晋际为幽州刺史、右将军。(《晋书》卷 60《孙旂传》，1633)

武帝受禅，(王浑) 加扬烈将军，迁徐州刺史。(《晋书》卷 42《王浑传》，1201)

(杜预) 到长安，更除秦州刺史，领东羌校尉、轻车将军、假节。(《晋书》卷 34《杜预传》，1027)

及羊祜执政，时人欲危裴秀，(山) 涛正色保持之。由是失权臣意，出为冀州刺史，加宁远将军。(《晋书》卷 43《山涛传》，1224)

武帝受禅，(司马泰) 封陇西王，邑三千二百户，拜游击将军。出为兖州刺史，加鹰扬将军。(《晋书》卷 37《高密文献王泰传》，1094)

威弟 (胡) 罴，字季象，亦有干用，仕至益州刺史、安东将军。(《晋书》卷 90《良吏传·胡威传》，2331)

(周浚) 累迁御史中丞，拜折冲将军、扬州刺史，封射阳侯。(《晋

① 《三国志》卷 16《杜畿传附子恕传》，第 499 页。

书》卷61《周浚传》，1657）

咸宁初，迁（郭奕）雍州刺史、鹰扬将军，寻假赤幢曲盖、鼓吹。（《晋书》卷45《郭奕传》，1289）

（王戎）迁豫州刺史，加建威将军，受诏伐吴。（《晋书》卷43《王戎传》，1232）

广子（胡）喜，字林甫，亦以开济为称，仕至凉州刺史、建武将军、假节、护羌校尉。（《晋书》卷57《胡奋传》，1557）

另青州以都督领刺史。可见，晋初灭吴之前刺史加军号仍是制度之常态。晋武帝灭吴之后，便偃文息武，刀枪入库，想恢复汉时之制，于太康三年（282年）下诏："上古及中代，或置州牧，或置刺史，置监御史，皆总纲纪，而不赋政，治民之事，任之诸侯郡守。昔汉末四海分崩，因以吴、蜀自擅，自是刺史内亲民事，外领兵马，此一时之宜尔。今赖宗庙之灵，士大夫之力，江表平定，天下合之为一，当韬戢干戈，与天下休息。诸州无事者罢其兵，刺史分职，皆如汉氏故事，出颁诏条，入奏事京城。二千石专治民之重，监司清峻于上，此经久之体也。其便省州牧。"①晋武帝"二千石专治民之重，监司清峻于上"的政治理想虽然没有实现，但"罢刺史将军官"②确实是做到的。这一点已为唐长孺先生所证明，"自太康三年（282年）以后，刺史不加将军、不领兵的军民分治制度终武帝之世乃至惠帝初年都继续实行。"③

元康中一些刺史开始因政绩卓著或其他原因开始获得将军号。范晷"征拜少府，出为凉州刺史，转雍州。于时西土荒毁，氐羌蹈藉，田桑失收，百姓困弊，晷倾心化导，劝以农桑，所部甚赖之。元康中，加左

①《后汉书》卷118《百官志五·州郡条》刘昭注，第3619页。

②《北堂书钞》卷72《设官·刺史》条引注《晋书》，清华大学出版社，2003年，第298页。

③唐长孺：《魏晋州郡兵的设置和废罢》，《魏晋南北朝史论拾遗》，中华书局，1983年，第145页。严耕望、高敏先生也曾论及此事，分别见《魏晋南北朝地方行政制度（上）》，中研院历史语言研究所专刊之四十五，1997年，第112页；《东汉、魏、晋时期"州郡兵"制度的历史演变》与《晋武帝"罢州郡兵"问题辨析》，《魏晋南北朝兵制研究》，大象出版社，1998年。

将军，卒于官。”[1]何攀“以豫诛骏功……迁翊军校尉，顷之，出为东羌校尉。征为扬州刺史，在任三年，迁大司农。转兖州刺史，加鹰扬将军，固让不就。”[2]二人加军号是作为对其政绩的褒奖。石崇“武帝以崇功臣子，有干局，深器重之。元康初，杨骏辅政，大开封赏，多树党援。崇与散骑郎蜀郡何攀共立议，奏于惠帝曰……书奏，弗纳。出为南中郎将、荆州刺史，领南蛮校尉，加鹰扬将军。”[3]石崇原为侍中，是功臣子又为武帝所器重，出为荆州刺史，在“内官重，外官轻”[4]的西晋王朝，加军号可能是出于对他的补偿。无论是出于何种原因，此制一开，再加上八王之乱的催化剂，便迅速回到了刺史加军号的老路上去。很快，梁、益、扬、豫、凉、并、徐、江等州刺史相继加上了军号：

元康六年（296年），复以梁、益州为重州，迁益州刺史贾凯为梁州，加材官将军；扬烈将军赵廞为益州刺史，加折衔将军。（《华阳国志校补图注》[5]卷8《大同志》，445。）

伦之篡也，以（郗隆）为扬州刺史…寻加宁东将军……（《晋书》卷67《郗鉴传附鉴叔父隆传》，1807）

永嘉中，（华轶）历振威将军、江州刺史。（《晋书》卷61《华轶传》，1671）

文献所载西晋刺史加军号者多集中于此。据《晋书》所载统计，西晋任刺史者约110人次，有36人次加将军号，太康前10人次，惠帝后26人次。

东晋，随着都督例领刺史所治州刺史制度的形成，全国大多数的州由都督所领，都督所督但不领刺史的州，州刺史仍加军号，并以都督府为统府。太和六年（232年），周琼“代杨亮为梁州刺史、建武将军，领

①《晋书》卷90《良吏传·范晷传》，第2336页。
②《晋书》卷45《何攀传》，第1291页。
③《晋书》卷33《石苞传附子崇传》，第1006页。
④《晋书》卷46《李重传》，第1312页。
⑤常璩撰，任乃强校注：《华阳国志校补图注》，上海古籍出版社，1987年。

西戎校尉。”①是时其父周楚监梁益诸军事。宋泰始二年（466年），魏常珍奇与其子常超越等叛归宋，“太宗大喜，以珍奇为使持节、都督司北豫二州诸军事、平北将军、司州刺史……超越辅国将军、北豫州刺史，颍川汝阳□□三郡太守……”②梁太清中，羊鸦仁都督豫司淮冀殷应西豫等七州诸军事，裴之高为“雄信将军、西豫州刺史”③。陈时陈顼自天嘉三年（562年）至废帝即位都督扬南徐东扬南豫北江五州诸军事，戴僧朔天嘉五年（564年）因征留异有功“除壮武将军、北江州刺史，领南陵太守”④。

但亦有单车刺史的存在，《通典》卷32《职官十四》：“自魏以来，庶姓为州而无将军者，谓之单车刺史。”⑤《宋志》明确记载不领兵刺史者第五品。单车刺史者多为地处内地的州，特别是江州，东晋时温峤就建议州府宜分：“豫章十郡之要，宜以刺史居之。寻阳滨江，都督应镇其地。今以州贴府，进退不便。且古镇将多不领州，皆以文武形势不同故也。宜选单车刺史别抚豫章，专理黎庶。”⑥当时成帝没有采纳他的意见。义熙中在刘毅的进一步推动下，这一建议得以实施。义熙中，庾悦为督江州豫州之西阳新蔡汝南颍川司州之恒农扬州之松滋六郡诸军事，建威将军，江州刺史。刘毅求督江州，以江州内地，治民为职，不宜置军府，乃上表曰：“江州在腹心之中，凭接扬、豫，藩屏所倚，实为重复。昔胡寇纵逸，朔马临江，抗御之宜，盖出权计。以温峤明达，事由一己，犹觉其弊，论之备悉。今江右区区，户不盈数十万，地不逾数千里，而统司鳞次，未获减息，大而言之，足为国耻。况乃地在无军，而军府犹置，文武将佐，资费非一，岂所谓经国大情，扬汤去火者哉。……愚谓宜解军府，移治豫章，处十郡之中，厉简惠之政，比及数

①《晋书》卷58《周访传附楚子琼传》，第1584页。

②《宋书》卷86《刘勔传》，第2196页。

③《梁书》卷28《裴邃传附兄子之高传》，第416页。

④《陈书》卷20《华皎传》，第273页。

⑤原注：庶姓谓非帝族也。

⑥《晋书》卷67《温峤传》，第1790页。

年，可有生气……”[1]于是解庾悦都督、将军官，以刺史移镇豫章。由威风凛凛的将军变成了单车刺史。

宋时曾罢湘州将军官，永初三年（422年）二月，“分荆州立湘州，以（张）邵为刺史。将署府，邵以为长沙内地，非用武之国，置署妨人，乖为政要。帝从之。”[2]亦曾于大明中罢江州军府，袁顗“大明二年（458年），除东海王袆平南司马、寻阳太守，行江州事。复为义阳王昶前军司马，太守如故。昶寻罢府，司马职解……”[3]；大明三年（459年），刘休范“出为江州刺史，寻加征虏将军”[4]，可知刚上任时是未加军号的。南齐永明二年（484年）罢江州、南徐州将军官。《南齐书》卷49《王奂传》载“永明二年（484年），徙为散骑常侍、江州刺史。初省江州军府。”[5]永明九年（491年）复置府，鄱阳王萧锵“出为江州刺史，常侍如故。九年（491年），始亲府、州事。加使持节、督江州诸军事、安南将军，置佐史，常侍如故。先是二年省江州府，至是乃复。”[6]在此期间还有萧均、萧子响、王晏、萧晔四人先后任江州刺史，都未加军号。《南齐书》卷35《桂阳王铄传》载“永明二年（484年），出为南徐州刺史，镇京口。历代镇府，铄出蕃，始省军府。”[7]因为永明二年（484年）之后，南徐州与扬州成为一固定都督区，都督例领扬州刺史，南徐州便省军府。据《南齐书》所载，萧铄之后任南徐州刺史者萧嵩、萧昭粲、萧谌皆不加军号。何时复军府史无明文记载，根据文献所载推测，可能是永元元年（499年）南徐州与兖州成一督区时，都督领南徐州刺史。

虽然有单车刺史，但毕竟是少数，且是短暂的，刺史加军号仍呈上

① 《宋书》卷52《庾悦传》，第1490页。
② 《宋书》卷46《张邵传》，第1394页。
③ 《宋书》卷84《袁顗传》，第2148页。
④ 《宋书》卷79《桂阳王休范传》，第2045页。
⑤ 《南齐书》卷49《王奂传》，第848页。
⑥ 《南齐书》卷35《高祖十二王传·鄱阳王锵传》，第627页。
⑦ 《南齐书》卷35《高祖十二王传·桂阳王铄传》，第628页。

升的趋势。据晋南朝各书统计，西晋时刺史加军号者约占刺史总数的33%，东晋占59%，宋占52%，齐占31%，梁占88%，陈占95%。东晋初由于都督例领刺史所治州刺史还未形成，而刺史多加军号，故会比宋时稍多；齐时由于都督区比较稳定，大多数刺史由都督兼领，且省江州、南徐州刺史军号，故比例稍低。然南朝刺史加军号呈上升趋势是毫无疑问的。另外，由于有些任刺史者只是在经历中略微提及，可能会失其军号，所以事实上刺史加军号的比例比我们统计的可能还要高。

三、魏晋南朝太守县令长加军号情况

至魏青龙年间，刺史加军号已成常制，然而太守加军号却只是个别现象。整个魏王朝，以太守加军号的仅有文聘、田豫、王基、文钦、邓艾、孟达、申仪7人，且这几人所领的郡又为战略地位重要、战事颇多的边界郡。

田豫：（太和初）遂转豫为汝南太守，加殄夷将军。（《三国志》卷26《田豫传》，727）

王基：大将军曹爽请为从事中郎，出为安丰太守。郡接吴寇，为政清严有威惠，明设防备，敌不敢犯。加讨寇将军。（《三国志》卷27《王基传》，751）

文钦：太和中……复以为淮南牙门将，转为庐江太守、鹰扬将军。王凌奏钦贪残，不宜抚边，求免官治罪，由是征钦还。曹爽以钦乡里，厚养待之，不治钦事。复遣还庐江，加冠军将军，贵宠逾前。……曹爽诛后，进钦为前将军以安其心……（《三国志》卷28《毋丘俭传》注引《魏书》，768）

邓艾：出参征西军事，迁南安太守。嘉平元年（249年），与征西将军郭淮拒蜀偏将军姜维。……赐爵关内侯，加讨寇将军，后迁城阳太守。（《三国志》卷28《邓艾传》，776）

孟达：魏文帝善达之姿才容观，以为散骑常侍、建武将军，封平阳

亭侯。合房陵、上庸、西城三郡为新城郡，以达领新城太守。（《三国志》卷40《刘封传》，991）

申仪：黄初中，仪复来还，诏即以兄故号加仪，因拜魏兴太守，封列侯。（《三国志》卷40《刘封传》注引《魏略》，991）

文聘领江夏太守是建安时期的延续，文帝时期因御敌有功，迁后将军；明帝时田豫以汝南太守加殄夷将军；王基以安丰太守加讨寇将军；正始年间文钦以庐江太守加鹰扬将军、第二次出任时加冠军将军、迁后将军，邓艾以南安太守加讨寇将军；孟达以新城太守加建武将军；申仪以魏兴太守加将军。当我们追问这几个郡的太守为什么加军号的原因时，其地理位置的特殊性和战略地位的重要性不能不引起我们的重视。

合肥、襄阳、祁山是曹魏的三个战略要地[①]，江夏、庐江、安丰、弋阳、汝南五郡便处于合肥与襄阳这两大军事重镇之间，且与吴接境，是孙吴进攻的突破口，战略地位非常重要。《三国志》卷15《贾逵传》："时孙权在东关，当豫州南，去江四百余里。每出兵为寇，辄西从江夏，东从庐江。"黄初七年（226年）八月，"孙权攻江夏郡，太守文聘坚守。"[②]青龙四年（236年），吴将陆逊"潜遣将军周峻、张梁等击江夏新市、安陆、石阳，……斩首获生，凡千余人。"[③]景初元年（237年）七月，"孙权遣将朱然等二万人围江夏郡，荆州刺史胡质等击之，然退走。"[④]嘉平四年（252年）三月，吴主孙亮"使镇南将军朱异袭安丰，不克。"[⑤]这几个郡也是曹魏进攻的必经之地，"国家征伐，亦由淮、沔。"[⑥]太和中明帝向司马懿咨询先讨吴还是先讨蜀时，司马懿对曰：

① （太和二年五月，明帝）曰："……先帝东置合肥，南守襄阳，西固祁山，贼来辄破于三城之下者，地有所必争也……"。（《三国志》卷3《明帝纪》，第103页）

②《三国志》卷3《明帝纪》，第92页。

③《三国志》卷58《陆逊传》，第1351页。

④《三国志》卷3《明帝纪》，第109页。

⑤《三国志》卷48《三嗣主传·孙亮传》，第1152页。

⑥《三国志》卷15《贾逵传》，第483页。

“吴以中国不习水战，故敢散居东关。凡攻敌，必扼其喉而揰其心。夏口、东关，贼之心喉。若为陆军以向皖城，引权东下，为水战军向夏口，乘其虚而击之，此神兵从天而堕，破之必矣。”[①]被司马懿称为“贼之心喉”的夏口便在江夏郡附近。

南安郡位于祁山之西，纵贯雍州，南与蜀武都郡接壤，是魏王朝的统治力度由强到弱的过渡地带，也是诸羌经常叛乱的地方，正始八年(247年)，“陇西、南安、金城、西平诸羌饿何、烧戈、伐同、蛾遮塞等相结叛乱，攻围城邑，南招蜀兵，凉州名胡治无戴复叛应之。”[②]更是西蜀进攻的首选目标，太和元年（227年），“蜀大将诸葛亮寇边，天水、南安、安定三郡吏民叛应亮。”[③]太和四年（230年），蜀关中都督吴壹“与魏延入南安界，破魏将费瑶”[④]。正始八年（247年），姜维“又出陇西、南安、金城界，与魏大将军郭淮、夏侯霸等战于洮西。”[⑤]嘉平五年（253年）四月，“卫将军姜维复率众围南安，不克而还。”[⑥]

魏兴郡与新城郡处于魏、蜀、吴三国交界的地方，是曹魏初年势力所不及的地方。申仪、孟达原为蜀汉所命太守，后降魏。魏文帝曹丕在任命他们为太守时，同时授予军号，显然有笼络降将的意味。也暗含积极防御的军事意义，司马懿在给孟达的信中曾说：“国家委将军以疆埸之任，任将军以图蜀之事”[⑦]。

加强这些郡的军事力量，使之配合合肥、襄阳、祈山三大军事重镇，在边境线上形成一道坚固的防线，实属必要，也收到了一定的成效，“(文)聘在江夏数十年，有威恩，名震敌国，贼不敢侵。”[⑧]魏时太守加军号并没有成为普遍现象，只是为了加强边郡的军事力量而采取

① 《晋书》卷1《高祖宣帝纪》，第6页。
② 《三国志》卷26《郭淮传》，第735页。
③ 《三国志》卷3《明帝纪》，第94页。
④ 《三国志》卷45《杨戏传》，第1083页。
⑤ 《三国志》卷44《姜维传》，第1064页。
⑥ 《三国志》卷33《后主传》，第899页。
⑦ 《晋书》卷1《高祖宣帝纪》，第5页。
⑧ 《三国志》卷18《文聘传》，第539页。

的措施。由此看来，清人洪饴孙“魏制太守皆加将军名号”[①]的观点是不能成立的。

西晋初年，太守加军号仍是特例。武威太守马隆加宣威将军的事情很能说明这一点。咸宁四年（278年），凉州刺史杨欣失羌戎之和，为虏所没，河西断绝。此事成了晋武帝的一块心病，为讨羌戎的人选发愁叹息，马隆毛遂自荐，陈其破敌之计，武帝命他为武威太守。马隆率兵转战千里，杀伤以千数，终于平羌戎，通凉州，武帝下诏“隆以偏师寡众，奋不顾难，冒险能济，其假节、宣威将军，加赤幢、曲盖、鼓吹。”[②]马隆以武威太守讨贼时未加军号，平敌后因赫赫战功才加军号以示褒奖，可见太守获军号之不易。灭吴之后，与刺史加军号一样，太守加军号的现象也消失了。

晋末的内乱外患导致的军事所需使太守加军号的现象再度出现。八王之乱时，成都王颖与河间王颙联合起兵攻长沙王乂，“乂以（皇甫）商为左将军、河东太守，领万余人于阙门距张方”[③]。永兴中陈敏寇扬州，引兵欲西上，荆州都督刘弘以陶侃“为江夏太守，加鹰扬将军。……敏遣其弟恢来寇武昌，侃出兵御之”[④]；“又加南平太守应詹宁远将军，督三郡水军，继蒋超”[⑤]；河间王颙亦命右卫司马张光为“顺阳太守，加陵江将军，率步骑五千诣荆州讨之。”[⑥]怀帝时，刘聪将“苏铁、刘五斗等劫掠三辅，除綝安西将军、冯翊太守。綝有威恩，华夷向服，贼不敢犯。”[⑦]愍帝时，刘聪逼长安，“诏出恒为镇军将军，领颍川太守，以为外援。”[⑧]但此时，太守加军号仍很少，据《晋书》记载统计，仅有21

---

①洪饴孙：《三国职官表》，《后汉书三国志补表三十种》，中华书局，1984年，第1634页。

②《晋书》卷57《马隆传》，第1555页。

③《晋书》卷60《皇甫重传》，第1638页。

④《晋书》卷66《陶侃传》，第1769页。

⑤《晋书》卷66《刘弘传》，第1767页。

⑥《晋书》卷57《张光传》，第1564页。

⑦《晋书》卷60《索靖传附子綝传》，第1650页。

⑧《晋书》卷44《华表传附廙子恒传》，第1262页。

人次，西晋王朝仍不肯轻易将军号给予太守。

东晋之后，太守加军号的现象普遍开来。晋王司马睿坐镇江东，为争取支持者，任投靠他的人为太守时多加军号。蔡豹“有气干，历河南丞，长乐、清河太守。避乱南渡，元帝以为振武将军、临淮太守”[①]；钟雅“避乱东渡，元帝以为丞相记室参军，迁临淮内史、振威将军。”[②]就是对那些自命太守的坞主也加军号以笼络，建兴中，坞主张平自称豫州刺史，樊雅自号谯郡太守，各据一城，众数千人。司马睿派张、樊二人的老乡桓宣前去游说收编，“平、雅遣军主簿随宣诣丞相府受节度，帝皆加四品将军，即其所部，使捍御北方。”[③]坞主刘遐“间道遣使受元帝节度，朝廷嘉之，玺书慰勉，以为龙骧将军、平原内史。”[④]对那些建功立勋的太守加军号更是毫不吝啬，“(周）玘三定江南，开复王略，帝嘉其勋，以玘行建威将军、吴兴太守，封乌程县侯。”[⑤]周札“以讨钱璯功，赐爵漳浦亭侯。元帝为丞相，表札为宁远将军、历阳内史”[⑥]。

对此作法，司马睿的得力助手王导有些不满，永嘉末，当其迁为丹阳太守，加辅国将军时，上笺曰：“今者临郡，不问贤愚豪贱，皆加重号，辄有鼓盖，动见相准。时有不得者，或为耻辱。天官混杂，朝望颓毁。导忝荷重任，不能崇浚山海，而开导乱源，饕窃名位，取紊彝典，谨送鼓盖加崇之物，请从导始。”[⑦]宫崎市定据此以为东晋之后太守加军号开始普遍起来是有一定道理的。[⑧]但如果据此认为晋或南朝太守皆加

---

①《晋书》卷81《蔡豹传》，第2111页。

②《晋书》卷70《钟雅传》，第1877页。

③《晋书》卷81《桓宣传》，第2115页。

④《晋书》卷81《刘遐传》，第2130页。

⑤《晋书》卷58《周处传附子玘传》，第1573页。

⑥《晋书》卷58《周处传附玘弟札传》，第1575页。

⑦《晋书》卷65《王导传》，第1746页。

⑧“东晋之后，由于社会常处于戒严的状态中，郡守加军号的现象普遍开来。”(《九品官人法研究》，中央公论社，1997年，第319页。)

军号，就有失偏颇了。[①]永昌元年（322年），大将军王敦以诛刘隗为名，举兵于武昌，元帝急忙“征征西将军戴若思、镇北将军刘隗还卫京都。以司空王导为前锋大都督，以戴若思为骠骑将军，丹杨诸郡皆加军号。”[②]这道命令恰恰说明此前丹阳诸郡太守是不加军号，至少是不全加军号的。如果晋太守皆加军号的话，此时晋元帝就不用再命丹杨诸郡皆加军号了。史料也为我们提供了太守因此事加军号的证据，戴邈“代刘隗为丹阳尹。王敦作逆，加左将军”[③]；钟雅“补宣城内史。钱凤作逆，加广武将军，率众屯青弋”[④]，钱凤是应王敦而乱。

之后仍有许多因各种原因而临时加军号的例子。如义熙中，范泰“出为东阳太守。卢循之难，泰预发兵千人，开仓给禀，高祖加泰振武将军”[⑤]；王镇之“为征西道规司马、南平太守。徐道覆逼江陵，加镇之建威将军，统檀道济、到彦之等讨道覆”[⑥]。宋元嘉四年（427年），王球“为义兴太守。从兄弘为扬州，服亲不得相临，加宣威将军，在郡有宽惠之美，徙太子右卫率”[⑦]。梁时蔡撙为“吴兴太守。天监九年（510年），宣城郡吏吴承伯挟祆道聚众攻宣城，杀太守朱僧勇，因转屠旁县，逾山寇吴兴，所过皆残破，众有二万，奄袭郡城。东道不习兵革，吏民恇扰奔散，并请撙避之。撙坚守不动，募勇敢固郡。承伯尽锐攻撙，撙命众出拒，战于门，应手摧破，临阵斩承伯，余党悉平。加信武将军。”[⑧]

---

①杜佑：“晋郡守皆加军号。”（《通典》卷33《职官十五》，第906页。）钱穆：“晋郡守皆加军号，无者为耻。”（《国史大纲》，商务印书馆，1996年，第400页。）陶新华：“南朝各代郡守加军号的情况更加普遍化，很难发现不带军号的太守了。”（《地方政权军事化考论》，《魏晋南朝中央对地方军政官的管理制度研究》，巴蜀书社，2003年，第31页。）

②《晋书》卷6《中宗元帝纪》，第155页。

③《晋书》卷69《戴若思传附弟邈传》，第1849页。王敦作逆有两次，一次是文中提到的，一次在明帝太宁二年，不过据下文“及敦得志，而若思遇害，邈坐免官。敦诛后，拜尚书仆射”，可知戴邈以丹阳尹加左将军是在永昌中。

④《晋书》卷70《钟雅传》，第1877页。

⑤《宋书》卷60《范泰传》，第1615页。

⑥《宋书》卷92《良吏传·王镇之传》，第2262页。

⑦《宋书》卷58《王球传》，第1594页。

⑧《梁书》卷21《蔡撙传》，第333页。

由此可知，终南朝之世，太守并未皆加军号。据晋南朝各书统计，东晋世太守加军号者占任太守总数的34%，宋时占33%，齐时44%，梁时40%，陈时50%。除陈之外，都在半数以下，即使考虑导史家失书的因素，离“皆”的程度还相差甚远。

史料所见，县令长加军号始于晋惠帝时，成都王颖辟鲜卑人乔智明为辅国将军。“颖之败赵王伦也，表智明为殄寇将军、隆虑、共二县令。二县爱之，号为‘神君’。”[①]怀帝时荀奕也以新汲令加扬武将军。[②]东晋初元帝以郭诵为扬武将军、阳翟令。元帝称帝后，以李矩为都督司州诸军事、安西将军、司州刺史，郭诵是其外甥，随李矩距刘聪、石勒军，多有战功。为阻止石勒的进一步南侵，乃以郭诵“为扬武将军、阳翟令，阻水筑垒，且耕且守，为灭贼之计。”[③]

终南朝之世，县令长加军号并不是普遍现象，东晋时仅3人次，宋12人次，齐10人次，梁4人次，陈8人次。究其原因，主要有四：

一、因军事或治乱之需。义熙中，刘裕克定京城，以朱龄石为武康令，加宁远将军。“丧乱之后，武康人姚系祖招聚亡命，专为劫盗，所居险阻，郡县畏惮不能讨。龄石至县……悉斩系祖兄弟，杀数十人，自是一郡得清。”[④]宋泰始五年（469年），豫州淮西之地尽没于虏，明帝乃于历阳立镇，“以（周）山图为龙骧将军、历阳令，领兵守城。”[⑤]梁末，“齐遣东方老、萧轨等来寇，军至后湖，都邑掻扰，又四方壅隔，粮运不继，三军取给，唯在京师，乃除奂为贞威将军、建康令。”[⑥]以之为后勤保障，最终破敌。

二、因治绩或军功嘉奖。宋泰始二年（466年），永世令孔景宣反，

---

①《晋书》卷90《良吏传·乔智明传》，第2337页。
②《晋书》卷39《荀勖传附组子奕传》，第1160页。
③《晋书》卷63《李矩传》，第1709页。
④《宋书》卷48《朱龄石传》，第1422页。
⑤《南齐书》卷29《周山图传》，第540页。
⑥《陈书》卷21《孔奂传》，第284页。

杜敬真、陆攸之、溧阳令刘休文攻其别营，斩中兵参军史览之等十五人，“太宗嘉休文等诚效，除休文宁朔将军，县如故”[①]。齐建元三年(481年)，武陵王萧晔为征虏将军，都督会稽东阳新安永嘉临海五郡军事，沈宪为其府司马，山阴县户众难治，太祖萧道成想分而治之，其子萧赜认为“县岂不可治，但用不得其人耳。”于是以沈宪带山阴令，将县治理得井井有条，政声大著。京官孔稚珪请假东归，对人说：“沈令料事特有天才。”于是加沈宪宁朔将军。[②]

三、府佐带令。宋明帝时，益州刺史萧惠开特别欣赏周颙，带其入蜀，以为“厉锋将军，带肥乡、成都二县令。转惠开辅国府参军，将军、令如故。”[③]齐末，梁王萧衍起义师，以韦爱为“壮武将军、冠军南平王司马，带襄阳令。”[④]

四、京畿大县县令多加军号。丹阳郡的建康、秣陵、江乘县，晋陵郡的曲阿县，吴郡的吴、钱唐、盐官县，吴兴郡的阳羡、武康县，会稽郡的山阴、余姚县，常以县令加军号。东晋成帝时，除王允之“建武将军、钱唐令”[⑤]；宋永光元年，傅琰以宁蛮功曹“补诸暨武康令，广威将军，除尚书左民郎，又为武康令，将军如故”[⑥]；齐明帝即位，起丘仲孚为“烈武将军、曲阿令”[⑦]；梁时出中舍人刘潜为“戎昭将军、阳羡令”[⑧]；陈时，除给事黄门侍郎庾持“稜威将军、盐官令”[⑨]。

综观上面的考察，魏晋南朝刺史太守县令长加军号主要有两种情况，一是因军事所需，二是统治者将军号作为奖励或笼络人心的一种手

---

①《宋书》卷84《孔觊传附孔璪传》，第2158页。
②《南齐书》卷53《良政传·沈宪传》，第920页。
③《南齐书》卷41《周颙传》，第730页。
④《梁书》卷12《韦叡附族弟爱传》，第226页。
⑤《晋书》卷76《王舒传附子允之传》，第2002页。
⑥《南齐书》卷53《良政传·傅琰传》，第914页。
⑦《梁书》卷53《良吏传·丘仲孚传》，第771页。
⑧《梁书》卷41《刘潜传》，第594页。
⑨《陈书》卷34《文学传·庾持传》，第457页。

段。因军事所需加军号表明地方官加军号有很强的军事意义，作为奖励或笼络人心手段的使用促进了军号散阶化的进程。魏明帝青龙年间刺史加军号已成普遍现象；东晋之后，随着都督例领所治州刺史制度的形成，全国大多数的州刺史为都督所兼领，州的军事职能进一步突出。太守县令长加军号的普遍程度远不及刺史，这表明魏晋南朝，郡县的主要职能在于民政，而不在于军政。

四、南北朝地方官加军号的比较

纵观魏晋南朝地方官加军号的过程，刺史加军号走在了郡守加军号的前面。这一方面是出于军事的需要，另一方面是为了提高刺史的地位。因为汉制刺史六百石，郡守二千石。而州事实上已经成为郡之上更高一级的地方行政机构，如何调整这一名位倒错的现象，在官品未出现之前，加军号不失为一个良方。因为汉制将军的地位是很高的，最低是比二千石。[①]魏政权中刺史所加军号有前左右后、建威、建武、振威、奋威、扬烈、伏波、昭武、渡辽这么几号，太守所加军号最高为鹰扬将军，其余的为殄夷、讨寇、讨逆，江夏太守文聘以战功升至后将军。从之后这些军号在官品中所处的位置可知，刺史所加军号为三至五品之间，而郡守所加军号最高为五品鹰扬将军，殄夷、讨寇、讨逆则为五品之下的杂号将军，文聘是以战功升至后将军，其初始军号为讨逆将军。何况郡守加军号是特例。

两晋宋齐刺史太守所加军号品级呈现出缓慢上升的态势。为了比较方便，我们将两晋宋齐刺史太守加军号的品级与人次列表如下：

---

① 阎步克：《品位与职位》，中华书局，2002年，第427页。

两晋宋刺史加军号情况表[①]：

	二品	三品	四品	五品	五品以下
西晋	0	11	7	10	0
东晋	6	49	23	6	0
宋	8	84	27	4	2

两晋宋齐太守加军号表：

	二品	三品	四品	五品	五品以下
西晋	0	11	10	4	2
东晋	2	130	90	26	0
宋	1	128	102	10	11
齐	2	125	40	3	2

由表中我们可以看出，西晋时刺史加军号平均分布在三至五品，东晋时则三品、四品增多，五品减少，宋时三品的比例又在上升。两晋宋时太守加军号主要为三品、四品，齐时主要为三品。与军号上升相伴而随的是军号的集中，两晋时刺史所加军号平均分布在三至五各品的各个军号上，宋时三品集中在前左右后、征虏、冠军、辅国、龙骧八号上，四品集中在宁朔号上。太守所加军号在东晋时开始呈现集中的趋势，三品主要集中在前左右后、征虏、冠军、辅国、龙骧八号上，四品集中在五威、五武号上；宋时三品主要集中在冠军、辅国、征虏、龙骧四号上，四品集中在宁朔号上；齐时三品集中在冠军、辅国、征虏三号上。

梁陈时期与刺史太守普加军号程度提高相伴的并不是所加军号品级的上升，而是下降。梁天监初年，刺史太守所加军号与宋齐时特征相同。天监七年改革之后，刺史太守所加军号名称与品级都发生了很大变化。由于梁时军号改革次数较多，且军号与官职分离，二十四班或三十四班也很难与此前的九品相比较。我们这里以陈为例：

①齐时州刺史多由都督兼领，且单车刺史较多，刺史加军号的资料很少（共11人次），统计结果不具普遍性，故不列出。

陈时刺史太守加军号统计表：

	一品	二品	三品	四品	五品	六品	七品	八品	九品
刺史	9	9	17	31	8	7	4	1	0
太守	0	5	10	27	20	8	14	3	1

陈时刺史所加军号品级分布在一至八品，主要集中在四品；太守所加军号分布在二品至九品，主要集中在四品、五品，与梁之前相比，明显有所下降。与刺史太守命运相同的还有军府僚佐，日人宫崎市定根据刘宋沈攸之举义荆州时府佐加军号的情况，推测当时府佐所加军号多为三品、四品，[①]陈奕玲师妹又推而广之，排比了众多实例，证明“晋、宋、齐三朝军府僚佐所带之军号多位于三、四品上，主要是三品的冠军、辅国、龙骧，四品的宁朔、五威、五武将军这么几类。”[②]同时认为这一规律应以梁代为限，梁代的军号改革使“原先高居于三、四品上的军号，在新班序中被扩展开来，列于十三至十六班，梁陈军府僚佐所带的军号大多数位于这个段落……到了陈代，府佐所代军号的品皆则大多数位于四品以下，甚至低至八、九品。”[③]何其相似！这再一次印证了陈苏镇先生的观点，梁代在旧日的三品与四品将军之间加置了十六班一百六十号将军，拉长了因军功迁升的路程，是起自寒门将帅的南朝皇族巩固和提高自身社会地位的一种手段。[④]

就在梁陈君主拉大与臣子之间距离的同时，北朝君主却在拉近君臣之间的距离。我们选择了几个点来看北朝刺史加军号品级的变化，一是世宗肃宗时期，因为世宗时《后职令》开始实行[⑤]，这一时期又是

---

①宫崎市定：《九品官人法研究》，中央公论社，1997年，243页。

②陈奕玲：《魏晋南朝军号散阶化的若干问题》，《燕京学报》新13期，北京大学出版社，2002年。

③陈奕玲：《魏晋南朝军号散阶化的若干问题》，《燕京学报》新13期，北京大学出版社，2002年。

④陈苏镇：《南朝散号将军制度考辩》，《史学月刊》，1989年第3期。

⑤太和“二十三年（499年），高祖复次职令，及帝崩，世宗初班行之，以为永制。”（《魏书》卷113《官氏志》，第2993页。）

统治相对稳定的时期。二是东魏孝静帝与西魏文帝大统年间，二者时间大致相当。三是北周武帝宇文邕时期与北齐武成与后主时期，此一时期为北周实行六官之制后统治最为稳定，北齐河清改革后实行新制之时期[①]。

北朝刺史加军号品级统计表：

	一品	从一	二品	从二	三品	从三	四品下
世宗	1	2	2	13	49	52	3
肃宗	1	2	3	18	75	24	4
孝静	7	23	26	3	4	4	0
大统	1	49	14	3	4	2	0
北齐	8	15	8	0	0	0	0
北周[②]	27	39	0	0	0	0	0

由表中可以明显地看出，魏末时刺史加军号品级发生了急剧的变化。世宗肃宗时比较稳定，基本上分布在从二品到从三品三个品阶上，以正三品为多。东西魏时则主要为从一与二品，东魏以正二品为主，西魏以从一品为主，比东魏要高上一阶。北齐北周时更甚，北齐以一品与从一品为主，北周则全部集中在正九命与九命上。

北朝各书由于对历刺史官记载较详，对太守县令官记载较简，使得我们对太守县令长的统计很难具有代表性。不过通过一些材料我们还是可以看到北朝太守县令长所加军号的品级与刺史一样也是变化很大的。南齐游击将军王世弼投魏，景明初先后任南徐州与东徐州刺史，为御史弹劾免官。后又任中山内史、平北将军，直阁将军元罗行经中山时对世弼说："二州刺史，翻复为郡，亦当恨恨耳。"世弼回答说：

① "《隋志》所叙北齐官制，正是以《河清令》改易后的制度为准的。"参见阎步克：《品位与职位》，中华书局，2002年，第562-568页。

② 北周托周礼改制，实行九命之制，"以第一品为九命，第九品为一命。"（《周书》卷2《文帝纪下》，第34页。）这里为将其纳入一个表中进行比较，稍作变通，将正九命记在正一品下，九命记在从一品下，依次类推。

“仪同之号，起自邓隲。平北为郡，始在下官。”[①]可见以平北将军加于内史之上是很高的，平北将军为正三品将军，由此我们可以推测出，世宗时太守加军号多在三品以下。魏末时太守加车骑、骠骑号的已经屡见不鲜：

辛珍之：武定三年（545年），除骠骑将军、北海太守。（《魏书》卷77《辛雄传附琛族子珍之传》，1702）

封子绘：高祖崩，秘未发丧，世宗以子绘为渤海太守，令驰驿赴任。……后进秩一等，加骠骑将军。天保二年（551年），除太尉长史。（《北齐书》卷21《封隆之传附子子绘传》，305）

杨绍：（大统）四年（538年），出为鄜城郡守。……加帅都督、骠骑、常侍、朔州大中正。（《周书》卷29《杨绍传》，500）

薛善：除河东郡守，进骠骑大将军、开府仪同三司，赐姓宇文氏。六官建，拜工部中大夫，进爵博平县公。（《周书》卷25《薛善传》，624）

司马侃：天和二年（567年），授右侍上士，加都督，进大都督。从大军攻晋州，以功授使持节、车骑将军、仪同三司。又从平并、邺，除乐安郡守。后更论晋州及平齐勋，加骠骑大将军、开府仪同三司。（《周书》卷36附子侃》，647）

甚至县令也有至骠骑将军的：

李诵：诵以女妻穆提婆子怀廆，超迁临漳令、仪同三司。（《北齐书》卷29《李玙传》，396）

柳带韦：魏废帝元年（551年），出为解县令。二年（552年），加授骠骑将军、左光禄大夫。（《周书》卷22《柳庆传附兄子带韦传》，374）

如果说临漳令地位特殊的话，解县令的地位则没有什么特殊。骠骑、车骑将军为第二品，加大则为从一品。

北朝刺史太守县令长加军号的程度也明显高于魏晋南朝，世宗时，河南尹甄琛在上表中说：“边外小县，所领不过百户，而令长皆以将军

① 《魏书》卷71《王世弼传》，第1588页。

居之。”[1]县令长尚且如此，何况刺史太守。这与北朝以军事立国的传统和北魏末年军号的滥授有关。北方少数民族政权基本上以军事立国，“从道武帝建国到太武帝统一北方，北魏国家实际上属于鲜卑托跋军事贵族专政。”[2]军功贵族构成了国家的中坚力量。在北朝，获得爵位的时候可以同时获得军号：

文安公泥，国之疏族也。性忠直壮烈，有智画。太祖厚遇之，赐爵文安公，拜安东将军。（《魏书》卷14《文安公泥传》，364）

世祖即位，命（尉）眷与散骑常侍刘库仁等八人分典四部，绾奏机要。赐爵山桑侯，加陈兵将军。（《魏书》卷26《尉古真传附诺子眷传》，656）

（太和十六年<492年>正月）乙丑，制诸远属非太祖子孙及异姓为王，皆降为公，公为侯，侯为伯，子男仍旧，皆除将军之号。（《魏书》卷7下《高祖孝文帝纪》，169）

许谦：（太祖时）并州平，以谦为阳曲护军，赐爵平舒侯、安远将军。（《魏书》卷24《许谦传》，611）

太和十六年之前，子孙在袭爵的同时也继承父祖的军号：

薛胤：少有父风。弱冠，拜中散，袭爵镇西大将军、河东公，除悬瓠镇将。（《魏书》卷42《薛辩传附初古拔子胤传》，943）

王宝兴：袭爵长社侯、龙骧将军。（《魏书》卷38《王慧龙传附子宝兴传》，878）

这充分体现了军事贵族专制的政权性质。太和十六年（492年），对此制进行改革“旧制，诸以勋赐官爵者子孙世袭军号。十六年（492年），改降五等，始革之，止袭爵而已。”[3]孝文帝还把加军号作为考课的一种奖励手段：太和十五年（491年）十一月“戊寅，考诸牧守。……丁亥，诏二千石考在上上者，假四品将军，赐乘黄马一匹。上中者，五品将

①《魏书》卷68《甄琛列传》，第1514页。

②黄惠贤：《中国政治制度通史》第四卷，人民出版社，1996年，第20页。

③《魏书》卷113《官氏志》，第2976页。

军。上下者，赐衣一袭。”①

魏末六镇起义之后，各军阀势力都以各种名号来收买人心，尔朱世隆“欲收军人之意，加泛除授，皆以将军而兼散职，督将兵吏无虚号者。自此五等大夫，遂致猥滥，又无员限，天下贱之。”②尔朱世隆以军号与大夫双授的方式来收买人心，魏末朝廷作了一些努力来抑制这种现象，③却是以军号的更加滥授为代价的。普泰元年（531 年）诏曰：“顷官方失序，仍令沙汰，定员简剩，已有判决。退下之徒，微亦可愍。诸在简下，可特优一级，皆授将军，预参选限，随能补用。”④永熙二年（533 年），出帝下诏“大夫之职，位秩贵显。员外之官，亦为匪贱。而下及胥吏，带领非一，高卑浑杂，有损彝章。自今已后，京官乐为称事小职者，直加散号将军，愿罢卑官者听为大夫及员外之职，不宜仍前散实参领。其中旨特加者，不在此例。”⑤板授高年也开始用将军的名号，“庄帝从之，因诏民年七十者授县，八十者授郡，九十加四品将军，百岁从三品将军。”⑥之前板授高年有赐爵、板郡守、县令，却没有加军号的。在这种情况下，地方官所加军号品级的上升就是自然而然的事情。

①《魏书》卷 7 下《高祖孝文帝纪》，第 168 页。

②《魏书》卷 75《尔朱彦伯传附弟世隆传》，第 1669 页。

③这一点阎步克先生已经进行了充分论证。参见《品位与职位》，中华书局，2002 年，第 527–538 页。

④《魏书》卷 11《前废帝纪》，第 276 页。

⑤《魏书》卷 11《出帝纪》，第 287 页。

⑥《魏书》卷 77《辛雄传》，第 1696 页。

第七章　赠官：以地方官为赠

地方官与赠官的之间关系，可以从两个方面来考察：第一，地方官所获得的赠官；第二，地方官作为赠官，赠予的对象、内容与规则。关于地方官所获得的赠官，刘长旭先生在其博士论文《两晋南朝赠官研究》中已经对两晋南朝地方官分类进行了研究，对各级地方官（都督刺史、尹、太守、内史）所获赠官的种类、特点及演变规律等进行了揭示。①北朝赠官以地方官为主，特别是孝文帝之后，几乎所有的官员死后都获赠地方官，没有必要再将地方官单独抽出来考察其所获赠官的种类、特点。所以我们选取了以地方官作为赠官这个角度，来考察地方官赠予的对象、内容与规则，即地方官都赠予哪些人、哪些地方官可以作为赠官、不同级别的地方官赠予对象所体现出来的品级特征。西汉时只有公才能获得赠官，所以地方官绝不可能作为赠官出现。地方官得以作为赠官是赠官对象扩展的结果，所以我们首先要从赠官对象的扩展谈起。

一、两汉魏晋南朝赠官对象的扩展

对于赠官，袁梦麒与李慈铭都有类似概念性的论述。现引二人论述如下：

---

①刘长旭：《地方长官的赠官》，《两晋南朝赠官研究》，北京师范大学博士学位论文，2002 年，第 109-145 页。

袁梦麒：汉自公薨，或追爵、或赐谥，或赠之印绶，以示褒宠之恩，未有以官追赠者。至赐印绶，亦不过即其生之官爵以赠之焉。翟方进薨，赠以丞相、高陵侯印绶；孔光薨，赐以丞相、博山侯印绶。此旧典，二千石卒，官赙百万。《羊续传》。即皆其生之官爵以赠之而已。世祖中兴，鲜以印绶褒宠功臣，独祭遵薨，博士范升上疏追颂遵功德，赠以将军侯印绶，亦不过即其生之官爵以赠之，无加于旧典也。逮桓、灵之世，刘宽以太尉薨，袁逢以司空薨，皆赠车骑将军印绶，加号特进；以至朱穆卒，以尚书而追赠益州太守，悉非先朝旧典、至于后世大臣有加赠之恩，盖出诸此。[①]

李慈铭：汉、魏、晋多有赠本官者，盖赠以本官章服印绶也。[②]

刘长旭先生援引这两段话来讨论赠官的概念与起始时间，认为“在袁梦麒看来，赠予死者生前印绶并不是真正意义上的赠官，唯有赠以他官，才算作真正‘以官为赠者’，即赠官。袁梦麒的这个界定，较之清人李慈铭的看法，范围似乎显得过于狭窄。”[③]印绶代表着官员的地位与权力，是官员身份的象征，赠予印绶即是赠官。我们仔细体味袁梦麒下面这两句话，“至赐印绶，亦不过即其生之官爵以赠之焉”，“祭遵薨，博士范升上疏追颂遵功德，赠以将军侯印绶，亦不过即其生之官爵以赠之”，可知袁也是认为赠予官员生前印绶即是赠予官员生前本官，赠印绶也就是赠官。袁李二说并无不同。袁所说起于桓灵之世的是“加赠之恩”，即后世所流行的赠官方式。故赠官始于西汉。

汉魏至晋，随着赠官制度化的进程，赠官对象有一个由高层官僚到中层官僚、由中央官到地方官的扩展过程。西汉时获赠本官印绶的人皆为公。张安世生前为大司马卫将军、领尚书事，元康四年（公元前62年）秋薨，天子赠印绶；[④]孔光生前为太师，元始五年（5年）薨，太

① 徐天麟：《东汉会要》卷25《职官七·恤典赠官》，中华书局，1955年，第277页。

② 李慈铭：《越缦堂读书记》，上海书店出版社，2000年，第313页。

③ 刘长旭：《两晋南朝赠官研究》，北京师范大学博士学位论文，2002年，第7页。

④ 《汉书》卷59《张汤传附子安世传》，第2653页。

后使九卿策赠以太师博山侯印绶；[①]翟方进生前为丞相，绥和二年（公元前7年）春因荧惑守心引咎自杀，皇帝遣九卿册赠以丞相高陵侯印绶。[②]此三人皆以公获赠。[③]

东汉时，赠官对象由公向下扩展至九卿及二千石官。据刘长旭先生统计，东汉时获得赠官的有28人[④]，其中有2人属建安时期，由于建安时期曹操已经掌握实际政权，制度也处在剧烈变化之中，所以我们将此2人归入曹魏时期讨论。现将其余26人获得赠官的情况列表如下：

获赠者	生前最后官爵	秩级	赠官时间	赠官	资料来源[⑤]	备注
欧阳歙	大司徒	公	建武十五年	印绶	79/2556	
黄琼	司空	公	延熹七年	车骑将军	61/2038	
胡广	太傅	公	熹平元年	太傅安乐乡侯印绶	44/1510	
张济	司空	公	光和中	车骑将军关内侯印绶	45/1534	
杨赐	司空	公	中平二年	司空骠骑将军印绶	54/1785	
王允	司徒守尚书令	公	建安中[⑥]	本官印绶	66/2178	

①《汉书》卷80《孔光传》，第3364页。

②《汉书》卷84《翟方进传》，第3424页。

③西汉时获赠者仅四例，除此三例之外，还有一特例。池阳县狱掾王立的妻子收受囚徒的贿赂一万六千钱，而王立不知。县令举王立为廉吏，郡守薛宣听说王立收受贿赂，下令察实，王立以自杀来显示清白。薛宣知道后，移书池阳令曰："县所举廉吏狱掾王立，家私受赇，而立不知，杀身以自明。立诚廉士，甚可闵惜。其以府决曹掾书立之柩，以显其魂……"注引颜师古曰："以此职追赠。"（《汉书》卷83《薛宣传》，第3390页。）这可以说是广义的赠官。祝总斌先生亦认为"县'狱掾'以廉吏被举，死赠'府决曹掾'"。（《两汉魏晋南北朝宰相制度研究》，中国社会科学出版社，1998年，第49页。）但由郡守赠给，'府决曹掾'亦不为官，情况很特殊，不是西汉朝廷赠官的主要方式。

④刘长旭先生在文中列出29人，其中邓弘最终并未获赠，故此处言28人。

⑤资料全部来自《后汉书》，故表中只注名卷数与页数。

⑥王允使吕布刺杀董卓，后被董卓部下李傕所杀。死于初平三年（192年），汉献帝都许后，"思允忠节，使改殡葬之，遣虎贲中郎将奉策吊祭，赐东园秘器，赠以本官印绶，送还本郡。"（《后汉书》卷66《王允传》，第2178页。）因其事迹在献帝迁都前，故将其归入东汉。

续表

获赠者	生前最后官爵	秩级	赠官时间	赠官	资料来源	备注
单超	车骑将军	车骑将军①	延熹二年	侯、将军印绶	78/2521	宦官
祭遵	征虏将军颍阳侯	征虏将军②	建武九年	将军侯印绶	20/742	
铫期	卫尉	中二千石	建武十年	卫尉安成侯印绶	20/733	
阴识	执金吾位特进	中二千石	永平二年	本官印绶	32/1130	
刘宽	光禄勋	中二千石	中平二年	车骑将军印绶位特进	25/888	
袁逢	执金吾	中二千石	灵帝	车骑将军印绶加号特进	45/1523	
王斌	执金吾	中二千石	献帝	前将军印绶	10下/452	外戚
皇甫嵩	太常	中二千石	兴平二年	骠骑将军印绶	71/2307	
赵典	长乐卫尉	二千石	和帝	印绶	27/948	
曹节	大长秋领尚书令	二千石	光和四年	车骑将军	78/2526	宦官
唐衡	中常侍	比二千石③	延熹七年	车骑将军	78/2521	宦官
来歙	中郎将	比二千石④	建武十一年	中郎将征羌侯印绶	15/589	阵亡

①汉时将军无秩级规定。《后汉书》卷114《百官志一·将军条》："将军，不常置。本注曰：掌征伐背叛。比公者四：第一大将军，次骠骑将军，次车骑将军，次卫将军。"注引蔡质《汉仪》曰："汉兴，置大将军、骠骑，位次丞相，车骑、卫将军、左、右、前、后，皆金紫，位次上卿。典京师兵卫，四夷屯警。"又"和帝即位，以舅窦宪为车骑将军，征匈奴，位在公下。"可见，无论西汉还是东汉，车骑将军的地位都是很高的，仅次于公或上卿。

②征虏将军属杂号将军，地位不如车骑将军高，但"世祖中兴，吴汉以大将军为大司马，景丹为骠骑大将军，位在公下，及前、后、左、右杂号将军众多，皆主征伐，事讫皆罢。"注引《魏略》曰："曹公置都护军中尉，置护军将军，亦皆比二千石，旋军并止罢。"（《后汉书》卷114《百官志一·将军条》）知征虏将军地位不亚于比二千石。

③《后汉书》卷116《百官志三·少府条》："中常侍，千石。本注曰：宦者，无员。后增秩比二千石。掌侍左右，从入内宫，赞导内众事，顾问应对给事。"中常侍增秩不知在何时，但汉明帝后，宦官势力渐长，和帝时，宦官曹节"为中常侍，位特进，秩中二千石"。（《后汉书》卷78《宦者传·曹节传》，第2524页。）故桓帝时的中常侍应为增秩后的比二千石。

④来歙由太中大夫拜中郎将，未言什么中郎将，但太中大夫为光禄勋属官，所迁中郎将亦为光禄勋属官，光禄勋所属五官、左、右、虎贲、羽林中郎将皆为比二千石。

续表

获赠者	生前最后官爵	秩级	赠官时间	赠官	资料来源	备注
孙程	奉车都尉位特进	比二千石	阳嘉元年	车骑将军印绶	78/2517	
赵代	越骑校尉	比二千石	永元中	越骑校尉节乡侯印绶	26/915	
沮儁	射声校尉	比二千石	兴平二年	弘农太守	72/2342	赠地方官
常少	公孙述太常		建武十二年	太常	13/544	
张隆	公孙述光禄勋		建武十二年	光禄勋	13/544	
朱穆	尚书	六百石	延熹六年	益州太守	43/1473	赠地方官
邓香	郎中	比三百石	延熹三年	车骑将军安阳侯印绶	10下/444	桓帝邓皇后父亲
何真			光和三年	车骑将军舞阳宣德侯	10下/449	灵帝何皇后父亲

由表中可以看出，此一时期获得赠官的公6人，将军2人，九卿6人，二千石2人，比二千石5人，其余5人。东汉时期赠官的对象已经由公扩展至九卿及二千石、比二千石，以比二千石为界。

比二千石以下的5人属于特殊情况。公孙述为西汉末年蜀汉的割据势力，建武元年（25年）称帝，“多刻天下牧守印章，备置公卿百官”①，常少为太常、张隆为光禄勋。建武十一年（35年），公孙述疆场屡败，常少、张隆劝其降光武帝，公孙述不听，二人忧虑而死。光武帝在灭公孙述之后，“下诏追赠少为太常，隆为光禄勋”②。如果按公孙政权的标准，二人亦为九卿。

邓香因为桓帝邓皇后之父而以比三百石郎中、何真因为灵帝何皇后

①《后汉书》卷13《公孙述传》，第537页。

②《后汉书》卷13《公孙述传》，第544页。

之父而以平民获赠车骑将军。朱穆一生清廉，为官数十年，蔬食布衣，家无余财，且数次与宦官势力作斗争，延熹六年（163年）卒于尚书位。深为朝廷百官所景仰，“公卿共表穆立节忠清，虔恭机密，守死善道，宜蒙旌宠。策诏褒述，追赠益州太守。”[①]是朝廷的特殊褒奖，亦由此可知比二千石以下的官员死后是很难得到赠官的。

日本学者漥添庆文注意到北朝赠官中有超赠现象，认为能得到超赠的人一是为“王事”而献身者，一是权贵之亲属。[②]刘长旭先生也列举了两晋南朝赠官中的特殊原则，原来没有赠官资格，但在去世后却获得赠官的情况有“因行为节义，为树立榜样、劝谕他人而特别给予赠官的”，“对于在战争中阵亡的将士或者在内乱中守节不屈、以身殉国的低级文武官吏，朝廷也往往给予赠官，以示褒崇。”另专设“两晋南朝外戚的赠官”进行研究，认为“两晋南朝外戚的赠官，基本上不受生前官号品级高下的影响”。[③]二者异曲同工。讲的虽是两晋南北朝的情况，但此为人之常情，东汉时亦是这样。

我们知道汉代的官僚体系可以分为三个阶层，即以万石为上限、以比二千石为下限的最高秩层，以千石为上限、以比六百石为下限的中级官僚层和以四百石为上限、以二百石为下限的下级官僚层。由东汉时赠官对象以比二千石为下限，而二千石的郡太守却无人获赠官的情况可知，东汉时期赠官对象仍限于中央的高级官僚。

三国曹魏时期赠官对象扩展至中级官僚层及地方官。此时千石的太中大夫、六百石的尚书仆射多有获赠官者：

杜袭：（魏明帝时）以疾征还，拜太中大夫。薨，追赠少府，谥曰定侯。（《三国志》卷23《杜袭传》，667）

荣邵：献帝分置左、右仆射，建安四年（199年）以荣邵为尚书左仆射是也。《献帝起居注》曰：“邵卒官，赠执金吾。”（《后汉书》卷

① 《后汉书》卷43《朱晖传附孙穆传》，第1473页。

② 漥添庆文：《关于北魏的赠官》，《文史哲》，1993年第3期。

③ 刘长旭：《两晋南朝赠官研究》，北京师范大学博士学位论文，2002年，第30、152页。

116《百官志三·少府条》注，3596）

杜畿：帝征吴，以畿为尚书仆射，统留事。其后帝幸许昌，畿复居守。受诏作御楼船，于陶河试船，遇风没。帝为之流涕，诏曰："昔冥勤其官而水死，稷勤百谷而山死。故尚书仆射杜畿，于孟津试船，遂至覆没，忠之至也。朕甚愍焉。"追赠太仆，谥曰戴侯。（《三国志》卷16《杜畿传》，497）

傅嘏：正元二年（255年）春，毌丘俭、文钦作乱。或以司马景王不宜自行，可遣太尉孚往，惟嘏及王肃劝之。景王遂行。以（尚书）嘏守尚书仆射，俱东。俭、钦破败，嘏有谋焉。……是岁薨，时年四十七，追赠太常，谥曰元侯。（《三国志》卷21《傅嘏传》，627）

首次出现了地方官获赠的现象：

乐綝：綝果毅有父风，官至扬州刺史。诸葛诞反，掩袭杀綝，诏悼惜之，追赠卫尉，谥曰愍侯。（《三国志》卷17《乐进传》，521）

刺史的秩级为六百石。这是否说明曹魏时期赠官的对象扩展至了六百石官员呢？这是一个很难一言以蔽之的问题。从禄秩序列来看，确实是这样的。然而三国曹魏时期又是政治制度发生急剧变化的时期。官员在官僚体系实际运作中的地位与禄秩序列中的地位出现了错位，尚书秩级虽低但实际权力上升，九卿地位虽高但实际地位下降。并出现了以前所没有的官职，如散骑常侍、都督、以领护军为首的新的禁卫系统官，我们很难在禄秩序列中为它们找到准确的位置。这些官员死后多有获赠官的：

刘劭：明帝即位……迁散骑常侍……正始中。执经讲学，赐爵关内侯。凡所选述，《法论》、《人物志》之类百馀篇。卒，追赠光禄勋。（《三国志》21《刘劭传》，620）

王肃：后迁中领军，加散骑常侍，增邑三百，并前二千二百户。甘露元年（256年）薨，门生缞绖者以百数。追赠卫将军，谥曰景侯。（《三国志》卷13《王郎传附子肃传》，419）

荀㚤：㚤官至中领军，薨，谥曰贞侯，追赠骠骑将军。（《三国志》卷10《荀彧传附子恽、孙甝、㚤传》，319）

夏侯尚：文帝践阼，更封平陵乡侯，迁征南将军，领荆州刺史，假节都督南方诸军事。……假钺，进为牧。……（黄初）六年（225年），尚疾笃，还京都，帝数临幸，执手涕泣。尚薨，谥曰悼侯。(注引《魏书》载诏曰："尚自少侍从，尽诚竭节，虽云异姓，其犹骨肉，是以入为腹心，出当爪牙。智略深敏，谋谟过人，不幸早殒，命也奈何。赠征南大将军、昌陵侯印绶。")（《三国志》卷9《夏侯尚传》，294）

郭淮：嘉平元年（249年），迁征西将军，都督雍、凉诸军事。……二年（250年），诏曰："……今以淮为车骑将军、仪同三司，持节、都督如故。"……正元二年（255年）薨，追赠大将军，谥曰贞侯。（《三国志》卷26《郭淮传》，736）

此类新增官职获赠官的有7位，占这一时期获赠官总人数（34[①]）的21%。如果我们以定于魏末的《魏官品》[②]中各官的品级为准，散骑常侍、尚书仆射、中领军为三品，刺史领兵者为四品、不领兵者为五品，太中大夫则为七品。[③]《魏官品》中无都督的品级，《晋官品》中诸持节都督为二品。[④]由此看来，三国曹魏时期赠官的对象仍然主要是三品以上的高官。但刺史获赠的事实表明四品亦是赠官对象。另有一证，《魏官品》中五营校尉为四品，青龙三年甄像以射声校尉获赠卫将军。[⑤]我们很难将十多级的禄秩序列与九品官品序列进行对应，如果仍按三分法，则一至三品为高层官僚、四至六品为中层官僚、七至九品为低层官僚，那么无论是按照禄秩序列还是官品序列，三国曹魏时期赠官的对象开始向中层官僚与地方官扩展都是一个不争的事实。

---

①据刘长旭先生统计三国时期赠官共32位，我们在上文中将卒于建安时期的两位划入三国时期，故有34位。

②阎步克：《〈魏官品〉的问世时间》，《品位与职位》，中华书局，2002年，第226–238页。

③《通典》卷36《职官十八·魏官品》，第991页。

④《通典》卷37《职官十九·晋官品》，第1003页。

⑤"还，复为射声校尉。（青龙）三年薨，追赠卫将军，改封魏昌县，谥曰贞侯。"（《三国志》卷5《后妃传·文昭甄皇后传》，第162页。）

晋时四、五品官获赠的现象则俯拾皆是：

解结：累迁黄门侍郎，历散骑常侍、豫州刺史、魏郡太守、御史中丞（四品）。……时孙秀乱关中，结在都，坐议秀罪应诛，秀由是致憾。及系被害，结亦同戮。……后赠结光禄大夫，改葬，加吊祭。（《晋书》卷60《解系传附弟结传》，1633）

司马瓌：武帝受禅，封太原王，邑五千四百九十六户，泰始二年（266年）就国。四年（268年）入朝，赐衮冕之服，迁东中郎将（四品）。十年（274年）薨，诏曰："瓌乃心忠笃，智器雅亮。……不幸早薨，朕甚悼之。今安厝在近，其追赠前将军。"（《晋书》卷37《安平献王孚传附晃弟太原烈王瓌传》，1091）

毛安之：（太元中）迁右卫将军（四品）。定后崩，领将作大匠。卒官。追赠光禄勋。（《晋书》卷81《毛宝传附宝子安之传》，2128）

裴绰：次绰，字季舒，黄门侍郎（五品），早卒，追赠长水校尉。（《三国志》卷23《裴潜传、附子秀传》裴松之注，674）

王祎之：祎之字文邵。少知名，尚寻阳公主，历中书侍郎（五品）。年未三十而卒，赠散骑常侍。（《晋书》卷75《王湛传附述子祎之传》，1970）

孔夷吾：元帝以为主簿，转参军，稍迁侍中，徙太子左卫率（五品），卒，追赠太仆。（《晋书》卷91《儒林传·孔衍传》，2359）

罗袭：子袭，（泰始中）以凌江将军（五品）领部曲，早卒，追赠广汉太守。（《三国志》卷41《霍峻传附子弋传》注引《襄阳记》，1009）

地方官获赠亦是普遍现象，据刘长旭先生统计两晋时期都督刺史获赠的有50人，郡国守相、内史、令长获赠的有40人，占整个时期获得赠官人数（260）的35%。[①]这充分证明了赠官对象向中层官僚与地方官僚扩展的事实。

---

①40、50与260三个数据分别见《两晋南朝赠官研究》，北京师范大学博士学位论文，2002年，第110、130、162页。

刘长旭先生对赠官资格进行了充分的研究，认为五品即是两晋南朝的赠官底线。[①]由西汉时的三公到东汉时的比二千石再到三国魏晋时的五品与地方官，赠官对象完成了由高层官僚到中层官僚、由中央官到地方官的扩展过程。

二、汉魏两晋南朝赠地方官的对象、内容与规则

与赠官对象发展相伴随的是赠地方官的从无到有、由少到多的发展过程。西汉时赠官对象仅为公，地方官作为赠官绝无可能。东汉时期由于赠官的对象降到了比二千石以及特赠现象的出现，使得二千石的郡太守有可能成为赠官，朱穆以尚书获赠益州太守，沮儁以射声校尉获赠弘农太守。魏时王豹因子王基功勋卓著被追赠北海太守。[②]两晋之后，随着赠官对象的扩展及赠官的制度化，赠地方官的现象逐渐多起来。我们用一组数据来描述赠地方官在两晋南朝的发展变化。

	晋	宋	齐	梁	陈
总数[③]	260	157	104	105	91
赠地方官数	28	49	31	11	13
所占百分比	11%	31%	30%	10%	14%

由表中数据可以看出，两晋时赠地方官开始上升，宋齐时形成高峰，梁陈时期又有所下降。

①《“故事尚书左丞无赠官者”与赠官底线》，《两晋南朝赠官研究》，北京师范大学博士学位论文，2002年，第20–27页。五品以下亦有获赠官的，不过都是特殊原则下的赠官。

②《三国志》卷27《王基传》，第755页。

③此组数据来自于刘长旭先生的博士论文《两晋南朝赠官研究》，北京师范大学博士学位论文，2002年，第162页。

地方官赠予对象大致可以分为三类：一为死难将士①，二为地方官②，三为其他类官员。两晋至陈，这三者所占比例有一个此消彼长的过程。为了叙述方便，我们先将后两类看作一个整体，即正常死亡者。两晋至陈，地方官赠予对象有一个以死难将士为主到以正常死亡为主的转变过程。晋时获赠地方官的共33人，23人为死难者，其中大多数为五品以下的官员或无官职者。如赵诱父子，赵诱为武昌太守，赵龚无官职；虞悝虞望兄弟分别为谯王司马承长史、司马，皆获赠刺史或太守：

赵诱父子：代陶侃为武昌太守。时杜曾迎第五猗于荆州作乱，敦遣诱与襄阳太守朱轨共距之。猗既愍帝所遣，加有时望，为荆楚所归。诱等苦战皆没，敦甚悼惜之，表赠征虏将军、秦州刺史，谥曰敬。子龚，与诱俱死。元帝为晋王，下令赠新昌太守。（《晋书》卷57《赵诱传》，1566）

虞悝虞望兄弟：望每先登，力战而死。城破，悝复为义所执，将害之，子弟对之号泣，悝谓曰："人生有死，阖门为忠义鬼，亦何恨哉。"及王敦平，赠悝襄阳太守，望荥阳太守，遣谒者至墓，祭以少牢。

---

①在这里，死难将士包括以下几种情况：一、与敌国交战死亡的。如孟系祖："(大明）二年（458年），索虏寇青、冀，世祖遣军援之，系祖自占求行。战于杜梁，挺身入陈，所杀狼籍，遂见杀。诏书追赠颍川郡太守。（《宋书》卷47《孟怀玉传附龙符嗣孙系祖传》，第1409页。）二、被敌国所执，不屈而死的。如沈劲："冠军陈祐长史，戍金墉城，为鲜卑慕容恪所陷，不屈节见杀，追赠东阳太守。"（《宋书》卷63《沈演之传》，第1684页。）三、平定内乱中死亡的。如武念："太宗初即位，四方反叛，遣念乘驿还雍州，绥慰西土，因以为南阳太守。念既至，人情并向之，刘胡遣腹心数骑诈诣念降，于坐缚念，袁顗斩之，送首诣晋安王子勋。……追赠念冠军将军、南阳新野二郡太守，封绥安县侯，食邑四百户。"（《宋书》卷83《宗越传附武念传》，第2112页。）四、为反臣属下，不同意谋反而被杀的。如杨文德："荆州刺史南郡王义宣反，文德不同见杀，世祖追赠征虏将军、秦州刺史。"（《宋书》卷98《氐胡传·略阳清水氐杨氏传》，第2409页。）另外如宋时明帝为剪灭文帝、孝武帝后代，将刘休祐、刘子鸾等赐死，虽非正常死亡，但属秘密状态，不对赠官构成影响，也作正常死亡处理。

②地方官死难的，归入第一类。

(《晋书》卷 89《忠义传·虞悝传》, 2316)

宋时获赠地方官中死难将士的比例有所下降，但仍占主导地位。如死于元凶之难的细仗队主卜天与被赠刺史，其手下队将皆被赠郡守：

卜天与等：(元凶之乱) 逆徒击之，臂断倒地，乃见杀。其队将张泓之、朱道钦、陈满与天与同出拒战，并死。世祖即位，诏曰："日者逆竖犯跸，衅变卒起，广威将军关中侯卜天与提戈赴难，挺身奋节，斩殪凶党，而旋受虐刃。勇冠当时，义侔古烈，兴言追悼，伤痛于心。宜加甄赠，以旌忠节。可赠龙骧将军、益州刺史，谥曰壮侯。"车驾临哭。泓之等各赠郡守，给天与家长禀。(《宋书》卷 91《孝义传·卜天与传》, 2253)

齐梁时死难将士赠地方官的大大减少，转以中央官为主。齐时死子响难中获赠的五人中只有席恭穆一人获赠刺史，死崔慧景乱中的六人中只有张佛护与左兴盛二人获赠刺史，其余皆为中央官：

子响少好武，在西豫时，自选带仗左右六十人，皆有胆干。至镇，数在内斋杀牛置酒，与之聚乐。令内人私作锦袍绛袄，欲饷蛮交易器仗。长史刘寅等连名密启，上敕精检。寅等惧，欲秘之。子响闻台使至，不见敕，召寅及司马席恭穆、咨议参军江愈、殷昙粲、中兵参军周彦、典签吴修之、王贤宗、魏景渊于琴台下诘问之。……执寅等于后堂杀之。……赠刘寅侍中，席恭穆辅国将军、益州刺史，江愈、殷昙粲黄门郎，周彦骁骑将军。(《南齐书》卷 40《武十七王传·鱼复侯子响传》, 706)

(永元二年 <500 年>，慧景反) 台遣骁骑将军张佛护、直閤将军徐元称、屯骑校尉姚景珍、西中郎参军徐景智、游荡军主董伯珍、骑官桓灵福等据竹里为数城。……十二日，恭祖等复攻之，城陷，佛护单马走，追得斩首，徐元称降，余军主皆死。……帝又遣右卫将军左兴盛率台内三万人，拒慧景于北篱门，望风退走。……左兴盛走，不得入宫，逃淮渚荻舫中，慧景擒杀之。……追赠张佛护为司州刺史，左兴盛豫州刺史，并征虏将军，徐景智桓灵福屯骑校尉，董伯珍员外郎，李玉之给事中，其余有差。(《南齐书》卷 51《崔慧景传》, 876)

梁陈时获赠地方官者中各仅有3人为死难将士。两晋至陈，获赠地方官者中，死难将士所占比例逐渐下降、正常死亡者所占比例逐渐上升，我们可以用一组数据来描述这一过程。

	晋	宋	齐	梁	陈
总数	33	49	31	11	13
非正常	23	28	12	3	3
百分比	70%	57%	39%	27%	23%

在正常死亡者中，又有一个由地方官扩展至其他官员的过程。晋时获赠地方官者中，除死难将士之外，多为地方官，只有罗袭一人以凌江将军获赠广汉太守①。宋时扩展至东宫官：

恭王（刘）嶷字子岐嗣。中书侍郎，太子中庶子。世祖大明七年（463年），薨，追赠冠军将军、豫州刺史。（《宋书》卷61《衡阳文王义季传》，1655）

齐时则扩展至尚书、门下、大夫、禁卫等类官：

胡谐之：（永明）十年（492年），转度支尚书，领卫尉。明年，卒，年五十一。赠右将军、豫州刺史。（《南齐书》卷37《胡谐之传》，657）

苏侃：齐台建，为黄门郎，领射声校尉，任以心膂。上即位，侃撰《圣皇瑞命记》一卷奏之。建元元年（479年），卒，年五十三。上惜之甚至，追赠辅国将军、梁南秦二州刺史，谥质侯。（《南齐书》卷28《苏侃传》，529）

吕安国：寻迁散骑常侍、金紫光禄大夫、兖州中正，给扶。……（永明）八年（490年），卒，年六十四。赠使持节、镇北将军、南兖州刺史，常侍如故。给鼓吹一部。（《南齐书》卷29《吕安国传》，537）

焦度：寻除游击将军。永明元年（483年），卒，年六十一。赠辅国将军、梁秦二州刺史。（《南齐书》卷30《焦度传》，560）

①《三国志》卷41《霍弋传》注引《襄阳记》，第1009页。

两晋南朝时期唯一以原无官职外戚获赠地方官的也在此时①：

刘文蔚：建元元年（479年），尊谥昭皇后。三年（481年），赠后父金紫光禄大夫，母桓氏上虞都乡君。寿之子兴道司徒属，文蔚豫章内史，义徽光禄大夫，义伦通直郎。（《南齐书》卷20《皇后传·高昭刘皇后传》，391）

梁时有卿获赠地方官者：

王尊业：仕至太仆卿。卒，赠信威将军、青冀二州刺史，鼓吹一部。（《梁书》卷39《王神念传》，556）

我们同样可以用一组数据来描述这一过程：

	晋	宋	齐	梁	陈
正常死亡者总数	10	21	19	8	10
其他类官员数	1	4	9	4	0
所占百分比	10%	19%	47%	50%	0%

由以死难将士为主到以正常死亡者为主；正常死亡者中，又由以地方官为主到以中央官为主；地方官赠予对象的发展变化从一个侧面反映出两晋南朝“内官重、外官轻”观念的转变。“内官重、外官轻”现象主要存在于两晋时期，特别是西晋时期。《太平御览》卷220《职官一八》引《晋起居注》云：“今之士大夫，多不乐出宰牧，而好内官。”惠帝时，傅咸曾在上书中说：“内外之任，出处随宜，中间选用，惟内是隆。外举既颓，复多节目，竞内薄外，遂成风俗。此弊诚宜亟革之，当内外通塞无所偏耳。”②这一观念还表现在内外封赏的不同上，晋武帝初，议郎段灼曾陈时事说：“昔伐蜀，募取凉州兵马、羌胡健儿，许以重报，五千余人，随艾讨贼，功皆第一。而《乙亥诏书》，

① 外戚所获赠官多为光禄大夫、散骑常侍、侍中、将军等散官。参见刘长旭：《两晋南朝外戚的赠官》，《两晋南朝赠官研究》，北京师范大学博士学位论文，2002年，第151–155页。

② 《晋书》卷47《傅玄传附子咸传》，第1327页。

州郡督将，不与中外军同，虽在上功，无应封者。”而“中军之例，虽下功必侯。”[①]针对这种情况，晋武帝太康八年（287 年）下诏：“今欲皆先外郡，治民著绩，然后入为常伯、纳言及典兵宿卫、黄门、散骑、中书郎。”[②]还命当时的吏部尚书王戎作甲午制，“凡选举皆先治百姓，然后授用。”[③]可是，由于士族贵族的势力根深蒂固，观念的形成也非一纸诏令所能改变，制度的制定者王戎率先破坏此制，“今内外群官，居职未期而戎奏还，既未定其优劣，且送故迎新，相望道路，巧诈由生，伤农害政。”[④]自太康八年（287 年）至元康二、三年（292、293 年），不过数年间，甲午制便不了了之。[⑤]直到东晋末年，内重外轻的观念仍然很重。义熙七年（411 年），傅亮迁散骑侍郎，直西省，刘裕因其久直勤劳，想任其为东阳太守，傅亮说：“伏闻恩旨，赐拟东阳，家贫忝禄，私计为幸。但凭荫之愿，实结本心，乞归天宇，不乐外出。”[⑥]随着门阀政治的结束，刘宋王朝的建立，国家行政走上正轨，“内官重、外官轻”的观念逐渐转变，地方官作为赠官也逐渐获得了与中央官平等的地位。

地方官作为赠官以都督、刺史、太守为主，鲜有县级官职。[⑦]一般遵循以下原则，都督例赠都督，刺史、太守、五品或五品以上的职事官、四品或四品以上的散官获赠刺史，五品散官、五品以下的低级官僚或无官职而死王事者获赠太守。

---

①《晋书》卷 48《段灼传》，第 1340 页。

②李昉：《太平御览》卷 259《职官部五七》，中华书局，1960 年，第 1214 页。

③《晋书》卷 43《王戎传》，第 1233 页。

④《晋书》卷 43《王戎传》，第 1233 页。

⑤阎步克：《甲午制始末》，《察举制度变迁史稿》，辽宁大学出版社，1997 年，第 174–178 页。

⑥《宋书》卷 43《傅亮传》，第 1336 页。

⑦唯一的例外是元嘉中会稽人贾恩因孝行乡里而被追赠“天水郡显亲县左尉”。（《宋书》卷 91《孝义传·贾恩传》，第 2243 页。）刘长旭先生从地理的角度论证刘宋时可能没有显亲县，即使有，也不属于天水郡。“刘宋朝廷之所以赠予贾恩显亲县尉一职，自然是借该县之名——‘显亲’来示褒奖。”（《两晋南朝赠官研究》，北京师范大学博士学位论文，2002 年，第 30 页。）

刘长旭先生认为都督所获赠官，“变化的主要是所带军号”[①]，其实不唯如此，在都督所获赠官为都督时，还表现在散官的获得及都督、散官等级的提高上。殷孝祖由原无常侍官而加赠散骑常侍、刘义季由散骑常侍迁侍中、胡威由监迁都督。

殷孝祖：进使持节、都督兖州青冀幽四州诸军事、抚军将军，刺史如故。……（战死）追赠散骑常侍、征北将军，持节、都督如故。封秭归县侯，食邑千户。（《宋书》卷86《殷孝祖传》，2189）

刘义季：迁徐州刺史，持节、常侍、都督如故。……（元嘉）二十四年（447年）……薨于彭城……追赠侍中、司空，持节、都督、刺史如故。（《宋书》卷61《衡阳文王义季传》，1653）

胡威：拜前将军、监青州诸军事、青州刺史，以功封平春侯。太康元年（280年），卒于位，追赠使持节、都督青州诸军事、镇东将军，余如故，谥曰烈。（《晋书》卷90《良吏传·胡威传》，2330）

刺史赠刺史一般表现在军号的上升上，如垣阆由宁朔将军迁征虏将军、顾觊之由左将军迁镇军将军。

垣阆：大明三年（459年），自义兴太守为宁朔将军、兖州刺史，为竟陵王诞所杀。追赠征虏将军，刺史如故。（《宋书》卷50《垣护之传附从弟阆传》，1452）

顾觊之：泰始二年（466年），复为湘州刺史，常侍、（左）将军如故。三年（467年）卒，时年七十六。追赠镇军将军，常侍、刺史如故。谥曰简子。（《宋书》卷81《顾觊之传》，2081）

陈时有所改变，不仅军号提前，州的品级也上升。如鲁悉达、由安南将军吴州刺史获赠安左将军江州刺史，骆牙由贞威将军、丰州刺史获赠安远将军广州刺史。

鲁悉达：迁安南将军、吴州刺史。遭母忧，哀毁过礼，因遘疾卒，时年三十八。赠安左将军、江州刺史，谥曰孝侯。（《陈书》卷13《鲁悉达传》，199）

---

① 《两晋南朝赠官研究》，北京师范大学博士学位论文，2002年，第110页。

骆牙：（太建）十年（578 年），授丰州刺史，余（贞威将军）并如故。至德二年（584 年）卒，时年五十七。赠安远将军、广州刺史。（《陈书》卷 22《骆牙传》，296）

五品以下的低级官僚或无官职而死王事者多以太守为赠。郭璞以王敦记室参军获赠弘农太守、张约以吉阳令获赠郡守、孟系祖以殿中将军获赠颍川郡太守、刘伯宗无职获赠长广太守等。

郭璞：（王敦记室参军，善占。）敦将举兵，又使璞筮。璞曰："无成。"……敦怒，收璞，诣南冈斩之。……及王敦平，追赠弘农太守。（《晋书》卷 71《郭璞传》，1910）

张约：（徐羡之废义真为庶人，张约上疏极谏，被杀。元嘉三年<426 年>）又诏曰："乃者权臣陵纵，兆乱基祸，故吉阳令张约之抗疏矢言，至诚慷慨，遂事屈群丑，殒命遐疆……可赠以一郡，赐钱十万，布百匹。"（《宋书》卷 61《庐陵孝献王义真传》，1639）

孟系祖：为殿中将军。（大明）二年（458 年），索虏寇青、冀，世祖遣军援之，系祖自占求行。战于杜梁，挺身入陈，所杀狼籍，遂见杀。诏书追赠颍川郡太守。（《宋书》卷 47《孟怀玉传附龙符嗣孙系祖传》，1409）

刘伯宗：文秀遣军主解彦士攻北海陷之，乘民从弟伯宗合率乡兵，复克北海，因率所领向青州所治东阳城。文秀拒之，伯宗战败被创，弟天爱扶持将去，伯宗曰："丈夫当死战场，以身殉国，安能归死儿女手中乎。弟可速去，无为两亡。"乃见杀，追赠龙骧将军、长广太守。（《宋书》卷 88《沈文秀传》，2222）

亦有获赠刺史者，如庾深之与崔元孙：

庾深之：转休茂司马。见害之旦，子孙亦死。追赠深之冠军将军、雍州刺史……（《宋书》卷 79《海陵王休茂传附庾深之传》，2044）

崔元孙：泰始二年（466 年）八月，寻阳平定，太宗遣尚书度支郎崔元孙慰劳诸义军，随僧暠战败见杀，追赠宁朔将军、冀州刺史。（《宋书》卷 88《沈文秀传》，2223）

这是因为庾深之为休茂司马，并行府州事[1]，崔元孙为使者劳军的缘故。值得我们注意的是散号将军与职事官在赠官上所享受待遇的不同。我们先看几个例子：

罗袭：以凌江将军（五品）领部曲，早卒，追赠广汉太守。（《三国志》卷41《霍弋传》注引《襄阳记》，1009）

陶舆：果烈善战，以功累迁武威将军（五品）。……后与杜弢战，舆被重创，卒。侃哭之恸，曰："丧吾家宝。"三军皆为之垂泣。诏赠长沙太守。（《晋书》卷66《陶侃传附臻弟舆传》，1781）

坦询之：积射将军（五品），宋孝武世死事，赠冀州刺史。（《南齐书》卷25《垣崇祖传》，459）

刘嶷：中书侍郎，太子中庶子（五品）大明七年（463年），薨，追赠冠军将军、豫州刺史。（《宋书》卷61《衡阳文王义季传》，655）

为五品将军的罗袭、陶舆仅能获赠太守，而同为五品的职事官坦询之、刘嶷却能获赠刺史，五品的郡太守亦多获赠刺史。散号将军四品以上才能获赠刺史：

孙季高：高祖平定京邑，以为振武将军（四品），……义熙七年（411年）四月，季高卒于晋康，时年五十三。追赠龙骧将军、南海太守……九年（413年），高祖念季高之功……重赠交州刺史，将军如故。（《宋书》卷49《孙处传》，1436）

杨文德：起文德为辅国将军（三品）……荆州刺史南郡王义宣反，文德不同见杀，世祖追赠征虏将军、秦州刺史。（《宋书》卷98《氐胡传·略阳清水氐杨氏传》，2409）

孙季高虽身为四品将军并死王事，最初也只是获赠太守，后高祖念其功高才又追赠交州刺史。这再一次提醒我们散号将军在赠官上所享受的待遇可能会偏低。遍检史书，散号将军获赠的例子并不多，我们可以将之列表如下：

---

① 《宋书》卷79《海陵王休茂传》，第2043页。

获赠者	卒前最后官号	赠官时间	赠官	资料来源
周处	建威将军（四品）	元康七年	平西将军（三品）	晋书/58/1571
孟平	前锋将军（?）	元康九年	积弩将军（五品）	晋书/60/1635
俞纵	将军（?）	咸和二年	兴古太守	晋书/76/1941
檀凭之	建武将军（四品）	元兴三年	冀州刺史	晋书/85/2217
沈林子	辅国将军（三品）	永初三年	征虏将军（三品）	宋书/100/2459
毛熙祚	建威将军（四品）	元嘉二十七年	散骑侍郎（五品）	宋书/74/1911
卜天与	广威将军（四品）	元嘉三十年	龙骧将军（三品）益州刺史	宋书/91/2253
袁洵	辅国将军（三品）	太初	征虏将军（三品）	宋书/52/1502
何瑀	卫将军（二品）	孝武帝	金紫光禄大夫（三品），加散骑常侍	宋书/41/1293
姜产之	龙骧将军（三品）	泰始三年	左军将军（四品）	宋书/74/1911
望法憘	奋武将军（四品）	建武二年	羽林监（五品）	南齐书/57/995
王广之	镇军将军（三品）、侍中	建武四年	散骑常侍车骑将军（二品）	南齐书/29/549
沈炯	明威将军（五品）	天嘉	侍中（三品）	陈书/19/256

这些例子再次印证了我们的猜想。散号将军只有在获赠散号将军时，品级提高或班位提前：而在获赠职事官或中央官时品级不但没有上升，反而下降了。这从一个侧面反映出散号将军与职事官之间在实际待遇上的错位。

三、赠官对象在北朝的进一步扩展

梁天监二年（503年），尚书左丞何佟之卒，“高祖甚悼惜，将赠之官，故事左丞无赠官者，特诏赠黄门郎，儒者荣之。”[①]尚书左丞以六

①《梁书》卷48《儒林》卷48《何佟之传》，第664页。

品、九班之首的特殊位置成为有无赠官资格的分水岭，即五品及五品以上的官员享有死后获得赠官的资格，六品及六品以下的官员则无获得赠官的资格。[①]即使皇帝也不能违反这一制度的规定以正常程序给予赠官，只能以特诏的形式赠予。

北朝则不然，从北魏太祖道武帝至北齐尚书左丞始终享有死后获得赠官的权力[②]：

祖敏：太祖定中山，赐爵安固子，拜尚书左丞。卒，赠并州刺史。(《魏书》卷82《祖莹传》，1798)

慕容琚：（世祖时）历官以廉清著称，赐爵高都侯。卒于冠军将军、尚书左丞，赠安南将军、并州刺史、高都公，谥曰简。（《魏书》卷50《慕容白曜传》，1116)

李蕴：入为员外散骑常侍、尚书右丞、中坚将军，迁左丞。延昌三年（514年）卒，赠平远将军、南青州刺史，谥曰敬。（《魏书》卷46《李訢传》，1043)

李仲胤：（世宗时）历公府主簿、从事中郎、谏议大夫、尚书左丞。卒，赐帛一百匹、布五十匹、绵五十斤，赠镇远将军、光州刺史，谥曰恭。（《魏书》卷49《李灵传附瓅子宣茂传》，1103)

李神威：魏武之末，尚书左丞。天保初，卒。赠信州刺史。（《北齐书》卷22《李义深传》，324)

就是与尚书左丞同品[③]或同班[④]的官亦享有获得赠官的权力：

---

①对此，刘长旭先生已经有详细论证，参见：《“故事尚书左丞无赠官者”与赠官底线》，《两晋南朝赠官研究》，北京师范大学博士学位论文，2002年，第20–27页。

②北周托周礼改制，建六官，无尚书左丞。

③《通典》卷37《职官十九·晋官品》中，第六品有：尚书左右丞、尚书郎、治书侍御史、侍御史、奉车驸马骑等都尉、诸博士、公府长史司马从事中郎、二品将军诸大将军特进都督中护军长史司马、廷尉正监平、秘书郎、著作郎等。《宋书》卷40《百官下》所列宋官品表中，第六品有：尚书丞郎、治书侍御史、侍御史、三都尉、博士、抚军以上及持节都督领护长史司马、公府从事中郎、廷尉正监平、秘书著作丞郎等。

④《隋书》卷26《百官上》所列梁十八班中，第九班有：尚书左丞、鸿胪卿、中书侍郎、国子博士、太子庶子、扬州中从事、皇弟皇子公府从事中郎、大舟卿、大长秋、皇弟皇子府咨议、嗣王府长史、前左右后四军、嗣王府司马、庶姓公府长史司马。

皇弟皇子府从事中郎宋荫：（世祖时）中书议郎、乐安王范从事中郎。卒，赠辅国将军、咸阳太守。（《魏书》卷52《宋繇列传》，1153）

中书侍郎李祥：太安中，征拜中书侍郎，民有千余，上书乞留数年，高宗不许。卒官，追赠定州刺史、平棘子，谥曰宪。（《魏书》卷53《李孝伯列传附兄祥传》，1174）

嗣王府长史路恃庆：（高祖时）仍转定州河间王琛[1]长史。……年四十八，卒。赠左将军、安州刺史，谥曰襄。（《魏书》卷72《路恃庆传》，1618）

奉车都尉路雄：（高祖时）迁伏波将军、奉车都尉。卒，赠顿丘太守。（《魏书》卷72《路恃庆传附思令从叔雄传》，1620）

然而，北魏官品体系中，尚书左丞并不为六品。太和《前职令》中，尚书左丞为第四品上，[2]《后职令》中尚书左丞为从四品上[3]，与之同品或同班的中书侍郎、奉车都尉等也多为四品或五品，这似乎并不支持我们北朝赠官对象继续向下扩展的观点。不过，《后职令》从四品上中除两号散号将军外，尚书左丞亦为首位，这与六品、九班之首的特殊位置有异曲同工之妙。太和二十二年（498年）五月，孝文帝“诏在征身丧者，四品已下及卑兼之职给帛有差。”[4]四品已下与卑兼之职并提向我们透露出这样的信息，在北魏官品体系中，四品为划分官僚层次的分界线之一。北魏正从十八品三十阶的复杂等级不如汉代秩级体制下的三层次划分与九品官制下的两分法（以五品为高卑界线）那么简单与容易，分几个层次、四品为哪两个层次之间的分界线，尚不得而知。

我们只好将注意力转向六品官，看他们是否享有获得赠官的权力。结果很是让人振奋，从北魏至东魏北齐、西魏北周，正六品上下、从六品上下各个阶级的官员都可以获得赠官，并遍布中央地方及州府僚佐各

① 河间王若为高宗文成帝之子，无子，以兄齐郡王简子琛为嗣。

② 《魏书》卷113《官氏志》，第2982页。

③ 《魏书》卷113《官氏志》，第2996页。《通典》卷38《职官二十》，第1039页。

④ 《魏书》卷7下《高祖孝文帝纪》，第184页。

个部门。我们试举几例：

吕舍：（高宗时）卒于主书郎。赠建武将军、定州刺史、高邑子，谥曰敬。（《魏书》卷42《尧暄传附吕舍传》，955）

崔敬默：（肃宗时）卒于征虏长史，赠南阳太守。（《魏书》卷66《崔亮列传》，1481）

邢伟：（世宗时）尚书郎中。卒，赠博陵太守。（《魏书》卷65《邢峦列传附子逊传》，1448）

穆良：入为司徒司马、大将军从事中郎、中书舍人。武定六年（548年）卒。赠征东将军、徐州刺史。（《魏书》卷27《穆崇传附鑶孙子琳传》，678）

裴诹之：（齐入周）周文帝以为大行台仓曹郎中，卒。赠徐州刺史。（《北齐书》卷35《裴让之传附弟诹之传》，467）

司马澄：（静帝）司州秀才，司空功曹参军、给事中。卒，赠龙骧将军、夏州刺史。（《魏书》卷37《司马楚之传附子金龙传》，858）

郑季亮：（肃宗时）司徒城局参军、员外常侍。卒，赠散骑常侍、抚军将军、青州刺史。（《魏书》卷56《郑羲列传附从孙仲明传》，1250）

崔夤：（世宗时）太子舍人，早卒。赠乐安太守。（《魏书》卷69《崔休传》，1528）

裴尼：六官建，拜御正下大夫。寻以疾卒。赠辅国将军、随州刺史。（《周书》卷34《裴宽传附弟尼传》，598）

高宗文成帝时，吕舍以主书郎获赠建武将军、定州刺史。由于北魏前期无官品资料的记录，我们只能根据太和十七年（493年）颁布的《前职令》来推断其大概位置，《前职令》中主书郎为第六品上。肃宗时崔敬默以征虏长史获赠南阳太守。《后职令》中征虏将军为从三品将军，从三品将军长史为第六品上。世宗时邢伟以尚书郎中获赠博陵太守，《后职令》中尚书郎中为为第六品下。武定中穆良以中书舍人获赠征东将军、徐州刺史，中书舍人亦为第六品下。西魏大统中裴诹之以大行台仓曹郎中获赠徐州刺史，北魏前后《职令》中无行台郎中品级的规定，但行台为尚书台的派出机构，行台郎中的品级应与尚书郎中的品级大致相当，亦为第六品下。肃宗时郑季亮以司徒城局参军获赠抚军将军、青州刺史，《后职令》中太尉、司徒二公府列曹参军事为从六品上。东魏静帝时，司马澄以给事中获赠龙骧将军、夏州刺史，《后职令》中给事中为从六品上。世宗时崔賨以太子舍人获赠乐安太守，《后职令》中太子舍人为从六品下。北周时裴尼以御正下大夫获赠辅国将军、随州刺史，据《通典》卷39《职官二十一·后周官品》，御正下大夫为正四命，如果将九命制转换成九品制的话，正四命即为正六品。从尚书省官到中书省、从九卿属官到军府僚佐、从朝官到东宫官、从中央官到地方官，正从六品的官员死后都可以获得赠官。

肃宗时李瓒“辟司徒参军事。神龟中卒。赠汉阳太守。”[①]太和《后职令》中，司徒参军事为第七品上。这使我们猜想，七品官是不是也享有赠官的权力呢？遍检史书，虽然七品官获得赠官的记载不多，也可以证实我们的猜想。

元纂：（肃宗）为司徒祭酒。闻熙举兵，因逃奔于邺，至即见擒，与熙俱死。追封北平县公，赠安北将军、恒州刺史，改封高唐县开国侯，食邑八百户。（《魏书》卷19下《南安王桢传附略弟纂传》，507）

元庆始：子庆始，大司农丞。与父同时见害。赠前将军、广州刺史。（《魏书》卷16《阳平王熙传附他孙法寿传》，394）

裴敬宪：司州牧、高阳王雍举秀才，射策高第，除太学博士。……少有气病，年三十三卒，人物甚悼之。……永兴[②]三年（529年），赠中书侍郎，谥曰文。（《魏书》卷85《文苑传·裴敬宪传》，1871）

王俊康：性清雅，颇有文才。齐文襄王中外府祭酒。卒，赠征虏将军、太府少卿。（《魏书》卷63《王肃列传附从子诵传》，1413）

肃宗时元纂以司徒祭酒获赠安北将军、恒州刺史，元庆始以大司农丞获赠前将军、广州刺史，《后职令》中司徒祭酒、大司农丞均为第七

①《魏书》卷39《李宝传附韶子瑾传》，第888页。

②中华书局校勘：当为“永安”。

品下。这两人因在讨元叉中被杀，有点死王事的意味。下面两例则不折不扣是七品官而获赠，裴敬宪以太学博士获赠中书侍郎，《后职令》中太学博士的品级为从七品；东魏时王俊康以齐文襄王中外府祭酒获赠征虏将军、太府少卿。《后职令》中无中外府祭酒的品级，但都督中外诸军事为从一品，我们可以参考从一品将军祭酒的品级，巧的是大司马、大将军、三公、从一品将军开府的祭酒都是第七品上。由此可知，正从七品都有获赠官的权力。至此，我们可以说，北朝赠官对象扩展到了七品官。

两晋南朝，五品与六品之间是人品上品与卑品例用官位的分界线。[①] 北朝官品五品仍是整个官僚体系中的一个重要分界线。在对人身份等级的规定上，封爵与皇帝妃嫔都以五品为下线。据《魏书》卷113《官氏志》：王、开国郡公，第一品；开国县公、散公，从一品；开国县侯，第二品；散侯，从二品；开国县伯，第三品；散伯，从三品；开国县子，第四品；散子，从四品；开国县男，第五品；散男，从五品。北齐封爵与北魏大体相同，品级稍异，不过仍以从五品为下线。[②]《隋书》卷11《礼仪六》载北魏内命妇品级服制规定："内命妇、左右昭仪、三夫人视一品，假髻，九钿，金章，紫绶，服褕翟，双佩山玄玉。九嫔视三品，五钿蔽髻，银章，青绶，服鞠衣，佩水苍玉。世妇视四品，三钿，银印，青绶，服展衣，无佩。八十一御女视五品，一钿，铜印，墨绶，服褖衣。"外命妇也只有从五品以上才有服制规定，也就是说只有从五品以上官员的夫人才有权力参加皇帝或皇后举行的活动。"内外命妇从五品已上，蔽髻，唯以钿数花钗多少为品秩。二品已上金玉饰，三品已下金饰。……一品、二品，七钿蔽髻，服阙翟。三品五钿，服鞠衣。四品三钿，服展衣。五品一钿，服褖衣。"

在实际政治生活中，许多政治权力的享有都是以五品为界。只有五品以上的官员才有权参加朝廷博议。《魏书》卷78《张普惠传》载灵太

---

①祝总斌：《门阀制度》，白寿彝主编《中国通史》（第五卷），上海人民出版社，1995年，第565页。

②《隋书》卷22《百官中》，第766–777页。

后父司徒胡国珍薨，赠相国、太上秦公。张普惠认为前世皇后父亲无谥“太上”之号，上疏陈其不可，“太后览表，亲至国珍宅，召集王公、八座、卿尹及五品已上，博议其事”。

五品以上官员享有荐举人才的权力。孝昌元年（525 年）三月，诏曰：“选众而举，其来自昔。朕缵承大业，综理万几，求贤致治，心焉若渴。知人则哲，振古所难，宜博访公卿，采兹声实。可令第一品以下五品以上，人各荐其所知，不限素身居职。”[①]同年九月，又“诏百官五品已上，各举所知。”[②]北齐皇建二年（561 年），“诏内外执事之官从五品已上及三府主簿录事参军、诸王文学、侍御史、廷尉三官、尚书郎中、中书舍人，每二年之内各举一人。”[③]后主武平三年（572 年）三月，“诏文武官五品已上各举一人。”[④]

对官员的考核，五品以上要由皇帝与公卿亲自考问，六品以下则由尚书省官员来执行。太和十八年（494 年）九月，孝文帝下诏：“朕令三载一考，考即黜陟，欲令愚滞无妨于贤者，才能不壅于下位。各令当曹考其优劣，为三等。六品以下，尚书重问。五品以上，朕将亲与公卿论其善恶。”[⑤]肃宗时，任城王元澄在上疏中回忆世宗时考核官员的情况，“臣窃惟景明之初暨永平之末，内外群官三经考课。逮延昌之始，方加黜陟。五品以上，引之朝堂，亲决圣目。六品以下，例由敕判。”[⑥]看来，对五品官员的考核一直是由皇帝主持的。

遇到紧急情况，六品以下的官员可以由大臣自行任命，五品以上则必须由朝廷任命。太和末，孝文帝令王肃讨南齐，“听招募壮勇以为爪牙，其募士有功，赏加常募一等。其从肃行者，六品已下听先拟用，然后表闻。若投化之人，听五品已下先即优授。”[⑦]熙平元年（516 年），

① 《魏书》卷 9《肃宗孝明帝纪》，第 239 页。
② 《魏书》卷 9《肃宗孝明帝纪》，第 241 页。
③ 《北齐书》卷 6《孝昭纪》，第 83 页。
④ 《北齐书》卷 8《后主纪》，第 105 页。
⑤ 《魏书》卷 7 下《高祖孝文帝纪》，第 175 页。
⑥ 《魏书》卷 19 中《任城王云传附子澄传》，第 478 页。
⑦ 《魏书》卷 63《王肃列传》，第 1408 页。

梁衡州刺史张齐入寇晋寿，“朝廷以西南为忧，乃驿征竖眼于淮南。既至，以为右将军、益州刺史，寻加散骑常侍、平西将军、假安西将军、西征都督，率步骑三千以讨张齐。给铜印千余，须有假职者，听六品已下板之。”①

如果和南朝一样，以五品定尊卑的话，那么北朝的赠官对象已经突破了尊卑界限，不再是上层社会所享有的特权了。由于北魏孝文帝发明了正从品及上下阶，使得官品体系的容量大大增加。在南朝不入九品或十八班的官职也被纳入了正从十八品三十阶的官品体系中，赠官对象又扩展到了七品，虽然不能说赠官对象扩展到了整个下层官僚，但至少可以说扩展到了整个中级官僚层及下级官僚层的上部。西汉时只有三公才能享有的特权，在北朝只要是一个芝麻官就可以轻而易举地获得。

河阴之变后，赠官又出现了一个新特点，即如果死者没有官职或官职较低，可以用生者官阶转让的方式获得赠官或较高的赠官，从而使赠官资格变得模糊起来。

赠官本由死者生前官职与勋绩来决定。孝昌二年（526年），韩震卒于桑乾太守。普泰中，天子念在追荣，下诏有关部门：“君门胄华美，标映昌黎，中因爵宦，遂处恒壤。弈世忠款，所在流誉，兼其姿貌魁伟，器韵淹和，裁锦毗蕃，政绩唯允。方仗徽猷，以康国命，早从运往，追悼兼深。可加余阶，除持节都督恒州诸军事前将军恒州刺史。”②从诏书中看，韩震的赠官由其生前官职桑乾太守和任太守以来的勋绩所积阶级来决定。对侯忻的追赠可以看得更清楚。普泰二年（532年），侯忻卒于龙骧将军、中散大夫、大长秋丞，“诏褒勤奋，叙追考阶，赠平北将军、燕州刺史。”③“叙追考阶”表明了赠官与生前勋绩甚至考课成绩之间的关系。

既然赠官与勋绩有一定的关系，官阶又由勋绩累计而得，那么是不

---

①《魏书》卷70《傅竖眼传》，第1559页。

②赵超：《汉魏南北朝墓志汇编》，天津古籍出版社，1992年，第285页。

③罗新、叶炜：《新出魏晋南北朝墓志疏证》，中华书局，2005年，第132页。

是可以用生者的官阶来换呢？一些做了高官的人出于孝心，便想用自己的官阶来为父亲谋个显赫的赠官。事情发生在普泰年间，斛斯椿为侍中、骠骑大将军、开府仪同三司、京畿北面大都督，他的父亲斛斯敦“先在秀容，忽有传敦死问，请减己阶以赠之，自襄威将军超赠车骑将军、恒州刺史。”[①]襄威将军从六品上，车骑将军为第二品，二者之间相隔十几个阶级，按当时的追赠标准还差得很远，斛斯椿就用降低自己官阶的方法来弥补中间的落差。不过，这只是一场虚惊，很快便得知他的父亲还健在，斛斯椿得以官复原职。

同样的例子还有窦冏。史载窦冏“举秀才，早卒。”[②]没有仕宦经历，也就没有获得赠官的资格。普泰中，他的儿子窦瑗为征南将军、金紫光禄大夫，“启以身阶级为父请赠，诏赠征虏将军、平州刺史。”[③]这样，本无赠官资格的窦冏靠儿子的官阶获得了方伯的荣耀。

这样的做法与皇帝追赠宠幸之臣父祖的行为不同。后者要看臣子得宠的程度与皇帝的意志，不具可操作性和制度化的可能。而前者的操作性强，容易制度化，只要自身积累了一定的官阶，就可以转让给已经死去的父祖，让他们也分享一下当官的感觉。昔日王谢堂前燕，飞入寻常百姓家，再也不是什么高不可攀的事情了。

四、北朝赠官形式发展变化之一
——官爵并行到以官为主

北魏的赠官是从太祖道武帝称帝之后开始的。最早获得赠官的是许谦。登国年间许谦为道武帝的左司马，登国十一年（396年）慕容垂死后，上书劝道武帝称帝，“太祖善之”[④]。“并州平，以谦为阳曲护军，

①《魏书》卷80《斛斯椿传》，第1773页。
②《魏书》卷88《良吏传·窦瑗传》，第1907页。
③《魏书》卷88《良吏传·窦瑗传》，第1907页。
④《魏书》卷2《太祖纪》，第27页。

赐爵平舒侯、安远将军。皇始元年卒官，时年六十三。赠平东将军、左光禄大夫、幽州刺史、高阳公，谥曰文。”[①]继之获得赠官的是散骑常侍、都督徐南兖州诸军事、镇东将军、彭城镇将、东海公孔伯恭，“(皇始) 三年 (398 年) 十月卒，赠镇东大将军、东海王，谥曰桓。”[②]

我们看到，北魏前期官员卒后在获得赠官的同时还获得赠爵。谢宝富先生在对北魏的赠官进行初步研究之后，认为“明元、太武时期大臣死后多赠以中央官和追封为王公。”[③]其实不唯明元、太武时期如此，自道武帝称帝建立北魏皇朝之始至太和十六年 (492 年) 孝文帝爵制改革之前，北魏的赠官多伴随有赠爵。只不过明元帝时期这种情况比较突出，在获得赠官的 9 人中，有 6 人同时获得赠爵，另有 2 人只有赠爵。太武帝神鹿加三年 (430 年)，敕勒万余落叛走。诏尚书封铁追讨灭之。五月戊戌，诏曰：“夫士之为行，在家必孝，处朝必忠，然后身荣于时，名扬后世矣。近遣尚书封铁翦除亡命，其所部将士有尽忠竭节以殒躯命者，今皆追赠爵号……其宣敕内外，咸使闻知。”[④]故谢宝富先生会得出如上结论。

不过，此间由官爵同行到以官为主的变化正悄然发生。在有年代可考的赠官者中，道武、明元二帝时期获得赠官的较少，共 16 人，其中 9 人同时获得赠爵，占半数以上；太武、文成二帝时期，同时获得赠爵的占获得赠官总数的三成强；献文帝统治时间较短，26 人中有 14 人同时获得赠爵，可能是赠爵的回光返照。孝文帝时期这种局面大大改观，109 人中有 17 人同时获得赠爵，所占比例仅为一成多，且基本上在太和十六年 (492 年) 之前。

从对大臣或宠幸之臣父祖的追赠上也可以看出这一变化。太宗明元帝时对大臣父祖只追赠爵而无赠官，如追赠奚斤父长宁子、王洛儿父列

①《魏书》卷 24《许谦传》，第 611 页。

②《魏书》卷 51《孔伯恭列传》，第 1141 页。

③谢宝富：《诏赠赙物与赠官》，《北朝婚丧礼俗研究》，首都师范大学出版社，1998 年，第 123 页。

④《魏书》卷 4《世祖太武帝纪》，第 76 页。

侯、卢鲁元父信都侯：

奚斤父：诏以斤世忠孝，赠其父箪为长宁子。（《魏书》卷29《奚斤传》，698）

王洛儿父：太宗即位，拜散骑常侍。诏曰："……其赐洛儿爵新息公，加直意将军。"又追赠其父为列侯，赐僮隶五十户。（《魏书》卷34《王洛儿传》，799）

卢鲁元父：鲁元以工书有文才，累迁中书监，领秘书事。赐爵襄城公，加散骑常侍、右将军，赐其父为信都侯。（《魏书》卷34《卢鲁元传》，801）

世祖太武帝与高宗文成帝时对大臣父祖的追赠形式是官爵并行。如世祖时对寇谦之父亲及宗从的追赠："讚弟谦之有道术，世祖敬重之，故追赠修之安西将军、秦州刺史、冯翊公，赐命服，谥曰哀公，诏秦雍二州为立碑于墓。又赠修之母为冯翊夫人。及宗从追赠太守、县令、侯、子、男者十六人"[①]。寇修之等人在获赠公、侯、子、男爵位的同时，亦获赠刺史、太守、县令等官衔。高宗时对太后兄常英父祖常亥、常澄的追赠："追赠英祖、父，苻坚扶风太守亥为镇西将军、辽西简公，勃海太守澄为侍中、征东大将军、太宰、辽西献王"[②]。亦是官爵并行。

显祖时出现了只追赠官而无爵的现象。如对封回父亲封鉴的追赠："磨奴既以回为后，请于显祖，赠鉴宁远将军、沧水太守。"[③]

太和十六年（492年）之前，官员死后所获赠爵只是表明对死者的荣宠而已，对子孙并无什么实际的好处。因为其所获赠爵是不能世袭的。

死后有赠爵，而生前无爵的，子孙便无爵可袭。高宗世，李祥、吕方生生前无爵，李祥死后获赠"定州刺史、平棘子"，吕方生死后获赠"建武将军、定州刺史、高邑子"，他们的儿子都没有袭爵的记

①《魏书》卷42《寇讚传》，第946页。

②《魏书》卷83上《外戚传上·闾毗传附常英传》，第1817页。

③《魏书》卷32《封懿传附回子兴之传》，第763页。

载。[①]张白泽生前无爵，太和五年（481 年）卒，“赠镇南将军、相州刺史、广平公”；李辅生前无爵，太和六年（482 年）卒，“赠征虏将军、秦州刺史、襄武侯”；郑颍考生前无爵，太和中卒，“赠冠军将军、豫州刺史、开封侯”，他们的合法继承人皆无袭爵的记载。[②]要想获得爵位，还要靠自己的努力。李顺的父亲李系，太祖世卒，“赠宁朔将军、赵郡太守、平棘男”，李顺“始光初，从征蠕蠕。以筹略之功，拜后军将军，仍赐爵平棘子，加奋威将军。”[③]李顺虽与父亲所封地相同，但并不是由父亲那里继承而来，而是依靠自己的功劳所得。王叡的父亲王桥生前无爵，“天安初卒，赠平远将军、凉州刺史、显美侯”，史载王叡“兴安初，擢为太卜中散，稍迁为令，领太史。承明元年，文明太后临朝，叡因缘见幸……赐爵太原公。”[④]天安处于兴安与承明之间，而此期间，王叡并没有袭爵，而是后来因为得宠于文明太后才被赐爵。

生前有爵，死后有更高赠爵，子孙所能继承的乃是其生前爵，而不是死后的赠爵。张蒲生前为相州刺史、寿张子，始光三年（426 年）卒，“赠平东将军、广平公”，他的儿子张昭“太宗即位，为内主书。后袭父爵。神鹿加中，从征蠕蠕，以功进封修武侯，加平远将军。”[⑤]史虽没有明载张昭所袭的具体爵位，但从他之后进爵的情况来看，显然袭的不是广平公爵，他只可能由子爵进侯爵，不可能由公爵进侯爵，所以他继承的应是张蒲生前的爵位——寿张子。封磨奴与崔鉴的例子记载的更为明确。封磨奴生前赐爵富城子，“太和七年（483 年）卒。赠平东将军、冀州刺史、勃海公”，因其为宦官，无后，乃以族子封叔念为后，孝文

---

①分别见：《魏书》卷 53《李孝伯列传附兄祥传》，第 1174 页；《魏书》卷 42《尧暄传附吕舍传》，第 955 页。

②分别见：《魏书》卷 24《张衮传附度曾孙白泽传》，第 617 页；《魏书》卷 39《李宝传附茂弟辅传》，第 893 页；《魏书》卷 56《郑羲列传附连山孙先护传》，第 1249 页。

③《魏书》卷 36《李顺传》，第 829 页。

④《魏书》卷 93《恩幸传·王叡传》，第 1988 页。

⑤《魏书》卷 33《张蒲传》，第 779 页。

帝赐名为封回，史载封回“皇兴初为中书学生，袭爵富城子，累迁太子家令。”[①]崔鉴延兴中以功赐爵桐庐县子，卒后“赠冠军将军、青州刺史、安平侯”，他的儿子崔合“袭爵桐庐子”。[②]封回、崔合所袭皆是父亲生前的爵位，而不是死后所赠爵。李灵、李恢、李悦祖祖孙三代爵位继承的情况更能说明这一点：

(李) 灵以学优温谨，选授高宗经……赐爵高邑子。高宗践受，除平南将军、洛州刺史而卒……赠散骑常侍、平东将军、定州刺史、钜鹿公，谥曰简。子恢，袭子爵……进爵为侯，假钜鹿公……（皇兴元年＜467 年＞卒）追赠恢散骑常侍、镇西将军、定州刺史、钜鹿公，谥曰贞。恢长子悦祖，袭爵高邑侯，例降为伯。（《魏书》卷 49《李灵传》，1097）

李灵生前赐爵高邑子，死后获赠钜鹿公，他的儿子李恢袭子爵，即李灵生前爵高邑子。李恢由子爵进为侯爵，死后也获赠钜鹿公，他的儿子李悦祖袭爵高邑侯，也是其生前爵，而不是死后所获赠爵。

太和年间，孝文帝对爵制进行了改革，逐步实行实封制。太和十六年（492 年）“制诸远属非太祖子孙及异姓为王，皆降为公，公为侯，侯为伯，子男仍旧，皆除将军之号。”[③]太和十八年（494 年），又“诏王、公、侯、伯、子、男开国食邑者：王食半，公三分食一，侯伯四分食一，子男五分食一。”[④]自此之后，对官员赠爵的现象大大减少。赠爵的形式与性质也与以前截然不同。

太和十六年（492 年）之后，最早被追封爵的是元提。元提是临淮王元谭嗣子，因贪纵被削除王爵，并徙配北镇。后被诏“从驾南伐，至洛阳，参定迁都之议。寻卒。以预参迁都功，追封长乡县侯。”[⑤]元提不是被赠爵，而是被追封爵。

---

①《魏书》卷 32《封懿传附孙磨奴传》，第 761 页。
②《魏书》卷 49《崔鉴传》，第 1103 页。
③《魏书》卷 7 下《高祖孝文帝纪》，第 169 页。
④《魏书》卷 7 下《高祖孝文帝纪》，第 176 页。
⑤《魏书》卷 18《临淮王谭传附子提传》，第 419 页。

这在高宗文成帝时已露端倪，“乐陵王胡儿，和平四年（463年）薨。追封乐陵王，赠征北大将军，谥曰康。无子。显祖诏胡儿兄汝阴王天赐之第二子永全后之，袭封”[①]。可能是因为胡儿为宗室，必须有人为后的缘故吧。

由于太和之后实行的是实封制，所以在追封爵的同时，往往具体到食邑户数。如杨令宝，景明中“卒，追封邵陵县开国子，邑二百户，赐帛三百匹，赠征虏将军、华州刺史。”[②]世宗时，于烈“暴疾卒，时年六十五。赠使持节、侍中、大将军、太尉公、雍州刺史。追封巨鹿郡开国公，增邑五百户，并前千户。”[③]也有只增加邑户的。元熙被元乂所害，“灵太后反政，赠使持节、都督冀定瀛相幽五州诸军事、大将军、太尉公、冀州刺史，增本封一千户，谥曰文庄王。”[④]

这种死后被追封的爵可以世袭，成为子孙后代的政治资本和经济基础。如奚康生生前已封安武县开国男，食邑二百户，肃宗时为元乂所害，“灵太后反政，赠都督冀瀛沧三州诸军事、骠骑大将军、司空公、冀州刺史，又追封寿张县开国侯，食邑一千户。”[⑤]《魏书》卷72《奚康生传》载“子刚，袭。”“刚弟定国，袭康生安武县开国男。”从后文奚定国所袭爵来看，奚康生的长子奚刚所袭的爵当为其死后追封的爵寿张县开国侯。

肃宗时元直为真定县开国公，食邑一千户。因是孝庄帝之兄，“孝庄践阼，追封陈留王，邑二千户，赠假黄钺、太师、大司马、太尉，加前后部羽葆鼓吹……子宽，字思猛，袭王爵。”[⑥]元直的儿子元宽所袭爵也是元直死后被追封的陈留王，而不是生前的真定县开国公。

还有一个例子可以从反面来证明太和之后追封的爵是可以世袭的。

---

①《魏书》卷19下《乐陵王胡儿传》，第516页。
②《魏书》卷71《裴叔业传附杨令宝传》，第1577页。
③《魏书》卷31《于栗磾传附洛拔子烈传》，第740页。
④《魏书》卷19下《南安王桢传附英子熙传》，第503页。
⑤《魏书》卷72《奚康生传》，第1632页。
⑥《魏书》卷21下《彭城王勰传附子直传》，第584页。

景明初，世宗以裴飏"为辅国将军、南司州刺史，拟戍义阳，封义安县开国伯，邑千户。诏命未至，为贼所杀。赠冠军将军，进爵县侯，余如故。世宗以飏勋效未立而卒，其子炯不得袭封。"[①]裴飏死后虽被进爵为县侯，但世宗认为他并没有什么功勋来换取这个爵位，所以下令其子不能袭爵。这正好表明按正常程序裴飏的儿子是可以袭爵的，即死后追封的爵是可以由子孙世袭的。

孝文帝的爵制改革并没有完全废除虚封制，北魏后期、西魏北周、东魏北齐的封爵制呈现出实封与虚封并存的局面。[②]实封与虚封并存的现象在赠爵上也有所反映。如寇治，生前无爵，肃宗时因讨蛮战没，被"赠持节、都督雍华岐三州诸军事、卫大将军、七兵尚书、雍州刺史、昌平男。"[③]寇治所赠爵既无标志实封的"开国"字样，又无食邑户数记载，且不是"追封"，而是赠昌平男，所以很可能是虚封。与爵制改革之前的所赠虚封不同的是，此时获赠的虚封爵也可以世袭。《魏书》卷42《寇治传》载"治长子朏之……普泰中，袭爵"，因寇治生前未封爵，所以其子所袭爵应是其所赠之爵。

不过，这种现象并不多，虚封多用来赠给那些功臣的父祖。如尔朱新兴，生前为梁郡公、散骑常侍、平北将军，卒于正光中，当时获赠散骑常侍、平北将军、恒州刺史。庄帝时，因尔朱荣之故，又追赠"假黄钺、侍中、太师、相国、西河郡王。"[④]因尔朱荣已经为太原王，无袭爵的需要，追赠父亲西河郡王只是为了给父亲一个名号而已。类似的例子还有：

元怡：起家步兵校尉，转城门校尉，迁鄯善镇将。所在贪暴，为有司所纠，逃窜得免。延昌中，卒。庄帝初，以尔朱荣妇兄，超赠骠骑大将军、太尉公、雍州刺史、扶风王。（《魏书》卷19下《南安王桢传附

① 《魏书》卷71《裴叔业传附植弟飏传》，第1572页。

② 参见张维训：《略谈北魏后期的实封与虚封》，《史学月刊》，1984年第2期；高敏：《西魏、北周与东魏、北齐的封爵制探讨》，《北朝研究》1991年上半年刊。

③ 《魏书》卷42《寇讚传附臻子治传》，第948页。

④ 《魏书》卷74《尔朱荣传》，第1644页。

英弟怡传》，508）

豆卢长：父长，柔玄镇将，有威重，见称于时。武成初，以宁著勋，追赠柱国大将军、少保、涪陵郡公。（《周书》卷19《豆卢宁传》，309）

于提：父提，陇西郡守，荏平县伯。保定二年（562年），以谨著勋，追赠使持节、柱国大将军、太保、建平郡公。（《周书》卷15《于谨传》，243）

这些新兴的贵族，已经靠各种方式获得了较高的地位，无需借助父祖的赠官或赠爵来抬高身价，给已经去世的父亲或祖父一个爵位，让他们死后也能分享儿子的荣光，并无实际意义，故多为虚封。

五、北朝赠官形式发展变化之二

——公、都督、尚书/行台等官介入将军刺史追赠模式

北魏自出现赠官之始就呈现出以赠地方官为主的鲜明特点，而非像谢宝富先生所说的“文成以后，诏赠以将军号、刺史号的现象逐渐增多”[①]。我们只要对北魏前期的赠官情况作一统计，就可以清楚地看出这一特点。

	道武帝	明元帝	太武帝	文成帝	献文帝	孝文帝	总计
获赠官人总数	7	9	42	33	26	109	226
获赠地方官人数	6	4	28	21	18	84	161
赠地方官所占比例	86%	44%	67%	64%	69%	77%	71%

71%由表中我们可以看出，除明元帝时期之外，其他时期获赠地方官的人数占赠官总数的比例都在64%以上，平均则达到71%。这充分表

①谢宝富：《诏赠赙物与赠官》，《北朝婚丧礼俗研究》，首都师范大学出版社，1998年，第123页。

明了北魏赠官一开始就以地方官为主的特点，后期更是这样。因此，日本学者窪添庆文所说的“北朝前期，以刺史与太守作为赠官的占大半，后期差不多都是这样”[①]则较为符合事实。

北魏前期，“将军号+刺史/太守”构成了赠官的基本方式，庄帝之后、特别是魏分东西之后，“都督+刺史+将军号+尚书/行台+三师三公官”、“都督+刺史+将军号+三师三公官”等成为赠官的主要模式，中间经历了怎样的发展变化呢？

首先让我们来关注公三师三公官。三师（太师、太傅、太保）二大（大司马、大将军）三公（太尉、司徒、司空）（合称八公）自赠官出现之始便用来追赠那些地位较高的官员，获赠八公者便不再赠将军号与刺史。[②]由于赠地方官的普遍化，太和中，一些获赠公的人也开始以领或赠的形式获得刺史赠官。

《魏书》卷37《司马金龙传》载司马金龙：“拜侍中、镇西大将军、开府、云中镇大将、朔州刺史。征为吏部尚书。太和八年（484年）薨。赠大将军、司空公、冀州刺史、谥康王。”其墓志铭：“维大代太和八年（484年）岁在甲子，十一月庚午朔，十六日乙酉。代故河内郡温县肥乡孝敬里使持节侍中镇西大将军吏部尚书羽真司空冀州刺史琅邪康王司马金龙之铭。”[③]结合史料来看，其墓志头衔前面部分“使持节侍中镇西大将军吏部尚书”是生前任官，后面部分“司空冀州刺史”是赠官。《魏书》所载赠官部分可能有误。与前代获赠公者不同的是，司马金龙在获赠司空公的同时，还获得了冀州刺史的赠官。太和二十一年（497年）刘昶以“使持节、都督吴越楚彭城诸军事，大将军”获赠“假黄

---

①窪添庆文：《北魏における赠官をめぐって》，《魏晋南北朝官僚制度研究》，汲古书院，2003年，第169页。

②太宗时崔玄伯以天部大人获赠司空，世祖时长孙道生以司空获赠太尉、杜遗以内都大官获赠太傅，高宗时小新成以外都大官获赠大将军。（分别见《魏书》卷24《崔玄伯传》，第623页；《魏书》卷25《长孙道生传》，第646页；《魏书》卷83上《外戚传上·杜超传》，第1815页；《魏书》卷19上《济阴王小新成传》，第447页。）

③《司马金龙之铭》，《汉魏南北朝墓志汇编》，第34页。

钺、太傅、领扬州刺史”，[①]世宗景明三年（502年）穆亮以司空公获赠“太尉公领司州牧”[②]。

更有甚者，在获赠仪同三司/公与刺史的同时，对生前的将军号仍不肯放弃。刁雍生前为特进、征南将军，太和八年（484年）冬卒，史载“赠仪同三司、冀州刺史、将军如故”[③]。高允生前为散骑常侍尚书镇军大将军金紫光禄大夫，太和十一年（487年）卒，“赠侍中、司空公、冀州刺史，将军、公如故”[④]，如果将其赠官写在一起，便是“侍中、镇军大将军、司空公、冀州刺史”。

还有的生前为公，获赠军号与刺史的品级都较低，所以还保留生前官。元他生前已经迁至司徒，太和十二年（488年）卒，“追赠平东大将军、定州牧，司徒如故。”[⑤]据太和《前职令》，平东大将军为第二品中，定州牧的品级不知，但不会高于司州刺史的品级，即最多亦为第二品中，都不如司徒（第一品中）的品级高，所以“司徒如故”。那么元他的赠官全称便是“平东大将军、司徒公、定州牧”。这样，公/仪同三司就与军号刺史结合起来，成为地位较高官员的追赠模式：

元羽：世宗即位，迁司州牧，常侍如故。……（后授司空。薨）赠使持节、侍中、骠骑大将军、司徒公、冀州刺史，给羽葆鼓吹、班剑四十人，谥曰惠。（《魏书》卷21上《广陵王羽传》，550）

李韶：肃宗嘉之，就加散骑常侍。迁车骑大将军……转定州刺史，常侍如故。……正光五年（524年）四月，卒于官，年七十二。……赠侍中、持节、散骑常侍、车骑大将军、司空公、雍州刺史，谥曰文恭。（《魏书》卷39《李宝传附承子韶传》，886）

刘腾：又以腾为司空公。……正光四年（523年）三月，薨于位，……追赠使持节、骠骑大将军、太尉公、冀州刺史。（《魏书》卷

① 《魏书》卷59《刘昶列传》，第1310页。

② 《魏书》卷27《穆崇传附黑弟亮传》，第667页。

③ 《魏书》卷38《刁雍传》，第866页。

④ 《魏书》卷48《高允传》，第1086页。

⑤ 《魏书》卷16《阳平王熙传附子临淮王他传》，第391页。

94《阉官传·刘腾传》，2028）

南齐制，相国、太宰、大将军等官“不用人，以为赠”[①]；陈制，相国、丞相、太宰、太傅、太保、大司马、大将军，并以为赠官。[②]这就为一人之下、万人之上的首席大臣留下了赠官的空间，使他们死后仍能得以升迁。从一个侧面显示出赠官制度的成熟。北朝由于没有这样的赠官空间，对那些位至三公特别是三师而皇帝又想给予优赠的大臣，怎样追赠就成了一件颇为麻烦的事情。不过，办法总是有的，以三师或二大领三公官，一身兼二公，总比一公的身份要显赫些。也是现实政治生活中领官现象在赠官中的反映。

孝文帝对冯氏父子的追赠首开其端。太和十九年（495 年），冯熙以太师获赠“大司马、太尉”[③]，冯诞以司徒获赠“大司马领司徒”[④]。对冯熙的追赠很可能是“大司马领太尉”。从元勰的例子可以得知。《魏书》卷 21 下《彭城王勰传》载：“又以勰为太师。……又加侍中。……（为高肇所谮杀）追崇假黄钺、使持节、都督中外诸军事，司徒公、侍中、太师，王如故。” 墓志载其赠官为“使持节侍中假黄钺都督中外诸军事太师领司徒公”[⑤]。二者所载赠官内容基本相同，只是顺序不同。《魏书》将司徒公与太师分开，而墓志却是“太师领司徒公”。墓志为死后当时书写，当更为确切。冯熙的情况很可能与此相同。史书中赠官三师二大与三公官并列的情况很可能是省略了“领”字的结果。

追赠都督来自于对南朝的效仿。北魏最早获赠都督的是司马楚之。司马楚之是晋宗室，晋末因刘裕篡夺帝位而归降北魏。和平五年（464年）卒于“假节、侍中、镇西大将军、开府仪同三司、云中镇大将、朔

---

①《南齐书》卷 16《百官》，第 312 页。

②《隋书》卷 26《百官上》，第 741 页。

③《魏书》卷 83 上《外戚传上·冯熙传》，第 1820 页。

④《魏书》卷 83 上《外戚传上·冯熙传附子诞传》，第 1822 页。

⑤《魏故使持节侍中假黄钺都督中外诸军事太师领司徒公彭城武宣王（元勰）墓志铭》，《汉魏南北朝墓志汇编》，第 54 页。

州刺史”，获赠“都督梁益秦宁四州诸军事、征南大将军、领护西戎校尉、扬州刺史”。[①]这是南朝追赠都督的一般方式，且以梁州都督与扬州刺史相结合，显然是照顾司马楚之既是南人又是晋宗室的特殊身份，但“征南大将军”则又显示出以北魏为中心的特征。以南朝的方式来对司马楚之追赠，表明北魏此时还没有把都督作为赠官方式，然而掌管若干州军政大权的都督毕竟要比一州刺史神气多了，太和中随着都督制的普遍实行，便首先以都督官来追赠皇室：

元云：高祖嘉之，迁使持节、都督陕西诸军事、征南大将军、长安镇都大将、雍州刺史。……太和五年（481年），薨于州。……赠以本官，谥曰康。（《魏书》卷19中《任城王云传》，462）

元平原：迁都督雍秦梁益四州诸军事、征南大将军、开府、雍州刺史，镇长安。太和十一年（487年）薨，赠以本官，加羽葆、鼓吹，谥曰简王。（《魏书》卷16《河南王曜传附提子平原传》，396）

文明冯太后也以都督来追赠其兄侄：

冯熙：文明太后之兄也……后求入朝，授内都大官，太师如故。……（太和十九年<495年>薨）将葬，赠假黄钺、侍中、都督十州诸军事、大司马、太尉、冀州刺史，加黄屋左纛，备九锡，前后部羽葆鼓吹，皆依晋太宰、安平献王故事。（《魏书》卷83上《外戚传上·冯熙传》，1820）

冯诞：及罢庶姓王，诞为侍中、都督中外诸军事、中军将军、特进，改封长乐郡公。……十六年（492年），以诞为司徒。……寻加车骑大将军、太子太师。……（太和十九年<495年>薨）赠假黄钺、使持节、大司马，领司徒、侍中、都督、太师、驸马，公如故。（《魏书》卷83上《外戚传上·冯熙传附子诞传》，1822）

世宗也以都督来追赠舅家。“景明初，世宗追思舅氏，征肇兄弟等。”高肇、高显、高猛等“数日之间，富贵赫弈。”[②]不仅生者显赫，

---

① 《魏书》卷37《司马楚之传》，第855页。

② 《魏书》卷83下《外戚传下·高肇传》，第1829页。

死者亦蒙荣宠。对已经去世的两个舅舅高琨和高偃都给以很高的追赠。《魏书》卷83下《外戚传下·高肇传附子植传》载："肇长兄琨，早卒。袭扬封勃海郡公，赠都督五州诸军事[①]、镇东大将军、冀州刺史。""琨弟偃，字仲游。太和十年（486年）卒。正始中，赠安东将军、都督、青州刺史，谥曰庄侯。"

直至正光末年之前，除南朝降者之外，获赠都督官一直是外戚与宗室专利。正光末孝昌初，这种限制被打破，庶姓都督也纷纷获赠都督。

韦彧：孝昌元年（525年），诏公本官（散骑常侍、征虏将军）持节、都督征豳军事，兼七兵尚书、西道行台。……孝昌元年（525年）八月廿六日，薨于长安城永贵里第。……赠使持节、都督诸军事、抚军将军、雍州刺史。[②]

李苗：（庄帝时）还除司徒司马，转太府少卿，加龙骧将军。……众寡不敌，左右死尽，苗浮河而殁……赠使持节、都督梁益巴东梁四州诸军事、车骑大将军、仪同三司、梁州刺史，河阳县开国侯、邑一千户，赗帛五百匹、粟五百石。（《魏书》卷71《李苗传》，1596）

追赠都督现象的普遍化是在出帝时。这源于军人对都督天然的偏好与战争环境中人们对都督的需求。相继执掌政权的尔朱荣、高欢对父祖子侄基本上都以都督来追赠。

作为事实上的宰相机构与赠官的评议机构，[③]南朝尚书省官仅限于卒官为尚书官的追赠，并只追赠卒时本官，不晋级追赠；对卒官为非尚

---

①《高琨墓志》记其所督五州为"冀瀛相幽平"。罗新、叶炜：《新出魏晋南北朝墓志疏证》，中华书局，2005年，第72页。

②罗新、叶炜：《韦彧墓志》，《新出魏晋南北朝墓志疏证》，中华书局，2005年，第129页。

③分别参见：祝总斌：《两晋的三公、尚书》，《两汉魏晋南北朝宰相制度研究》，中国社会科学出版社，1998年。刘长旭：《"虽复零雨自天，终待云兴四岳"——赠官的评议机构》，《两晋南朝研究》，北京师范大学博士学位论文，2002年，第43–52页。

书官者，则“尚书官不以为赠”。[①]北朝前期似乎较南朝更为严格，对卒

---

①梁太清三年（549年），中领军、中书舍人朱异卒，获赠侍中、尚书右仆射。《梁书》卷38《朱异传》载其获赠过程：“旧尚书官不以为赠，及异卒，高祖惜之，方议赠事，左右有善异者，乃启曰：‘异忝历虽多，然平生所怀，愿得执法。’高祖因其宿志，特有此赠焉。”《资治通鉴》卷162《梁纪十八》对此也有记载：“朝野以侯景之祸共尤朱异，异惭愤发疾，庚申，卒。故事：尚书官不以为赠。上痛惜异，特赠尚书右仆射。”刘长旭先生据此认为“这表明至少在梁武帝统治时期，可能包括两晋宋齐时期，官员去世后是不太可能获赠属于尚书省的官号的。”（《两晋南朝赠官研究》，北京师范大学博士学位论文，2002年，第59页。）不过，我们遍检两晋南朝的史料，发现获赠尚书官的不止朱异一人，自晋至陈获赠尚书官的例子历代都有，总数达14人之多，且属正常赠官，不为特赠。这是否与“尚书官不以为赠”的故事相矛盾呢？如果不矛盾，“尚书官不以为赠”又该如何理解呢？还是让我们先来看看获赠尚书官诸人的具体情况吧。现将这些材料按时间顺序胪列如下（每条资料的排列顺序为：序号、获赠者、卒前官、获赠时间、赠官、资料来源。）：

1. 刁协：尚书令、加金紫光禄大夫晋永昌元年追赠本官（晋书/69/1845）

2. 殷景仁：尚书仆射领吏部尚书、扬州刺史宋元嘉十七年赠侍中、司空，本官如故（宋书/63/1683）

3. 徐湛之：尚书仆射领护军将军宋元嘉三十年赠司空加散骑常侍，本官如故（宋书/71/1848）

4. 江湛：吏部尚书宋元嘉三十年赠左光禄大夫开府仪同三司，加散骑常侍，吏部尚书如故（宋书/71/850）

5. 何偃：吏部尚书宋大明二年赠散骑常侍、金紫光禄大夫，吏部尚书如故（宋书/59/1609）

6. 褚湛之：尚书左仆射宋大明四年赠侍中、特进、骠骑将军，尚书左仆射如故（宋书/52/1506）

7. 刘延孙：侍中、尚书左仆射领护军将军宋大明六年赠司徒，侍中、尚书左仆射如故（宋书/78/2020）

8. 褚渊：司空领骠骑将军、侍中、录尚书事齐建元四年赠太宰，侍中、录尚书事如故（南齐书/23/431）

9. 萧颖胄：侍中、尚书令领吏部尚书、监八州军事、行荆州刺史齐中兴元年赠侍中、丞相，本官如故（南齐书/38/673）

10. 范云：散骑常侍、尚书右仆射梁天监二年赠侍中、卫将军，尚书右仆射（梁书/13/232）

11. 谢举：尚书令、侍中、翊左将军梁太清二年赠侍中、中卫将军开府仪同三司、尚书令（梁书/37/530）

12. 褚翔：守吏部尚书梁太清二年赠本官（梁书/41/586）

13. 王质：都官尚书陈太建元年赠本官（陈书/18/248）（见下页）

官为尚书官者，亦多采用“将军号+刺史”的追赠方式，而不以尚书官为赠。[①]正光孝昌之际，六镇起义导致原统军监军行台大量出现，并呈现出地方化趋势，表现之一便是行台职与都督诸州军事乃至地方州职的结合，[②]这一新的职官方式在赠官中也被体现出来：

元昭：又除散骑常侍征南将军殿中尚书……天不吊善，夙患增剧，春秋有六十，正光三年（522年）岁次析木之津二月癸亥朔廿二日甲申酉时薨于其第。皇帝以逸翮秀页霄，崇峰落刃，非唯黔首靡凭，信亦皇道无托。追赠使持节散骑常侍车骑大将军仪同三司尚书左仆射冀州刺史，以彰夙效。[③]

其实早在肃宗永平年间已露端倪，元诠：“又以安社稷之勋，除尚

（接上页）

14. 萧济：祠部尚书加给事中陈宣帝时赠本官（陈书/30/396）

排比了这些材料之后，我们发现，这些获赠尚书官的人有一个共同特征，即卒官皆为尚书官，且获赠的尚书无一例外都是其卒时本官。由此我们可以得出结论，两晋南朝赠尚书官仅限于卒官为尚书官者，且只追赠卒时本官，不晋级追赠。“尚书官不以为赠”指的是尚书官不能赠给卒官为尚书官之外的官员。朱异卒官为中领军、中书舍人，所以没有获赠尚书官的权力。刘长旭先生在讨论尚书省官员的赠官情况时，只注意了对获赠散官的讨论，未能进一步阐释“尚书官不以为赠”的内涵。

① 李盖：（世祖时）盖加侍中，驸马都尉，殿中、都官尚书，左仆射，卒官。赠征南大将军、定州刺史、中山王，谥曰庄。（《魏书》卷83上《外戚传上·李惠传》，第1824页。）

公孙叡：（显祖时）后卒于南部尚书。赠安东将军、幽州刺史，谥曰宣。（《魏书》卷33《公孙表传附轨子叡传》，第785页。）

罗拔：（高祖时）除征西将军、吏部尚书，改封赵郡王。后例降为公。卒，赠宁东将军、定州刺史，谥曰康，陪葬金陵。（《魏书》卷44《罗结传附斤孙伊利传》，第988页。）

或赠将军号、公等。如：毛法仁：高宗初，为金部尚书，袭爵（南郡公）。后转殿中尚书，加散骑常侍。……和平六年卒。赠征东大将军、南郡王，谥曰威。（《魏书》卷43《毛修之传》，第961页。）李冲：生前：尚书仆射，清渊县开国侯，八百户。太和中卒。赠司空公。（《魏书》卷53《李冲列传》，第1188页。）

② 牟发松：《北朝行台地方官化考略》，载《文史》第33辑，1990年。

③《魏故使持节散骑常侍车骑大将军仪同三司尚书左仆射冀州刺史元（昭）公墓志铭》，《汉魏南北朝墓志汇编》，第145页。

书左仆射，增封三百户。春秋卅有六，永平五年（553年）太岁壬辰三月廿八日戊午遘疾薨于第。诏赐东园秘器，朝服一具，绢布七百匹，礼也。追赠使持节骠骑将军冀州刺史仆射，王如故，谥曰武康。”①与两晋南朝以尚书官为赠不同的是，北朝追赠尚书官表现出与地方官的结合，所赠尚书官职多高于原任尚书官职，且多出现在正光孝昌行台出现地方化趋势之后，所以北朝赠官中的尚书职应为行台职，而不是中央尚书官职。

最初行台官员主要来自尚书省，行台职的追赠对象最初也只是中央尚书省官，如上文所提及的元昭与元诠。再如崔休，“征为安南将军、度支尚书，寻进号抚军将军、七兵尚书，又转殿中尚书。……正光四年（523年）卒，年五十二。赗帛五百匹，赠车骑将军、尚书仆射、冀州刺史，谥文贞侯。”②之后，随着行台官员来源的变化，都督、刺史等地方官与其他中央官也进入行台的追赠范围：

李世哲：后除镇西将军、泾州刺史，赐爵卫国子。正光五年（524年）七月卒。赙帛五百匹、朝服一袭，赠散骑常侍、卫将军、吏部尚书、冀州刺史，子如故。（《魏书》卷66《李崇列传附子世哲传》，1475）

寇治：迁廷尉卿度支尚书……蠢尔千种，儋焉万落，无舍间谍，有忉边患。天子命将遣师，非公安可，使持节镇南将军都督三荆诸军事金紫光禄大夫行台尚书。昔彭殒汉地，周亡晋日，节同时异，人是物非。春秋六十九，以正光六年（525年）正月廿日薨……遂赠使持节都督雍州诸军事卫将军雍州刺史七兵尚书昌平男，谥曰昭。③

崔鸿：孝昌初，拜给事黄门侍郎，寻加散骑常侍、齐州大中正。鸿在史甫尔，未有所就，寻卒，赠镇东将军、度支尚书、青州刺史。

---

①赵超：《魏故使持节骠骑将军冀州刺史尚书左仆射安乐王（元诠）墓志铭》，《汉魏南北朝墓志汇编》，天津古籍出版社，1992年，第64页。

②《魏书》卷69《崔休传》，第1526页。

③《魏故使持节卫将军判河雍四州刺史七兵尚书寇（治）使君之墓志》，《汉魏南北朝墓志汇编》，天津古籍出版社，1992年，第199页。

（《魏书》卷 67《崔光列传附敬友子鸿传》，1502）

毕祖旋：（孝昌时）太尉行参军、镇远将军。卒，赠都官尚书、齐兖二州刺史。（《魏书》卷 61《毕众敬列传附祖朽弟祖晖传》，1364）

至此，“都督+刺史+将军号+尚书/行台官+三师三公官”或“都督+刺史+将军号+尚书/行台官+三师三公官”等的追赠方式已经形成。这种方式成为东魏北齐、西魏北周赠官的主要模式。只不过西魏北周在实行六官制之后，赠官又带六官色彩而已，如在赠官中出现了大冢宰、小冢宰、大宗伯、小宗伯等官。武成元年（559 年），明帝宇文毓改都督制为总管制，赠官中的某某州军事应为总管某某州军事。

六、北朝赠地方官的对象、内容与规则

如上所述，北朝赠官以将军号与地方官为中心，所以北朝地方官的赠予对象无所不包，从中央高官到地方僚佐，都可以获赠地方官。不过，如果我们仔细推敲，发现北魏前期，地方官的赠予对象还有一个由低到高的延伸过程。这一过程与三师二大三公类官员介入将军刺史组合的过程是同步的。

北朝的地方制度先以镇戍制为主，后改为州郡制，北周又改都督制为总管制，所以北朝赠地方官的内容要比南朝丰富得多。刺史、太守、都督、行台自不待言，总管、镇将、县令都可以作为赠官。北周建德六年（577 年），柱国大将军刘雄出镇幽州，“宣政元年（578 年）四月，突厥寇幽州，掳略居民。雄出战，为突厥所围，临阵战殁。赠亳州总管、七州诸军事、亳州刺史。”[①]建义元年尔朱荣在为河阴死难者请赠“六品已下及白民赠以镇郡”[②]，遗憾的是，史书没有为我们留下以镇为赠的具体材料。不过，墓志的出土弥补了这样的缺憾。《魏故宁

---

① 《周书》卷 29《刘雄传》，第 504 页。

② 《魏书》卷 74《尔朱荣传》，第 1648 页。

远将军敦煌镇将元君墓志铭》："君讳倪，字世弼……年廿九拜员外散骑侍郎。太和廿一年（497年）二月寝疾卒于洛阳照明里宅。蒙赠宁远将军敦煌镇将。"[①]《齐故骠骑大将军颍川太守齐昌镇将乞伏君墓志》："君讳保达，金城金城人也……以武平元年（570年）十二月十一日□疾卒于青州，时年五十六……诏赠本将军颍川太守齐昌镇将，礼也。"[②]北魏太和中，元倪获赠敦煌镇将；北齐末年，乞伏保达获赠齐昌镇将，这就是说整个北朝时期，镇将始终可以作为赠官。县令由于品级较低，北魏北齐上县令也只是第六品下，北周县令七年以上者五命（相当于从五品），被追赠县令者的地位就更低，所以追赠县令者不见于史书记载。不过，《魏书》卷42《寇讚传》在叙述完对寇谦之父母的追赠后，又言"及宗从追赠太守、县令、侯、子、男者十六人"，告诉我们县令是可以作为赠官的。甚至州佐也可以作为赠官。《魏书》卷40《陆暐传》载陆暐"后除伏波将军。正光中卒。赠司州治中。"据《后职令》，司州牧从二品，司州治中第四品。上州刺史为第三品，上州治中的品级无载。不过从司州治中比州牧低一品半来推算，上州治中的品级可能为从五品上，比县令的品级要高，也就是说，上州纲纪也有作为赠官的可能。

赠镇将、县令的例子较少，我们很难得知这些地方官赠予对象的品级特点。刺史、太守赠予对象的品级则有一定的规律可寻。对河阴死难者的追赠是北朝赠官制度的一个转折点。我们以职位品级有明确规定的世宗、肃宗时期为例，来讨论庄帝之前刺史太守赠予对象的品级特点。

---

①赵超：《汉魏南北朝墓志汇编》，天津古籍出版社，1992年，第134页。

②赵超：《汉魏南北朝墓志汇编》，天津古籍出版社，1992年，第450页。

获赠者	卒时官职	获赠时间	所获赠官	备注	资料来源[①]
裴仲规	司徒主簿（第六上）	世宗	河东太守	于陈战殁	69/1533
崔伯骥	京兆王愉法曹参军(从六下)	世宗时	赠东海太守	愉反不从见害	24/633
贾景儁	京兆王愉府外兵参军(从六下)	永平中	东清河太守	愉反不从见害	33/794
薛凤子	持节、征义阳军司(第六上)	正始初	陵江将军、光城太守		42/944
邢伟	尚书南主客郎中（第六下）轻车将军（从五下）	延昌三年	博陵太守		65/1448 墓志 78
崔宗伯		世宗	追赠清河太守		69/1525
崔賨	太子舍人(第六下)	世宗	乐安太守		69/1528
晁清	梁城戍将（六、七[②]）	世宗	乐陵太守	为贼所杀世宗褒美	87/1893
高崇	领军长史（从五下）、伏波将军（从五上）、洛阳令（从五下）	景明	渔阳太守	有孝行	77/1707
李伯贵	鲁郡守(第五下[③])	世宗	勃海相	因子贵	周书46/826
赵惠安	阳武令	世宗	威烈将军、本郡太守		93/1998
			赠龙骧将军、定州刺史		1998

① 来源于《魏书》的不再写书名。墓志指的是《汉魏南北朝墓志汇编》，天津古籍出版社，1992 年。

② 前后《职令》中无戍将的品级。《隋书》卷 28《百官中》载北齐“镇，置将、副。戍，置主、副。”上镇将，从四品下；中镇将，从五品下；下镇将，正六品下；上戍主，正七品下；中戍主，正八品下；下戍主，正九品下。而晁清为戍将，其品级大约为镇将与戍主相接处。

③ 北魏郡分上、中、下三等。鲁郡属兖州，兖州属中州，鲁郡仅次于泰山郡，户 15160，口 47329，北魏大郡户数达十几万，小郡不过一二千，所以鲁郡应为中郡。勃海郡属冀州，冀州为上州，户 37972，口 140482，应为上郡。州的等级判断来自于漥添庆文《北魏の州の等级について》，《魏晋南北朝官僚制度研究》，汲古书院，2003 年，第 158 页。

续表

获赠者	卒时官职	获赠时间	所获赠官	备注	资料来源
尉静	尚书左民郎中（第六下）	世宗	博陵太守		50/1116
			重赠镇军将军、洛州刺史		1116
李瓒	辟司徒参军事（第七上）	神龟中卒	赠汉阳太守		39/888
裴约	丹阳太守	神龟中	平原太守	城陷见害	71/1569
夏侯夬	镇远将军（第四下）、南兖州大中正	肃宗	钜鹿太守		71/1584
穆纂	太尉行参军[①]（从七上）	正光二年	颍川太守	特赠	墓志 121
元仙	员外常侍（第五上） 镇远将军（第四下） 前军将军（从四品上）	正光二年	冠军将军正平太守		墓志 134
杨乾	鹰扬将军（第五品上）	孝昌二年	清水太守		墓志 193
源玄谅	不详	肃宗	代郡太守		41/929
崔习	河东太守	肃宗	中山太守		
		孝昌三年	重赠后将军、并州刺史		49/1106
张始均	员外常侍（第五上） 领尚书郎中（第六下）	肃宗	乐陵太守		64/1434
崔敬默	征虏长史（第六上）	肃宗	南阳太守		66/1481

由表中可以看出，庄帝之前太守的追赠对象主要是五品、六品、七品官员，甚至有个别四品官员，如夏侯夬、元仙。那么五品或五品以下

①《穆纂墓志》载："皇子高阳王之为太尉公，盛简门彦，以备行参军。……又南荆州刺史桓叔兴蛮夷狂勃，背国重恩，归投伪主。时召君为东荆长史加前将军，统军追贼。……春秋卅，从大魏正光二年（521年）二月己亥朔十八日丙辰卒于京师宜年里宅。朝廷追伤，特赠颍川太守。"穆纂为太尉行参军，因平叛需要，临时命为东荆州长史加前将军，当事毕即罢，并其最终死在京师里宅，所以其正式官职应为太尉行参军。由于太尉行参军品级较低，可能没有赠官资格，所以朝廷特赠颍川太守。

的官员是不是就一定被赠太守，而不会被赠刺史呢？不是的。世宗特别是肃宗时有许多五品官员获赠刺史：

崔广：后任城王澄为扬州，引广为镇南府长史（第五品上），以母老辞。景明末，卒于家。赠安远将军、光州刺史（中州[①]）。（《魏书》卷49《崔鉴传附秉子仲哲传》，1106）

房祖皓：（肃宗时）长水校尉（第五品下）。后讨萧衍将于九山，战殁。赠抚军将军、兖州刺史（中州）。（《魏书》卷43《房法寿传附族人坚传》，972）

韦儁：迁都水使者（从五品下）。……世宗崩，领军于忠矫擅威刑，与左仆射郭祚、尚书裴植同时遇害，熙平元年，追赠中垒将军、洛州刺史（下州），谥曰贞。（《魏书》卷45《韦阆传附孙儁传》，1010）

郑次珍：（肃宗时）卒于员外常侍（第五品上）。赠安东将军、光州刺史（中州）。（《魏书》卷56《郑羲列传附连山孙先护传》，1248）

游祥：迁通直郎（从五品上）、国子博士（第五品上），领尚书郎中。……孝昌元年（521年）卒，年三十六。赠征虏将军、给事黄门侍郎、幽州刺史（上州），谥曰文。（《魏书》卷55《游明根列传附子肇传》，1218）

李邕：（肃宗时）著作佐郎、高阳王雍友（第五品上）。……年二十五，卒。赠镇远将军、洛州刺史（下州），谥曰文。（《魏书》卷65《李平列传附子谐传》，1461）

甚至有六、七品而获赠刺史者：

元纂：（肃宗）为司徒祭酒（第七品上）。闻熙举兵，因逃奔于邺，至即见擒，与熙俱死。……赠安北将军、恒州刺史（中州）……（《魏书》卷19下《南安王桢传附略弟纂传》，507）

房祖渊：（肃宗时）羽林监（第六品下）。从章武王融讨葛荣，没于陈。赠安东将军、济州刺史（中州）。（《魏书》卷43《房法寿传附族

---

①关于州等级的判断来自于漥添庆文《北魏の州の等级について》，《魏晋南北朝官僚制度研究》，汲古书院，2003年。

人坚传》，972)

辛俊：（肃宗时）府主魏子建为山南行台，以为郎中（第六品下），有军国机断。还京，于荥阳为人劫害。赠征虏将军、东秦州刺史（下州）。（《魏书》卷77《辛雄传附琛子悠传》，1701)

许琰：累迁尚书南主客郎（第六品下）、瀛州中正。孝昌中卒，年四十七。赠平东将军、沧州刺史（?）。（《魏书》卷46《许彦传附宗之从曾孙绚传》，1038)

不过，这四人中有三人属于非正常死亡，元纂与父元熙共起兵讨元叉被害，房祖渊因讨葛荣阵亡，辛俊在还京途中为贼所害，对他们的追赠有死王事加等的意味。只有许琰一人以尚书郎获赠刺史。

那么，五品这个品级就被凸显出来，因其可赠刺史、可赠太守的特点而成为追赠刺史或太守的分界线，即一般说来，五品以上的官员死后赠刺史，五品以下的官员死后赠太守，五品则是一个交叉地带。不过，值得注意的是，五品获赠太守的多为上郡太守，获赠刺史的多为中下州刺史。据《后职令》，上郡太守与下州刺史的品级相同，皆为第四品下。这也正是五品成为追赠刺史、太守交叉地带的原因所在。

建义元年（528年），尔朱荣为河阴死难者请赠："诸王、刺史乞赠三司，其位班三品请赠令仆，五品之官各赠方伯，六品已下及白民赠以镇郡。"[①]《庄帝纪》载："七品以下及民郡、镇。"[②]这个标准显然要比庄帝之前的追赠标准高，而事实上的追赠比尔朱荣的请赠还要高，大量六品、甚至七品的官员都获得了刺史的赠官：

李昞：太尉录事参军（第六品上）。孝庄初，与兄暧同时遇害，年三十八。赠散骑常侍、左将军、兖州刺史。（《魏书》卷39《李宝传附彦弟虔传》，890)

李翼：迁尚书郎（第六品下），仍斋帅。建义初，遇害河阴。赠平北将军、定州刺史。（《魏书》卷49《李灵传附璨子宣茂传》，1103)

---

①《魏书》卷74《尔朱荣传》，第1648页。

②《魏书》卷10《敬宗孝庄帝纪》，第256页。

王忻：为太尉、汝南王悦记室参军（第六品上）。建义初，河阴遇害，赠散骑常侍、安北将军、肆州刺史，谥曰穆。（《魏书》卷93《恩幸传·王叡传附子袭传》，1991）

元信：司空元公……辟君为参军事（从六品下）……年十有五，卒乎官。天子痛悼，亲贤同泣。有诏赠龙骧将军晋州刺史。（《汉魏南北朝墓志汇编》，231）

元愔：起家为司空府参军事，又转员外郎（第七品上）。……以建义元年（528年）四月十三日卒于河梁之南。……有诏赠辅国将军假节广州刺史。（《汉魏南北朝墓志汇编》，232）

元维：以宗官望典，亲贤是寄，乃辟君为大宗正丞（第七品下）。……春秋廿六，以建义元年（528年）四月十三日河梁之下，非命卒世。……有诏曰：……可赠安西将军凉州刺史。（《汉魏南北朝墓志汇编》，255）

元庆始：大司农丞（第七品下）。与父同时见害。赠前将军、广州刺史。（《魏书》卷16《阳平王熙传附他孙法寿传》，394）

日本学者漥添庆文在比较了25位河阴死难者赠官与卒官的品级之后，得出结论：与宣武、孝明帝时期的赠官通例相比，此期赠官的幅度是很大的。一般升2~4级是通例，但也有许多升幅更大，为6级以上。[①]而此前的上升幅度一般为0~2级，4级以上属超赠。对死王事者的加等追赠成为以后赠官制度的常态。所以史称“自兹已后，赠终叨滥，庸人贱品，动至大官，为识者所不贵。”[②]北齐时，赠官甚至能像生者泛阶一样，可以与时俱进，“诸贵宠祖祢追赠官，岁一进，位极乃止。”[③]

经过这次赠官的大跃进，赠官与卒官之间的距离大大拉长，使得失去了追赠太守的空间，所以庄帝之后，我们很难再看到获赠太守的现象，太守仅用于对地位极低或无官位者的追赠。《宋虎墓志》：“家贫

①漥添庆文：《关于北魏的赠官》，《文史哲》，1993年第3期。

②《魏书》卷74《尔朱荣传》，第1648页。

③《北齐书》卷8《后主纪》，第112页。

干禄，便任将作曹掾。……春秋七十遘疾，建明元年（530年）二月廿六日终于安义里。……朝廷追伤，褒赠中坚将军桑乾太守。”[①]将作曹掾不见典志记载，我们只能从将作和掾入手来寻找线索。中央官中只有三公、二大、皇子府、从一品开府将军府置掾属，而这些掾属皆为从五品，地位较高，与宋虎的身份和所获赠官不相称。另外设置掾属的就只有州郡县诸曹了。可是州郡诸曹中又无将作曹。好在《晋彭祈碑阴》中的“作部吏”[②]为我们带来了一丝希望。太和二十一年（497年），沈文秀之子沈保冲因疆埸退败，当处死刑。孝文帝下诏曰：“保冲，文秀之子，可特原命，配洛阳作部终身。”[③]洛阳有作部，其他的州郡也可能有作部。作部的职能是什么呢？《南齐书》卷40《晋安王子懋传》载：“懋见幼主新立，密怀自全之计。令作部造器仗。”《后汉书》卷117《百官志四·将作大匠条》“掌修作宗庙、路寝、宫室、陵园木土之功，并树桐梓之类列于道侧。”二者都与制作、营造有关，职能相似。将作曹掾很可能是与作部吏相似的职位设置。宋虎的身份也就很可能是州郡县佐，而州郡县诸曹掾属是不入官品九品的。可见其身份较低。《魏书》卷58《杨播列传》载杨玄就“收捕时年九岁，牵挽兵人，谓曰：‘欲害诸尊，乞先就死。’兵人以刀斫断其臂，犹请死不止，遂先杀之。永熙初，赠汝阴太守。”杨玄就死时才九岁，也无官位，所以永熙中的追赠较低。从“白民赠以镇郡”可知，县令已经被排挤出赠官的行列。

东魏北齐、西魏北周，都督、行台、总管在赠官中占据了主导地位，只是都督、行台、总管与刺史的赠予对象在品级上的差别不如河阴事变之前刺史与太守赠予对象在品级上的差别那样明显与有规律。东魏兴和年间，同样是太中大夫（从三品），许绚获赠“使持节、都督冀瀛二州诸军事、征东将军、吏部尚书、冀州刺史”，而许晔只获赠“镇东

---

①《汉魏南北朝墓志汇编》，天津古籍出版社，1992年，第295页。

②赵明诚撰，金文明校证：《金石录校证》卷20《晋彭祈碑阴》，上海书画出版社，1985年，第373页。

③《魏书》卷61《沈文秀列传》，第1367页。

将军、瀛州刺史”；[1]同是广平太守，羊敦获赠“都督徐兖二州诸军事、卫大将军、吏部尚书、兖州刺史”，而崔孟舒则只获赠“中军将军、殷州刺史”。[2]不过有一点可以肯定，生前为六品或六品以下的官员，死后多用刺史来追赠，鲜有以都督、行台、总管来追赠的，北周裴尼，“六官建，拜御正下大夫。寻以疾卒。赠辅国将军、随州刺史”[3]；北齐天保中，吏部郎中陆印卒，“赠卫将军、青州刺史”[4]

①《魏书》卷46《许彦传附宗之从曾孙绚传》，第1038页。

②分别见：《魏书》卷88《良吏传·羊敦传》，第1912页；《魏书》卷57《崔挺列传附从父弟瑜之传》，第1273页。

③《周书》卷34《裴宽传附弟尼传》，第598页。

④《北齐书》卷35《陆印传》，第470页。

结　语

等级是中国古代官僚制度的重要方面，地方官等级制度又是中国古代官僚等级制度的重要组成部分。魏晋南北朝时期又有一些这个时代所特有的地方官——都督、行台、总管等，附于地方官的各种加官加号又异常丰富，如节、散官、军号等。对这一时期地方官等级管理制度的揭示，有助于丰富我们对这个时代官僚等级制度整体的认识，也能为认识中国古代地方官等级管理制度提供参考。

魏晋南北朝时期地方官的等级管理制度，表现出了什么特征呢？根据本文的初步研究，我们认为至少表现出了如下几个特征：

一、地方官的职位等级经历了一个由简到繁、再由繁到简的变化过程。这一特征表现在地方行政层级与地方官职等级两个方面。从地方行政层次上来看，汉代为郡县两级制，州为郡之上的监察机构，汉末迅速演化为郡之上的一级行政机构；曹魏政权建立之后，又将全国划分为几个都督区，都督成为州之上的辖区更广的地方单位，随着都督例领所治州刺史制的形成，都督正式成为地方上最高一级军政机构，形成“府以统州，州以监郡，郡以莅县”①的四级制。这一变化在地方长官的秩级官品上也被体现出来，汉代，郡太守为二千石，而刺史仅为六百石；魏世，刺史领兵者为第四品，不领兵者为第五品，郡太守为第五品；晋世，诸持节都督为第二品。北朝仿魏晋南朝之制，仍为四级制，只不过东魏北齐以行台制、北周以总管制代替都督制。隋文帝杨坚统一全国之

①《晋书》卷75《范汪传附子宁传》，第1987页。

后，“罢郡，以州统县”[①]，在州之上仍设总管，形成总管—州-县三级制。唐代隋之后，又废总管制，只在缘边军事要地设都督府，地方行政回归州-县两级制。

从地方官职的品级安排看，就魏晋南朝而言，魏晋宋齐时期，州刺史有司隶校尉（第三品）、领兵刺史（第四品）、不领兵刺史（第五品）3等分，郡太守有京尹（第三品）、郡国太守相内史（第五品）2等，县有六品、七品、八品/九品3等；梁时州刺史有6个等级，郡太守有10个等级，县令有7个等级；陈时州郡县各有3个等级。就北朝而言，北魏时期，州郡县各有4等之分；北齐时各有10等之分；北周时各有6等之分。隋文帝之初，采北齐州郡县10等之制，罢郡之后，又“改九等州县为上、中、中下、下，凡四等”[②]，加上京牧、京令，共5等。唐高祖李渊登基之后，将州分为府、上、中、下4等，县分为京、畿、上、中、中下、下6等。都督制实行之初，都督职位并无等级之分，东晋时形成都督、监、督三级划分；都督区起初只在个别地方存在二级都督区，东晋之后，都督区的层次也渐次增多，在一些大的都督区出现了三级都督区。北魏都督制较不稳定，但都督、监、督的等级区分及都督区的等级划分仍是都督职位分等的方式。东魏北齐以行台制取代都督制，行台区虽无层级划分，但行台长官的等级却至少有6等之分。北周以总管制代替都督制，依然有总管区的等级与总管等级的实际区分。隋统一南北之后，在全国设立并、扬、荆、益四大总管区，四大总管区之下，州所置总管分为上、中、下3等，总管的职位分等简洁划一。

二、地方官的加官、加号经历了一个从无到有、由少到多再到散阶化的发展过程。地方官加官、加号做法，体现了地方官管理手段多样化的特征。这主要表现在加节、加侍中散骑官、加军号三个方面。汉代，节本为使者所持，代表皇帝处理政务，使者多由光禄勋属官充任。汉末

①《隋书》卷28《百官志下》，第792页。

②《隋书》卷28《百官志下》，第793页。

在传统的将军持节之外，又出现了将军假节的现象，即原来没有持节资格，而暂时授予。曹魏都督制建立之后，都督成为加节对象，此后，刺史、太守也可以加节了。曹魏时期，地方官加节并没有使持节、持节与假节的等级区分，只有节与钺两等之分。西晋初，王朝依权力大小将地方官持节分为使持节、持节与假节三个等级，而钺则只授予都督中外诸军事或重大军事活动的征讨都督。南北朝时期，随着皇权的伸张，由节所带来的权力逐渐丧失，隋唐时期节成为毫无意义的加号。侍中、散骑官本是皇帝身边顾问应对、拾遗补阙之职，一些腹心之臣出于参政议政的需要而加侍中、散骑官，从而可以入侍禁中预参机密。汉魏时期，侍中、散骑官所加对象仅限于中央官；西晋之后，由于多种原因，地方官加侍中、散骑官者日益增多，作为加官的侍中、散骑官也由4个等级扩展至8个等级。汉代的将军本为领兵打仗之职，位在三公之下、九卿之上，汉末出于平叛的需要出现了州牧、刺史加军号的现象。魏晋南北朝初期，地方官加军号仍具有很强的军事意义；另一方面，随着加军号者的日益增多，军号呈现出散阶化的发展趋势，“后魏及梁，皆以散号将军记其本阶”①，军号的散阶化进程得以完成。包括侍中、散骑官在内的文散官也在军号的强力拉动之下完成散阶化进程，成为标志官员身份高低的标尺。

三、地方官作为赠官经历了从无到有、由少到多再到占据赠官主导地位的发展过程。地方官作为赠官是随着赠官对象的扩大而出现的，西汉时赠官对象仅为三公，地方官绝无可能作为赠官出现。东汉时，赠官对象扩展至比二千石，二千石的郡太守得以作为赠官出现。魏晋南朝，赠官对象扩展至五品官，都督、刺史、太守都可以作为赠官的内容，而县令则不可能作为赠官。北朝赠官对象进一步扩展至六、七品官，使得县令也可以作为赠官。魏晋南朝，虽然获赠地方官的现象越来越多，但地方官在赠官中仍不占主导地位；北朝则不然，自赠官出现之始，就表现出以赠地方官为主的鲜明特征，后期则几乎皆以地方官为赠。河阴事

① 《旧唐书》卷42《职官一》，第1805页。

变之前，以赠刺史、太守为主；河阴事变之后，赠官与卒官之间的距离拉大，以赠都督、行台、总管为主，刺史、太守用来追赠地位较低的官吏，县令则被挤出赠官之列。

魏晋南北朝时期，地方官的等级管理制度之所以表现出如上的特征，主要是由以下两方面的原因造成：

一、军事化的时代特征。从汉末天下大乱至隋唐帝国的重建，四百年间，分裂与战乱是这个时代常演不衰的保留剧目，群雄争霸、五胡乱华、权臣篡位、宗室纷争，使得这一时期地方行政表现出明显的军事化特征。东汉年间，州虽然已经呈现出地方化的趋势，然而汉末平定农民起义的军事所需无疑是使这一趋势转化为现实的催化剂。都督制的实质是一个大军区，天下三分的局势使得长江沿岸成为南北对峙的最前沿，在与吴、蜀对峙的南方边境首先形成了荆州、扬州、雍州都督区，都督领刺史所治州刺史也是出于军事供给的需要，陈琳国先生曾言“荆、扬二州濒临大江，与吴、蜀对峙，是曹魏南方的前哨阵地，这里军事重于行政，所以由都督兼领刺史，实行军政合一的体制，是有一定道理的。”①汉末州牧、刺史加军号，曹魏时期太守加军号集中在与吴蜀对峙、军事地位较为重要的边界郡，晋武帝统一天下后下令罢州郡兵、去刺史太守将军号，东晋元帝为应对王敦之乱而下令“丹杨诸郡皆加军号”②，都彰显出魏晋时期地方官加军号的军事意义。战乱期间，为应付紧急、意外的军事情况，地方军政官需要有足够的权力来调动、指挥军队，以避免因贻误战机而造成不必要的损失，地方官加节为地方官拥有发兵权、指挥权与专杀权提供了有力的保证。

二、对官员品位化管理的需要。强大的皇权是官僚政治体制正常运行的动力来源，皇权的衰弱往往会造成官僚政治体制不同程度的扭曲和变态。在皇权衰弱的情况下，官员们的自利倾向大大增强，服务倾向大大减弱，为保住皇位而不致天下改名换姓，向臣下大把大把地抛洒官位

---

①陈琳国：《魏晋南朝都督制》，《魏晋南北朝政治制度研究》，文津出版社，1994年，第241页。

②《晋书》卷6《中宗元帝纪》，第155页。

便成了王朝争取支持者、保证臣下效忠的惯用手法。西晋末年，永嘉之乱后，流寓长安的晋愍帝为激励臣下，“吴皮、王隐之徒，无赖凶人，皆加重爵，新平太守竺恢、始平太守杨像、扶风太守竺爽、安定太守焦嵩，皆征镇杖节，加侍中、常侍，村坞主帅小者，犹假银青、将军之号，欲以抚结众心。”[①]西晋灭亡，琅邪王司马睿在世家大族的支持下建立偏安江左的东晋政权，这个与世家大族共治的朝廷为保证世家大族的利益与争取更多的支持者所采取的手法与晋愍帝无二，远道投诚者，即使是村坞小帅也能得到一串荣耀的头衔，些许的功绩便可以换得丰厚的回报，王逊“又遣子澄奉表劝进于元帝，帝嘉之，累加散骑常侍、安南将军、假节，校尉、刺史如故，赐爵褒中县公。”[②]爵、节、内侍官、将军号都成为换取臣下忠心的砝码，以致侍中、散骑和军号作为加官加号的意义大为改变，成为官员资位的组成部分与衡量标准，也在某种程度上加快了其散阶化的进程。

甚至连地方官本身也变成了奖功赏能的手段，“(晋元)帝以(周)玘频兴义兵，勋诚并茂，乃以阳羡及长城之西乡、丹杨之永世别为义兴郡，以彰其功焉。”[③]周振鹤先生曾言：“在战争中立功的武人以及对方来降的将领，政府对之均要‘报功酬庸’，通俗点说，就是要给予封赏。而封赏之物则是刺史、郡太守的职务。为了制造越来越多的职务，只得把州、郡的区划分割得越来越小。”[④]王朝在任命地方官时首先考虑的不是治世之能，而是军功的大小，不同的军功酬以不同等级的地方官。地方官的大量增殖，必然造成巨大的升迁压力，为了缓解地方官的升迁对中央造成的压力，方法之一便是将地方官的等级分多分细，变相地增加地方官的职位，拉长他们升迁的路程。

在这种情况下，地方官职设置品位意义大为浓厚起来，行政职能意义因此而相对失色了。就是说，王朝在为地方行政而“分官设职”、确

---

①《晋书》卷89《忠义传·麴允传》，第2308页。

②《晋书》卷81《王逊传》，第2109页。

③《晋书》卷58《周处传附子玘传》，第1573页。

④周振鹤著：《中国地方行政制度史》，上海人民出版社，2005年，第63页。

定等级时，比起前朝后代，给予官僚品位安排问题以更多考虑，而对地方行政管理的能力与效率考虑，其份量为之下降。

例如，北朝政府为表示尊老爱老，竟采用向民众中的年老者“假地方官”的方式。孝文帝太和十七年（493年）至太和二十年（496年）三年间，先后11次假高年以郡守、县令，并往往与爵形成等差序列。太和十七年（493年）九月，“诏洛、怀、并、肆所过四州之民：百年以上假县令，九十以上赐爵三级，八十以上赐爵二级，七十以上赐爵一级”①；太和十九年（495年）“冬十月甲辰，曲赦相州。民百年以上假郡守，九十以上假县令，八十以上赐爵三级，七十以上赐爵二级。”②官员也可以用地方官养老，崔长文“永安中，以老拜征虏将军、平州刺史。还家专读佛经，不关世事。”③甚至出现了世袭地方官的现象，泉景言“魏建节将军，假宜阳郡守，世袭本县令”④，其子泉安志、孙泉企、曾孙泉仲遵、玄孙泉暅嗣皆起家本县令或领本县令。泉元礼以功“拜卫将军、车骑大将军，世袭洛州刺史。”⑤阳雄“战河桥，解玉壁围，迎高仲密，援侯景，并预有战功。前后增邑四百五十户，世袭邑阳郡守。”⑥这些地方官的授予显然不是出于行政的需要，而在于地方官的名号与随之而来的各种待遇。周武帝保定三年（563年）九月，“初令世袭州郡县者改为五等爵，州封伯，郡封子，县封男。”⑦改官为爵，明确显示了地方官所曾有过的与爵类似的品位特征。以地方官作为赠官也是把职位用如品位的一种表现。

地方官等级管理制度的发展变化，从一个侧面反映了皇权的沉浮，以及皇权与官僚之间的利益争夺与妥协。曹魏时期，刺史加军号这种做

①《魏书》卷7下《高祖孝文帝纪》，第172页。
②《魏书》卷7下《高祖孝文帝纪》，第178页。
③《魏书》卷67《崔光列传附从祖弟长文传》，第1506页。
④《周书》卷44《泉企传》，第785页。
⑤《周书》卷44《泉企传附子元礼传》，第787页。
⑥《周书》卷44《阳雄传》，第796页。
⑦《周书》卷5《武帝纪上》，第69页。

法的普及，一方面是出于军事以及褒奖军功的需要，另一方面也是为了满足官僚们的荣位渴求，“搢绅之儒，横加荣慕，搤腕抗论，以孙、吴为首，州郡牧守，咸共忽恤民之术，修将率之事。”[①]东晋是皇权最为衰微的时期，而这一时期恰恰是地方官的各种待遇接踵而至的时期，地方官加侍中散骑官、郡太守加军号的普遍化，都督例领所治州刺史或郡太守制的固定化，都显示出这一时期是地方官等级管理制度发生重要变化的时期。刘宋政权建立之后，皇权在某种程度上得到伸张，持节地方官的指挥权与专杀权立即被剥夺或受到限制，北朝则从来没有将发兵权交给持节地方官。然而，世家大族或军功贵族已经取得的巨大利益不容王朝对皇权有丝毫过分的自信。北魏孝文帝的迁都与汉化都显示出皇权的强大，却忽视了部落军功贵族的利益，从而导致六镇起义、北魏灭亡。北齐天保七年（556 年）的并省郡县是对地方豪右的一次重创，却为此付出了沉重的代价，“汉族豪右由此丧失对齐廷认同，在面临北周兵锋时，除了晋阳尚有抵抗外，其他地区望风而溃，北齐迅速走向灭亡。”[②]北周则继承了魏末以来的做法，以散官、军号及地方官向军功贵族与地方豪右滥授，以在所谓“后三国”的政治竞争中争取其支持、激励其斗志。

尽管魏晋南北朝时期官僚政治出现了种种的变态和扭曲，但专制官僚政治传统仍一缕不绝。[③]隋唐统一全国之后，在中华大地上重新建立起强大的帝国，重新树立起了皇权的绝对权威，对地方制度进行了大刀阔斧的改革，使帝国地方行政重新回到理性行政的轨道上来。阶职分立制的采用又在另一方面保证了官员种种特权的享有，在皇权与官僚之间找到了最佳的平衡点。

---

①《三国志》卷 16《杜畿传附子恕传》，第 499 页。

②侯旭东：《地方豪右与魏齐政治——从魏末启立州郡到北齐天保七年并省州郡县》，《中国史研究》2004 年第 4 期，第 79 页。

③阎步克：《变态与融和——魏晋南北朝》，吴宗国主编《中国古代官僚政治制度研究》，北京大学出版社，2004 年，第 86 页。

参考文献

基本史料

《史记》、《汉书》、《后汉书》、《三国志》、《晋书》、《宋书》、《南齐书》、《梁书》、《陈书》、《魏书》、《北齐书》、《北周书》、《南史》、《北史》、《新唐书》、《旧唐书》、《资治通鉴》，中华书局标点本。

常璩撰，任乃强校注：《华阳国志校补图注》，上海古籍出版社，1987年。

杜佑撰，王文锦等点校：《通典》，中华书局，1988年。

二十五史刊行委员会：《二十五史补编》第五册，中华书局，1955年。

洪亮吉：《补三国疆域志》，《丛书集成初编》，上海商务印书馆，1936年。

洪饴孙：《三国职官表》，《后汉书三国志补表三十种》，中华书局，1984年。

李昉：《太平御览》，中华书局，1960年。

李昉：《文苑英华》，中华书局，1966年。

李林甫等撰，陈仲夫点校：《唐六典》，中华书局，1992年。

马端临：《文献通考》，中华书局，1986年。

钱仪吉著：《三国会要》，上海古籍出版社，1991年。

孙逢吉撰：《职官分记》，中华书局，1988年。

谭其骧主编：《中国历史地图集》，中国地图出版社，1982年。

萧统编，李善注：《文选》中华书局，1977年。

熊方等：《后汉书三国志补表三十种》，中华书局，1984年。

徐坚：《初学记》，中华书局，1962 年。
徐天麟：《东汉会要》，中华书局，1955 年。
许慎撰，段玉裁注：《说文解字注》，上海古籍出版社，1988 年。
严可均：《全上古三代秦汉三国六朝文》，中华书局，1999 年。
虞世南：《北堂书钞》，天津古籍出版社，1990 年。
郑樵：《通志二十略》，中华书局，1995 年。
朱铭盘撰：《南朝陈会要》，上海古籍出版社，1986 年。
朱铭盘撰：《南朝梁会要》，上海古籍出版社，1984 年。
朱铭盘撰：《南朝齐会要》，上海古籍出版社，1984 年。
朱铭盘撰：《南朝宋会要》，上海古籍出版社，1984 年。

读史笔记

顾炎武著，黄汝成集释：《日知录集释》，岳麓书社，1994 年。
李慈铭：《越缦堂读书记》，上海书店出版社，2000 年。
钱大昕：《廿二史考异》，上海古籍出版社，2004 年。
王鸣盛：《十七史商榷》，商务印书馆，1959 年。
赵翼：《陔余丛考》，河北人民出版社，1990 年。
赵翼著，王树民校证：《廿二史札记校证》，中华书局，1984 年。

金石碑刻

磁县文化馆：《河北磁县北齐高润墓》，《考古》，1979 年第 3 期。
洪适：《隶释 隶续》，中华书局，1986 年。
罗新、叶炜：《新出魏晋南北朝墓志疏证》，中华书局，2005 年。
王昶：《金石萃编》，中国书店，1985 年。
赵超：《汉魏南北朝墓志汇编》，天津古籍出版社，1992 年。
赵明诚撰，金文明校证：《金石录校证》，上海书画出版社，1985 年。
赵万里：《汉魏南北朝墓志集释》，科学出版社，1956 年。

研究论著

白寿彝主编：《中国通史》第五卷，上海人民出版社，1995 年。

柏桦：《明代州县政治体制研究》，中国社会科学出版社，2003 年。

北京大学中国中古史中心编：《敦煌吐鲁番文献研究论集》（第二辑），北京大学出版社，1983 年。

陈琳国：《魏晋南北朝政治制度研究》，文津出版社，1994 年。

陈桥驿：《水经注校释》，杭州大学出版社，1999 年。

陈寅恪：《隋唐制度渊源略论稿》，三联书店，2001 年。

陈志坚：《唐代州郡制度研究》，上海古籍出版社，2005 年。

陈仲安、王素：《汉唐职官制度研究》，中华书局，1993 年。

陈仲勉：《隋书求是》，商务印书馆，1958 年。

大庭修：《秦汉法制史研究》，上海人民出版社，1991 年。

高敏：《魏晋南北朝兵制研究》，大象出版社，1998 年。

何兹全：《读史集》，上海人民出版社，1982 年。

黄惠贤：《中国政治制度通史》第四卷，人民出版社，1996 年。

瞿同祖：《清代地方政府》，法律出版社，2003 年。

李治安主编：《唐宋元明清中央与地方关系研究》，南开大学出版社，1996 年。

郦道元注，杨守敬、熊会贞疏：《水经注疏》，江苏古籍出版社，1989 年。

廖伯源：《历史与制度——汉代政治制度试释》，香港教育图书公司，1997 年。

刘俊文主编：《日本学者研究中国史论著选译》（第四卷），中华书局，1992 年。

刘伟：《晚清督抚政治》，湖北教育出版社，2003 年。

刘心长、马忠理主编：《邺城暨北朝史研究》，河北人民出版社，1991 年。

钱穆：《国史大纲》，商务印书馆，1996 年。

萨孟武：《中国社会政治史》（1），三民书局，1982 年。

沈任远：《魏晋南北朝政治制度》，台湾商务印书馆发行，无出版日期。

谭其骧：《长水集》，人民出版社，1987 年。

唐长孺：《魏晋南北朝史论丛》，河北教育出版社，2000 年。

唐长孺：《魏晋南北朝史论拾遗》，中华书局，1983 年。

陶新华：《北魏孝文帝以后北朝官僚管理制度研究》，巴蜀书社，2004 年。

陶新华：《魏晋南朝中央对地方军政官的管理制度研究》，巴蜀书社，2003 年。

田余庆：《东晋门阀政治》，北京大学出版社，1996 年。

文史知识编辑部编：《古代礼制风俗漫谈》，中华书局，1983 年。

谢宝富：《北朝婚丧礼俗研究》，首都师范大学出版社，1998 年。

严耕望：《中国地方行政制度史（甲部）——秦汉地方行政制度史》，中研院历史语言研究所，1997 年。

严耕望：《中国地方行政制度史（乙部）——魏晋南北朝地方行政制度》，中研院历史语言研究所，1997 年。

阎步克：《察举制度变迁史稿》，辽宁大学出版社，1991 年。

阎步克：《乐师与史官》，三联书店，2001 年。

阎步克：《品位与职位》，中华书局，2002 年。

阎步克：《士大夫政治演生史稿》，北京大学出版社，1996 年。

阎步克：《阎步克自选集》，广西师范大学出版社，1994 年。

杨鸿年：《汉魏制度丛考》，武汉大学出版社，1985 年。

中国魏晋南北朝史学会编：《魏晋南北朝史论集》，齐鲁书社，1991 年。

中国魏晋南北朝史学会编：《魏晋南北朝史研究》，湖北人民出版社，1996 年。

中研院第二届国际汉学会议论文集编辑委员会：《中研院第二届国际汉学会议论文集——历史与考古组》，1989 年。

周绍良编：《周一良先生八十生日纪念论文集》，中国社会科学出版社，1993 年。

周伟洲：《边疆民族历史与文物考论》，黑龙江教育出版社，2000 年。

周一良：《魏晋南北朝史论集》，北京大学出版社，1997 年。

周一良：《魏晋南北朝史札记》，中华书局，1985年。

周振鹤：《中国地方行政制度史》，上海人民出版社，2005年。

祝总斌：《两汉魏晋南北朝宰相制度研究》，中国社会科学出版社，1998年。

研究论文

艾冲：《论北周总管府制的创立与发展》，《陕西师范大学继续教育学报》2001年第1期。

艾冲：《论魏晋的“都督诸州军事制度”》，《陕西师范大学继教育学报》2002年第3期。

艾冲：《隋代总管府制的发展与废止》，《唐都学刊》，1998年第4期。

班书阁：《东晋侨置州郡释例》，《禹贡》第5卷第7期。

班书阁：《东晋襄阳郡侨州郡县考》，《禹贡》第6卷第6期。

贝琪：《三国郡守考》，《史学年报》第2卷第3期，1936年。

滨口重国：《所谓隋的乡官废止》，《日本学者研究中国史论著选译》（第四卷），中华书局，1992年。

蔡学海：《北朝行台制度》，《历史学报》（台湾）5，1977年。

岑仲勉：《隋书州郡牧守编年表》，《史学专刊》第1卷第3期。

陈琳国：《曹魏都督制的渊源和定型——兼论中央和地方的关系》，《北京师范大学学报》（社科）1996年第5期。

陈琳国：《论魏晋南朝都督制》，《北京师范大学学报》1986年第4期。

陈苏镇：《南朝散号将军制度考辩》，《史学月刊》1989年第3期。

陈苏镇：《魏晋的散官》，北京大学研究生毕业论文，1986年。

陈苏镇：《西省考》，《周一良先生八十生日纪念论文集》，中国社会科学出版社，1993年。

陈奕玲：《魏晋南朝军号散阶化的若干问题》，《燕京学报》新13期，北京大学出版社，2002年。

大庭修：《东汉的将军与将军假节》，《秦汉法制史研究》，上海人民出版社，1991年。

杜俊：《北齐天保七年并省郡县略析》，《河北师院学报》1986年第1期。

盖金伟、王鹏辉：《北周总管府制度研究》，《新疆师范大学学报》，2003年第3期。

高敏：《汉魏之际的几支特殊世兵》，《魏晋南北朝兵制研究》，大象出版社，1998年。

高敏：《西魏、北周与东魏、北齐的封爵制探讨》，《北朝研究》1991年上半年刊。

耿敬：《关于魏晋南北朝时期募兵制度的探讨》，《中国史研究》1994年第3期。

侯旭东：《地方豪右与魏齐政治——从魏末启立州郡到北齐天保七年并省州郡县》，《中国史研究》2004年第4期。

黄惠贤：《曹魏中后期散骑诸官的变化》，《魏晋南北朝隋唐史资料》第17辑，武汉大学出版社，2000年。

黄惠贤：《散骑诸官初置时期有关问题索隐》，《魏晋南北朝隋唐史资料》第17辑，武汉大学出版社，2000年。

金前文、陈亮：《关于北魏委授行台机构及其内部主要职官的考察》，《沧州师范专科学校学报》2002年第1期。

劳干：《北魏州郡志略》，《中央研究院历史语言研究所集刊》第32本。

李治安：《论古代中央与地方关系的演化和若干制约因素》，《天津社会科学》1996年第4期。

廖伯源：《从汉代郎将之发展论官制演变的一些特征》，《中研院历史语言研究所集刊》，第65本第4分。

廖伯源：《汉代监军制度试释》，《历史与制度——汉代政治制度试释》，香港教育图书公司，1997年。

廖伯源：《汉代使者考论之一》，《第二届国际汉学会议论文集——历史与考古组》，中研院，1989年。

刘长旭：《两晋南朝赠官研究》，北京师范大学博士学位论文，2002年。

柳洪亮：《高昌郡官府文书中所见十六国时期郡府官僚机构的运行

机制》，《文史》第43辑，中华书局，1997年。

柳彭龄：《东魏户口统计表》，《禹贡》第3卷第1期。

陆庆夫：《关于隋朝改革地方机构问题的几点辨析》，《兰州大学学报》1989年第3期。

牟发松：《北朝行台地方官化考略》，载《文史》第33辑，1990年。

牟发松：《北魏末以降的大行台与权臣专政》，《邺城暨北朝史研究》，河北人民出版社，1991年。

牟发松：《东魏北齐的地方行台》，《魏晋南北朝隋唐史资料》第9、10辑，1988年。

牟发松：《六镇起义之前的北魏行台》，《魏晋南北朝隋唐史资料》第11期，1991年。

牟发松：《魏晋南朝的行台》，《魏晋南北朝隋唐史资料》第9、10辑，1988年。

萨师炯：《隋代的地方制度》载《东方杂志》41卷22期，1945年。

萨师炯：《魏晋南北朝时代的地方制度》，《东方杂志》41卷17期，1945年。

孙正军：《汉末三国杂号低级军号散阶初探》，北京大学2000届本科毕业论文。

唐长孺：《从吐鲁番出土文书中所见的高昌郡县行政制度》，《文物》1978年第6期。

唐长孺：《吐鲁番文书中所见的高昌郡军事制度》，载《社会科学战线》1982年第3期。

陶新华：《北魏地方都督制补论》，《求索》，2004年第2期。

陶新华：《汉代的"发兵"制度》，《史学月刊》，2000年第2期。

陶新华：《魏晋南朝地方军府的指挥符号》，《西北师大学报》，2000年第5期。

田余庆：《汉魏之际的青徐豪霸问题》，《历史研究》1983年第3期

漥添庆文：《关于北魏的赠官》，《文史哲》，1993年第3期。

窪添庆文著，邓奕玲译，朱大渭校：《北魏州的等级》，《北朝研

究》1990年下半年刊。

万昌华：《论郡县制度的嬗变与实质》，《齐鲁学刊》2002年第5期。

王德权：《从“罢郡存州”到“改州为郡”——隋代河北政区调整个案研究》，载《国立台湾师范大学历史学报》第26期。

王元崇：《后周总管府隶州考》，载《制言》60期，1940年。

夏日新：《关于东晋侨州郡县的几个问题》，《魏晋南北朝隋唐史资料》第11辑，1991年。

谢宝富：《诏赠赙物与赠官》，《北朝婚丧礼俗研究》，首都师范大学出版社，1998年。

徐冲：《关于曹魏的侍中尚书》，《国学研究》（第十六卷），北京大学出版社，2005年。

许正文：《论两汉至隋州制性质变化与中央集权关系》，《陕西师范大学学报》1997年第1期。

薛军力：《州的地方化与曹魏时期中央地方关系》，《中国史研究》1992年第3期。

薛瑞泽：《北魏县令长的相关问题》，《史学集刊》2003年第3期。

严耕望：《从南北朝地方政治之积弊论隋之致富》，载《新亚学报》（香港）第4卷第1期。

严耕望：《隋代总管府考》，载《中国学志》（第六本），1972年。

阎步克：《魏晋南北朝的军号散阶化进程（上）》，《文史》总第51辑。

阎步克：《西魏北周军号散官双授制度述论》，《学人》第12辑，江苏文艺出版社1998年。

阎步克：《宗经、复古与尊君、实用（上）——中古〈周礼〉六冕制度的兴衰变异》之《魏晋朝廷的损略黼黻》，《北京大学学报》2005年第6期。

杨泓：《汉晋的节》，《古代礼制风俗漫谈》（1）中华书局，1983年6月。

杨际平：《隋文帝罢郡裁冗释疑——兼论隋朝的并省与析置州县》，《北朝研究》1992年第3期。

杨希义：《隋文帝罢天下诸郡一事质疑》，《中国史研究》1982年第4期。

姚念慈、邱居里：《西晋都督制度演变述略》，《北京师范大学学报》1988年第2期。

姚念慈：《曹魏地方都督初探》，《史志文萃》1987年第5期。

薛军力：《魏晋时期都督制的建立与职能转变》，《天津师大学报》1992年第4期。

张焯：《北朝的都督制》，《北朝研究》1989年第1期。

张焯：《北朝的总管制——兼论周隋府兵军府的建置》，《北朝研究》1990年下半年刊。

张焯：《北朝都督制溯源》，《北朝研究》1991年。

张鹤泉：《北魏都督诸州军事制度试探》，《社会科学战线》2001年第6期。

张鹤泉：《曹魏都督诸州军事制度试探》，《魏晋南北朝史研究》，湖北人民出版社，1996年。

张鹤泉：《东汉持节问题探讨》，《史学月刊》2003年第2期。

张鹤泉：《西晋永嘉、建兴年间都督诸州军事制度探讨》，《史学集刊》2001年第1期。

张觉人：《两晋南北朝的地方自治制度》，《地方自治》（上海）1卷3期，1947年。

张觉人：《隋朝的地方自治制度》，《地方自治》（上海）1卷4期，1947年。

张连生：《隋文帝并省州县说辩误》，《扬州师院学报》1984年第3期。

张维训：《略谈北魏后期的实封与虚封》，《史学月刊》1984年第2期。

周一良：《官品排列次序》，《魏晋南北朝史札记》，中华书局，1985年。

周振鹤：《中央地方关系史的一个侧面——两千年地方政府层级变

迁的分析》，《复旦学报》1995年第3、4期。

祝总斌：《关于北魏行台的两个问题》，《周一良先生八十生日纪念论文集》，中国社会科学出版社，1993年。

邹水杰：《两汉县行政研究》，北京大学博士研究生学位论文，2004年。

日文文献

滨口重国：《所谓隋の乡官废止について》，《加藤博士历记念东洋史集说》，1941年。

长堀武：《北魏考课制度的施行》，《秋大史学》30。

宫崎市定：《九品官人法研究》，中央公论社，1997年。

荒川正晴：《麴氏高昌国郡县制的性质》，《史学杂志》95–3。

山口正晃：《都督制的成立》，《东洋史研究》60–2。

石井仁：《都督考》，《东洋史研究》51–3，1992年。

窪添庆文：《魏晋南北朝における地方官の本籍地任用について》（1）（2），《史学杂志》83–1，1974年；82–2，1974年。

窪添庆文：《魏晋南北朝官僚制度研究》，汲古书院，2003年。

小尾孟夫：《六朝都督制研究》，溪水社，2001年。

小尾孟夫：《南朝における地方支配と豪族——地方官の本籍地任用问题について》，《东方学》42，1971年。

野田俊昭：《南朝の郡太守の班位と清浊》，《史渊》127，1990年。

越智重明：《南朝における地方官の本籍地任用に就いて》，《爱媛大学历史学纪要》第一辑，1953年。

竹园卓夫：《对后汉、魏地方镇抚的一点考察》，《东洋史论集》2。

佐藤佑治：《北朝の地方官と豪族》，《一桥论丛》76–1。

佐藤佑治：《魏晋南北朝の地方行政——制度と实体》，《一桥论丛》78–1。